U0527408

伏候圣裁

中国古代的君主与政治

曹瑞涛○著

浙江大学出版社
·杭州·

前　言

吕思勉先生曾将历史类书籍从内容上分为："（一）记载，（二）注释，（三）批评，三种。（考订大抵属于注释，也有因此而下批评的。）其中又以记载为主，必须有了记载，批评注释两种，才有所附丽，其间有主从的关系。"[①] 这种以"记载"为主、"批评"为从的思路与十九世纪流行于欧洲的实证主义史学观颇相类，英国史学家卡尔将此种史观总结为："首先要弄清你的事实，然后冒险投身于解释的流沙之中——这是经验主义的、凭借学识的历史学派的金科玉律。"可"先有事实，然后解释（批评）"看似合理，却经不起推敲，卡尔对此就追问道：比如恺撒渡过卢比孔河与当前屋子里放着一张桌子，这两件都具有客观性的事实，对于历史学家来说却是一种困境，"并不是所有关于过去的事实都是历史事实，或者过去的事实也并没有全部被历史学家当作历史事实来处理。区分历史事实与过去其他事实的标准究竟是什么呢？"[②]。

对于博物馆里摆放的物件何以被称为"古董"，海德格尔认为："假使它们今天还被使用——不少手摇纺车就是这样——那

---

① 吕思勉：《白话本国史》，上海：上海古籍出版社，2005年版，第7页。
② （英）E.H.卡尔：《历史是什么？》，陈恒译，北京：商务印书馆，2007年版，第90—91页。

它们就不再是历史的吗？无论还在使用或已不使用，它们反正不再是它们曾是的东西了。什么'过去'了？无非是那个它们曾在其内来照面的世界；……那世界不再存在。然而一度在那个世界之内的东西还现成存在着。"① 海德格尔所谓"历史的"，意指失去了当下活生生存在的状态，可"古董"曾经都是"活着的"，它们有机地属于一个完整世界，只是当那个世界逝去后，它们作为旧世界残存的片段，才不得不成为"历史的"存在。那么我们所说的"历史"——那些如吕思勉先生所说的记载治乱兴亡与典章制度的狭义历史，无论它们如何翔实，与当时的事实相比，仍不过沧海一粟，它们同样属于过去世界的片段。如此一来，它们可否等同于博物馆中的"古董"？

大概没有哪位历史学家希望其著作的最终命运是摆入博物馆，除非他著述所用的古老文字尚未被破译，那不幸的文本才会作为曾经世界一星半点的断片，孤零零地陈列在一方小小展台上。记载过去的历史文本，它们当中有不少恰是曾经世界的遗物，居然避免了"古董"的命运，继续生机勃勃地活在反复修订再版的图书市场中，活在知识殿堂的讲台上，活在生活世界的日用常行内，为何会这样？意大利哲学家克罗齐提出过一种看似标新立异且常遭误读的解释，即"一切真历史都是当代史"。历史当然不是一位任由现代人随意打扮的小姑娘，克罗齐揭示的只是历史书写的事实，即当人们书写历史时，"只有现在生活中的兴趣方能使人去研究过去的事实。因此，这种过去的事实只要和现

---

① （德）海德格尔：《存在与时间》，陈嘉映、王庆节译，北京：生活·读书·新知三联书店，1999年版，第430页。着重号为原文所加。

在的生活的一种兴趣打成一片，它就不是针对一种过去的兴趣而是针对一种现在的兴趣的"①。

因而，"从年代学上看，不管进入历史的事实多么悠远，实际上它总是涉及现今需求和形势的历史，那些事实在当前形势下不断震颤"②。古人基于他们所处时代的兴趣与激情去追溯更早的过去，我们亦如古人，以我们时代的兴趣和激情去追溯过去。在这种时代虽异却气质相投的书写中，"历史的过去并不像是自然的过去，它是一种活着的过去，是历史思维活动的本身使之活着的过去；从一种思想方式到另一种的历史变化并不是前一种的死亡，而是它的存活被结合到一种新的、包括它自己的观念的发展和批评也在内的脉络之中"③。因而，人类的精神通过兴趣与激情的绵延相接，形成一条从不间断的精神长河。这条长河发源于消失的世界，流入新生的世界，在这条河流的每个点上，都跳动着活生生的浪花，历史绝不是死去世界的遗物！

从这个角度重新审视历史记载与批评的关系，传统观点便须得到修正，"过去常说，让事实本身说话。当然，这话是不确切的。只有当历史学家要事实说话的时候，事实才会说话：由哪些事实说话、按照什么秩序说话或者在什么样的背景下说话，这一切都是由历史学家决定的"④。不过，历史学家也只是表面上拥有

---

① （意）贝奈戴托·克罗齐：《历史学的理论和实际》，傅任敢译，北京：商务印书馆，1982年版，第2页。
② （意）贝奈戴托·克罗齐：《作为思想和行动的历史》，田时纲译，北京：商务印书馆，2012年版，第7页。
③ （英）柯林武德：《历史的观念》，何兆武、张文杰译，北京：商务印书馆，1997年版，第317页。
④ 《历史是什么？》，第93页。

如此霸道的权力，真正决定何种事实能够进入历史之门的从根本上讲乃是：每个时代千千万万兴趣与激情汇成的宏大的"先在性批评"。既然从根本上讲，历史书写都是先有批评，然后才能有记载，那么吕思勉先生单列出的"历史批评"又是什么意思呢？或许，此种"历史批评"可以被理解为一种自觉的历史批评，它是在历史记载的基础上，主动挖掘出我们以及古人何以如此记载的那些兴趣与激情。从这个意义上讲，的确是先有记载，后有批评。

此种狭义历史批评虽后于历史记载，但与其说它从属于历史记载，毋宁说它属于一个更广泛的领域。当我们自觉地进行历史批评时，既是对我们手中任何一本历史著作背后的兴趣与激情的挖掘，更是对我们自己的兴趣与激情的发现，它涉及认识领域、价值领域，直至对存在本身的思考。我们不仅要搞清事实，还要在探索事实的过程中，认识我们自己。

本书是我自2015年以来在阅读《资治通鉴》的过程中写下的一系列随感的整理，鉴于议论之广泛，起初便随意起了个《读史杂谭》的书名，所幸经浙江大学出版社的谢焕老师指点，才改作现在的书名。原以为各篇文章间仅靠一个"杂"字连接，经此一改倒是又看出了点"杂"之外的关系，大抵而言，本书篇章虽杂，但关注的问题倒也有集中处，一是着意于手握难以制约大权的君王们的生活行止，二是着意于君权的传承问题。

在古典君主制度的框架内，帝王们最为看重的事务，首先是要将权力集中于自己手中；其次就是在自己驾崩之前，能将权柄顺利传递到下一代手中，此乃"皇权本体"的核心要件。如果出现朝政紊乱、乾纲失序的情况，往往由于这本体处出了问题，故而帝王事业重中之重的项目，就是对这本体的建设与维护。当然，这项事业既不容易又成本高昂，而且随时都有失控的风险，行之得当，须有智慧、有手腕还得有运气。

对于君主集权的方面，本书选取了自西汉至五代时的多位帝王。他们中的大部分人虽说在史书中有着较好声名，但皇袍加身后，几无例外地会不断升级对手中权柄的控制力度，直至独断专行。手握绝对权力，若用在建功立业上，确有着超高效率，但会不可避免地破坏古典权力体系内本就十分脆弱的制衡机制。于是，再英明的君主亦不免任性放纵，反倒成为国家莫大的威胁。

对于君权传承方面，在"家天下"的古典政治架构内，自周朝起，为"息争"树立起了嫡长继统大法。可当君王手中权力渐失制衡后，原本"息争"的政治设计往往成为引生变乱的源头。尤其在朝代初建的不稳定时期，或在天下大乱的动荡时代里，代际权力传递情况事关重大，却又不得不依赖血缘之类的生理性因素才能合法完成，以至于国运系于家运，家运系于偶然！当然，自宋明以降，随着更为成熟的官僚制度的形成，许多事情又须另论，便不属本书议论范围之内。

楔子：主要介绍了贯穿于全文的指导我写作的历史哲学观念。

第一折：主要考察两汉时几位有为之君如何集权，又在大权在握后如何肆意妄行的故事。

第二折：主要考查魏晋南北朝至隋初四个世纪的大混乱下，南北各路君王在与士族豪门和部落贵族的勾斗中如何重建松动的君王权力，以及在这一时期，不以嫡长继承获得权力的困难及导致混乱的几则故事。

第三折：主要考察在安史之乱之前唐代几位有为之君如何重新加固君权，又如何凭着无所制约的大权，一步步将帝国带入混乱的故事。

第四折：主要考察在五代十国的乱局中，割据一方的军阀既想集权，又想避免"皇权本体"内生的麻烦，从而形成各类畸形扭曲的君权变种的故事。

余音：主要以批判的形式，向《资治通鉴》的主持编撰者——司马光先生，表示后辈晚生的敬意。

交稿之际，临文不免生出些忐忑之感。书中材料，或存差错，文中观点，或有偏颇，修改似是永无止境。尤其作为政治哲学专业毕业的历史门外汉，阅读历史时有了写点东西的冲动，重心自然落在对事件记载的阐释性解读方面，可以说是于史家辛苦工作的基础上，横生出许多感慨而已。不过，想想自己写作态度还算端正，至少许多地方任性书写，没有应付差事的那般敷衍与不耐烦；另外，基于我在《楔子》中对历史评论的理解，几年读书时所发的感慨，并非只是对于史家巨著的外部回声，或许恰恰通过这些感慨，今人才得以接近古人，去轻声叩击他们虚掩的心扉。

2023 年 12 月 24 日于杭州

目 录

楔　子 /001

第一折　初建 /005

刘盈之死　/007
文景有累卵之忧　/020
汉武帝欲登仙　/035
牛童皇帝刘盆子　/045
君主的大度　/053

第二折　大乱 /061

魏晋易代旧事　/063
晋武帝立嗣风波　/075
刘裕的典型性篡位　/087
梁武帝的淮堰工程　/099
齐显祖恃功暴虐　/111
晋王杨广夺宗阴事　/127

第三折　加固 /151

保卫隋炀帝　/153
段志冲上封事事件中的唐太宗　/167
唐太宗的疑心病　/177
三面女皇　/192
盛世崩溃之际的唐玄宗　/207

第四折　扭曲 /223

"徐氏篡吴"中的血统之争　/225
国有长君，未必是福　/237
南汉帝国兴亡掠影　/254
《资治通鉴》里的三句话　/274

余　音 /285

参考文献 /289

楔　子

开篇小文乃明义之用，主要想借助西方历史主义思潮中那些前辈先生早已搭起的梯子，从历史哲学的层面上考察历史评论与历史记叙间的关系。如此开篇，算是将隐在其后所有文章中的基本历史观先叫出来与读者认识一下，犹如歌剧、芭蕾舞剧开场之前，乐队指挥先在舞台上亮个相、报个家门吧。

第一折

初建

　　春秋战国时期,奔走于列国之间,为各路君主出主意的百家学者们,食君之禄,自然要担君之忧,尤其法家、儒家之流在他们留存下来的作品中,往往对于当时君权不固、强臣夺国的形势存有深深的忧虑,因而当务之急便是加固君权。不过,随着六国破灭,接班的秦汉帝国却与那个曾经封建诸侯、以"共和"之制共治天下的周王朝大相径庭。登上历史舞台的两汉有为之君们,一边利用前代留下来加固君权的丰富成果,一边又各自任性创新,开启了大一统帝国君主集权的初建大业。

刘盈之死

汉惠帝刘盈是一位倒霉的皇帝,不过与遭受外戚、权臣无情迫害的那些两汉末代君主不同,刘盈的不幸反倒来自母后与臣僚对他的倾心关照!可惜,刘盈仁弱的品性害了他,使他始终没有练就出一副能消受这些关照的铁石心肠。不过,从另一个角度来看,也可以说,这些品性又成就了刘盈,使他以一位合格的人而非一位合格的帝王的形象载入史册。

皇太后的教育

公元前188年,一个只有23岁的年轻人在淅沥的秋雨声中撒手人寰,他的名字叫刘盈,是西汉王朝的第二任皇帝,后世称之为:汉惠帝。在《资治通鉴》中,关于惠帝之死,仅有短短的一段话:"秋,八月,戊寅(十二日),帝崩于未央宫。大赦天下。九月,辛丑(五日),葬安陵。"[①] 尔后,历史的聚光灯继续追照在

---

① (宋)司马光编著,(元)胡三省音注:《资治通鉴》,北京:中华书局,2013年版。卷十二,惠帝七年(前188)。第426页。

大权在握的吕雉身上，惠帝这一篇就算是翻过去了。

刘盈早早离世皆因酒色伤身，除此之外，找不出任何宫廷阴谋的蛛丝马迹。昏君不理朝政、纵欲无度，遇此结局实属正常，本不必大惊小怪。然而，刘盈虽沉迷酒色，却绝非昏君之流，司马迁叹他"为人仁弱"①，班固则赞其是"宽仁之主"②，无论何种说法，都与昏聩无知不沾边，而且从他有限的几次处置政务的表现上看，倒还颇有些贤君风度。

萧何逝世前，刘盈亲自探望，"问曰：'君即百岁后，谁可代君者？'对曰：'知臣莫如主。'帝曰：'曹参何如？'何顿首曰：'帝得之矣，臣死不恨！'"之后，曹参拜相，"举事无所变更，一遵何约束"。如此不作为，刘盈尽管纳闷却不愿在朝堂上摆着谱责难，便打发曹参之子曹窋私下询问，岂料曹参不但不答，还把儿子打了二百藤条，刘盈不得已才公开询问，曹参回禀说："高帝与萧何定天下，法令既明。今陛下垂拱，参等守职，遵而勿失，不亦可乎！"刘盈听后曰："善。"③

虽说刘盈在位时大权一直握在皇太后吕雉手中，但从刘盈与萧何一番问对看，他年纪虽轻，于政务还是有些见地，尤其在与丞相曹参交流时，更显出谨慎、宽容的风度。不过，身处弥漫着血腥味的汉初政治丛林中，过于温和的品质似乎并不利于生存。刘邦在世时，就对这位仁弱的嫡长子很不待见，他喜欢与戚姬生的小儿子赵王刘如意，以为此子"类己"。当时，吕雉年长色衰，

---

① （汉）司马迁：《史记》，北京：中华书局，2014年版。卷九，吕太后本纪。第503页。
② （汉）班固：《汉书》，北京：中华书局，1962年版。卷二，惠帝纪。第92页。
③ 《资治通鉴》，卷十二，惠帝二年（前193）。第420—421页。

常守后方，戚姬抓住机会，展开枕边攻势，"日夜啼泣，欲立其子"①。

《汉书》中称吕雉"佐高祖定天下"②，一个"佐"字便胜却以色事人者百千倍。尽管床笫间新人胜旧人，但吕雉势力早已遍布朝堂，且废长立幼有悖皇位继承之大统，前秦时胡亥蹋等上台致使政乱国灭的教训犹在眼前，所以刘邦每有此意，大臣皆争之。戚姬以为傍到皇帝本人，便能扳倒皇后，实在有些天真，殊不知刘邦这般人物，也有无可奈何的时候。

宫廷中夺嫡之战，输家大都难逃母子俱亡的厄运。戚姬偷袭不成，必然与吕雉闹到势不两立的地步！刘邦一死，升格为皇太后的吕雉立刻下令"囚戚夫人，髡钳，衣赭衣，令舂"，并"遣使召赵王如意"。③戚姬若只是被剃光头发，戴上刑具，穿赤土染成的囚衣，做捣米的苦活，经此侮辱，再赐白绫一丈或毒酒一杯，也算宫廷争斗中报复对手之常规。想必若是戚姬成功了，亦会同样伺候吕太后。

可叹戚姬，落到了吕雉手中，连这份常规的"幸运"都无福享受，接下来她又被斩断手足，弄得眼瞎、耳聋、口不能言，扔到厕所的粪便中，被称为"人彘"，数日后才死去。这般残忍行径令人胆寒，可在那个动辄将政敌投进大鼎里"烹"的时代里，吕雉之举也只是过分了一些罢了。当年彭越被诬以造反之罪，刘邦不仅枭其首于洛阳，还夷其三族，并"醢其肉以赐诸侯"④。连

---

① 《资治通鉴》，卷十二，高帝十年（前197）。第395页。
② 《汉书》，卷三，高后纪。第95页。
③ 《资治通鉴》，卷十二，高帝十二年（前195）。第417页。
④ 《资治通鉴》，卷十二，高帝十一年（前196）。第405页。

在梁王头下哭几声的,都差点被拎到鼎里活活烹死,与之相比,吕雉的凶残也就不过尔尔了。

可吕雉这般恶毒泄恨到底有些失常,毕竟她不是任性短见的后宫怨妇。吕雉主政之初,嚣张的匈奴冒顿单于送来国书,以猥亵恫吓的语调建议吕雉改嫁给他。吕雉一时羞愤交集,欲斩其使者,发兵击之,但经季布规劝,吕雉旋即冷静下来,权衡得失后,竟用谦卑恭顺的语调回信说自己"年老气衰,发齿堕落,行步失度,单于过听,不足以自污"①。真是以大局为重,忍世人所不能忍,可有此肚量的人,又何苦自跌身份,对戚姬折磨个没完呢?

或许,除夹带点自己后宫恩怨的私货外,从当妈的角度看,吕雉主要还是为了儿子。一路护着刘盈登上帝位的皇太后,真恨不得手把手地将玩弄权术的秘籍悉数教授,这股"传帮带"的热情虽高,却被宅心仁厚的儿子浇了盆冷水。就在戚姬被囚,刘如意奉召刚到长安时,刘盈"知太后怒,自迎赵王霸上,与入宫,自挟与起居饮食。太后欲杀之,不得间"②。此事不仅让吕雉光火,更令她生出莫名的担忧,从而决定给以德报怨的儿皇帝好好上一课!

其后,吕雉趁刘盈清晨出外打猎的间隙毒杀刘如意,再对戚姬下毒手,行事至此按说就该结束了,但皇太后布置的重头戏才刚开场。数日后,吕雉专门邀请刘盈来参观奄奄一息的戚姬,既然当妈的替儿子干完脏活,何苦让一个仁弱之人去直视血淋淋

---

① 《汉书》,卷九十四上,匈奴传。第3755页。
② 《资治通鉴》,卷十二,高帝十二年(前195)。第417页。

的犯罪现场？大概就是想教育一下儿子：既已为帝，对敢争皇权者，无论是谁，都不能心慈手软，须以最残酷无情的手段毁灭之，否则躺在粪坑中的人彘就是你亲娘了！

然而，刘盈得知实情，"乃大哭，因病，岁余不能起。使人请太后曰：'此非人所为。臣为太后子，终不能治天下。'"① 从此之后，刘盈懒于理政，纵情酒色，借以麻醉重伤的心灵。事情搞成这样，吕雉仍不罢手，在儿子伤口上又撒了把盐。次年冬十月，刘邦的庶长子齐王刘肥来朝。在参加皇太后举办的宴会时，刘盈以刘肥为兄长，请他坐在自己右边的尊位，对政治座次极度敏感的吕雉见状，火冒三丈，"酌鸩酒置前，赐齐王为寿。齐王起，帝亦起取卮；太后恐，自起泛帝卮。齐王怪之，因不敢饮，佯醉去；问知其鸩，大恐"②。

这出戏吕雉差点演砸，多亏她不顾风度地冲上去打翻亲儿子的酒杯，不然，兴致勃勃要与长兄干杯的刘盈便先饮鸩而亡了。经此一劫，事后大恐的绝非刘肥一人，可刘肥还能庆幸自己捡了条命回去，刘盈却再一次深刻体会到：整个皇宫中包裹着自己的空气里已没有一丝人间温情可言，所谓太后的母爱，不过是让他时刻攥紧手中那方生杀予夺的玉玺，最终变成政治丛林中最凶残无情的野兽！

---

① 《资治通鉴》，卷十二，惠帝元年（前194）。第418页。
② 《资治通鉴》，卷十二，惠帝二年（前193）。第419页。

叔孙通之点拨

晚上在酒色中麻醉自己，白天除了例行公事地参拜母后，便东游西逛地排解抑郁之情，刘盈就这么行尸走肉般继续活着。皇帝频繁外出，每次都少不了出警入跸的排场，既扰民又麻烦，刘盈便自作主张架了条"复道"（双层大道），岂料此路刚好经过高祖每月一次"游衣冠"①路线的上方，这下麻烦来了，儿子怎么可以走在老子衣冠仪仗的上面呢？负责祭祀的官员（奉常）叔孙通赶快向刘盈进谏。继吕雉之后，点拨皇帝的大儒开始粉墨登场。

清朝学者赵翼论汉初开国诸臣的出身时说："惟张良出身最贵，韩相之子也。其次则张苍，秦御史；叔孙通，秦待诏博士。次则萧何，沛主吏掾；曹参，狱掾；……"②名列第四的萧何，已是芝麻小官，真正出身好的也就前面三位，而说起这位在秦时已拥有中央级特权的知识分子叔孙通，实在是位政治丛林中的生存大师！

叔孙通在秦宫作待诏博士时，适逢陈胜起义，胡亥询问博士诸生，诸生多认为是造反，胡亥听了大为不快。叔孙通察言观色，赶快顺着主子的意思说道："明主在上，法令具于下，吏人人奉职，四方辐辏，安有反者！此特群盗鼠窃狗盗，何足置齿牙间哉？郡守尉令捕诛，何足忧？"这通马屁拍得胡亥大喜，言反的诸生全部下狱，独"赐通帛二十匹，衣一袭，拜为博士"。③叔

---
① 西汉时的皇家礼仪，将汉高祖刘邦生前穿戴过的衣冠每月一次从墓园捧出，游行直至高祖的祭庙，称之为游衣冠。
② （清）赵翼：《廿二史劄记校证》，王树民校证，北京：中华书局，2013年版，第36页。
③ 《汉书》，卷四十三，郦陆朱刘叔孙传。第2124页。

孙通是聪明绝顶的家伙,预感到大厦将倾,一出宫就自顾自地溜了。

之后,叔孙通侍奉过项梁、怀王、项羽,最终归降汉王刘邦。刘邦向来看不起儒生,叔孙通投主所好,把儒服一脱,换上楚人的短衣。刘邦眼前一亮,觉得这家伙不错。叔孙通降汉时带有一百多名弟子,可他向刘邦推荐的官员全是些亡命盗匪。弟子们意见很大,叔孙通解释道:"汉王方蒙矢石争天下,诸生宁能斗乎?故先言斩将搴旗之士。诸生且待我,我不忘矣。"① 机会总属于这类聪明又有耐心的人,当高祖坐稳江山,帮闲文人们的春天终于来了。

刘邦上台之初,"悉去秦苛仪,法为简易"。群臣自恃功高,又无太多约束,在宫殿里"饮酒争功,醉,或妄呼,拔剑击柱。"② 此时的刘邦早没了当年与兄弟们的亲热劲,看着他们胡闹,厌恶之情形之于色,叔孙通立刻抓住机会,主动请缨要为皇家制定礼仪。传统儒家崇尚周公所制的礼乐,欲在天子与封建诸侯间建构起充满和气的共治型社会。可秦汉之际,横空出世的乃是大一统的专制帝国,面对"功过三皇、德高五帝"的新型统治者,莫说从鲁国的征来的那些"陋儒",就是孔孟复生,适应个几十年也未必全能想得通。

可叔孙通竟有这个本事,和百余弟子仅忙活了一年时间,就实现了儒家那套礼乐制度与汉廷新式权力的无缝对接。长乐宫建成后,叔孙通借群臣朝贺之机,实践新制定的礼仪。在雄伟宫殿

---

① 《汉书》,卷四十三,郦陆朱刘叔孙传。第2125页。
② 《资治通鉴》,卷十一,高帝六年(前201)。第381页。

中，卫兵执兵张旗，官吏阵仗严整，依尊卑次第磕头、敬酒、祝福，还有御史在一旁随时将失礼者拎出去教训。开国的老粗们哪见过这场面，顿时吓得如羔羊一般。刘邦大喜，言道："吾乃今日知为皇帝之贵也！"于是，"拜叔孙通为太常，赐金五百斤"。①

叔孙通与时变易，儒家的礼仪制度被他拿来装点权力，并不在意这么做是否合乎原儒之道，反正从活着的帝王那里捞到好处才是王道。当然，作为政治丛林中的生存大师，也不会一味阿谀，有时还得扮硬骨头抢镜。刘邦欲易太子时，叔孙通谏于帝前，抛出硬话："陛下必欲废適而立少，臣愿先伏诛，以颈血污地。"② 这纯粹作秀，叔孙通明白，刘邦还舍不得杀他这个能人，且戚姬哪能与吕后比，站在实力派一边自然最安全。

因太子问题，御史大夫周昌在刘邦面前亦是苦苦劝谏，周昌有点口吃，脾气又大，说到激奋处，结结巴巴地嚷道："臣口不能言，然臣期期知其不可！陛下欲废太子，臣期期不奉诏！"这下逗乐了刘邦，紧张氛围因此缓解，易太子之事不了了之。事后，吕雉跪谢周昌道："微君，太子几废。"③ 吕雉从没跪谢过叔孙通，看来他那番慷慨激昂大抵是随着大流乘胜追击罢了，真正不怕死打头阵的倒是周昌这样的直臣。

同样是这个周昌，刘邦担心自己死后吕雉不放过赵王，派他去当赵相。之后，吕后果然召赵王如意。向新主表态的绝好时机从天而降，本有恩于吕氏的周昌却前后三次拒不奉诏，甚至对

---

① 《资治通鉴》，卷十一，高帝七年（前200）。第382—383页。"太常"一职即秦官制中的"奉常"，负责宗庙祭祀事宜，景帝中六年（前144）才改为"太常"。
② 《汉书》，卷四十三，郦陆朱刘叔孙传。第2129页。
③ 《资治通鉴》，卷十二，高帝十年（前197）。第395页。

使者直言道："窃闻太后怨戚夫人，欲召赵王并诛之，臣不敢遣王，王且亦病，不能奉诏。"大权在握的吕雉一时竟拿周昌没办法，只得先把这个不识时务的老家伙调回长安，才召动赵王。此一刻，那个要以颈血污地的叔孙通却身影皆无，躲得远远的。

正是这位政治丛林中的生存大师，当他向刘盈指出其失礼之处后，刘盈大惊失色，赶忙说：马上拆掉！不想叔孙通立刻制止，奏曰："人主无过举，今已作，百姓皆知之矣。"① 随即提出一个变通方案，在渭水北岸给刘邦再建一座祭庙，这样衣冠游不必到长安城中的祭庙，从而与复道错开。身兼奉常之职，叔孙通不敢不谏，否则事情捅到吕雉那里就糟了，可叔孙通又不想因此得罪了皇帝，便贡献出这个两全其美之策，真是个会办事的家伙。

刘盈向大臣诚挚认错时，叔孙通却抛出"人主无过举"之论，那么凡握有皇权者的所作所为便无错可言了？叔孙通的马屁从秦二世一直拍到汉惠帝，越拍用力越猛，连生活在帝制时代的史家都受不住了，司马光就此批道："过者，人之所必不免也；惟圣贤能知而改之。古之圣王，患其有过而不自知也，故设诽谤之木，置敢谏之鼓；岂畏百姓之闻其过哉！……今叔孙通谏孝惠，乃云：'人主无过举。'是教人君以文过遂非也，岂不缪哉！"②

然而，"缪"虽"缪"，叔孙通照样青云直上，顺带着鸡犬升天。制定皇家礼仪后，趁着刘邦高兴，叔孙通进言："诸弟子儒生随臣久矣，与共为仪，愿陛下官之。"于是，这些弟子们都被任命为"郎"，叔孙通又将刘邦赏的"金五百斤"全分给弟子。苦

---

① 《资治通鉴》，卷十二，惠帝四年（前191）。第424页。
② 《资治通鉴》，卷十二，惠帝四年（前191）。第424—425页。

熬多年的弟子们一片雀跃，欢呼道："叔孙生圣人，知当世务。"①为师的提携弟子，弟子们吹捧老师，教学相长，携手高升！因而，叔孙通大言"人主无过举"，弟子们自然百嘴应和，满朝回声一片。

叔孙通之辈，终日里读圣人之书，诵圣人之言，可落到实处，却说什么只要手握大权便举措无过，那么太后鸩杀只有十二岁的刘如意便是正确之举，戚姬遭受"人彘"之灾也是她罪有应得吗？如此而论，天理是非何在？堂堂大儒的点拨非但没有给刘盈带来精神上的解脱，反而让他陷入更大的困惑之中。

不合格的皇帝与合格的人

司马迁在《高祖本纪》之后继之以《吕后本纪》，后世史家对此觉得殊为不妥，认为："吕太后本以女主临朝，自孝惠崩后立少帝，而始称制，正合附《惠纪》而论之，不然，或别为《吕后本纪》。岂得全没孝惠，而独称《吕后本纪》？"一种解释说，司马迁之所以这么写，"盖以政令之所出也"。②可无论怎么说，都显示出在司马迁那里，没把刘盈当成一个合格到可以有独立本纪的皇帝来看待。

司马光虽没有如此激进，但对刘盈受"人彘"刺激后沉湎酒色、不理朝政之举仍持较为严厉的批评态度，他很不客气地说

---

① 《汉书》，卷四十三，郦陆朱刘叔孙传。第2129页。
② （汉）司马迁撰，（日）泷川资言考证，杨海峥整理：《史记会注考证》，上海：上海古籍出版社，2015年版，第553页。

道:"为人子者,父母有过则谏;谏而不听,则号泣而随之。安有守高祖之业,为天下之主,不忍母之残酷,遂弃国家而不恤,纵酒色以伤生!若孝惠者,可谓笃于小仁而未知大谊也。"① 由此可见,尽管司马光不会因吕雉大权在握而漠视惠帝的存在,但他同样认为刘盈算不上合格的君主。

对于司马光的评论,柏杨曾讽刺说:"刘盈从小就在凶爹恶母控制之下,他有什么办法反映他的愤怒、悲哀? 司马光轻轻一句:'规劝不听,继续号泣规劝。'弟弟已毒死,庶母已成'人彘',还有什么可规劝的? 规劝不听,号泣规劝。号泣规劝再不听,下一步又该如何? 是号泣个没有完,还是把娘亲皇太后的权柄剥夺? 如果那样,司马光又要责备他不孝了。刘盈被迫逃避,是一种无力感的反应,那是对恶母的悲凉抗议,使人充满同情。"②

柏杨讲得虽合情,但对司马光的批驳上却有些偏了,因为司马光的重点不在"泣谏",而在于"忍"。作为执掌着生杀予夺的大权、一言一行皆关系着国家安危的最高统治者,即便权柄还握在太后手里,也不能像平常人那样笃于"小仁",更不该因后宫、王府里个把人的悲惨遭遇而精神崩溃。当皇帝绝非轻松的活儿,心机须深,心肠更得硬,关键时刻,不仅对敌人,还要对朋友,对亲人,甚至是对自己,都得冷血无情,这就是所谓的"大谊"。

从古典宫廷政治的角度出发,司马光的责备不无道理,但柏

---

① 《资治通鉴》,卷十二,惠帝元年(前194)。第419页。
② (北宋)司马光撰,柏杨译:《楚汉相争·匈奴崛起(柏杨白话版资治通鉴;2)》,沈阳:万卷出版公司,2011年版,第211页。

杨是现代人，当他从人道的高度去看一个叫刘盈的人，而非一个被称作"皇帝"的政治符号时，对于孤立生命的同情自然会疏离于四平八稳的政治大局观。的确，在谙于权力游戏的政客或怀有宏大政治理想的政治家眼里，这种态度太过天真，政治总是包容着污泥浊水的滚滚洪流，像刘盈这样浅浅的一道清流，注定会被它淹没、吞噬。

因而，无论班固在《惠帝纪》中如何夸赞刘盈是"宽仁之主"，这个年轻人毕竟没有经受住宫廷政治的残酷考验，他确是个不称职的皇帝。可又如孔子所云："人之过也，各于其党。观过，斯知仁矣。"[1] 从刘盈为政的失败中，却又见证了一个奇迹，即在那个你烹我、我醢你，人与人间如狼与狼般恶斗的无比惨烈的时代，在凶爹恶母皆为一等一玩弄权术高手的家庭氛围里，竟然会出现刘盈这位出淤泥而不染的单纯善良之人。

刘盈这般单纯善良，并非不谙世事，亦非颟顸无知。当年，刘邦趁项羽攻齐，偷袭西楚王国首府彭城（今江苏徐州），不想被项羽一个回马枪杀得大败，刘邦载着刘盈和女儿鲁元公主狼狈逃命，眼看楚国骑兵将近，刘邦懂得"大谊"，急忙"推堕二子车下"。幸亏随行的夏侯婴下车把孩子抱上来，刘邦连续把孩子推下车三次，夏侯婴连续抱上来三次，并对刘邦说："今虽急，不可以驱，奈何弃之！"气得刘邦威胁要杀夏侯婴，但终是没扛过这个憨人，两个孩子才得以保全。[2]

这一年，刘盈六岁，已到了能记事的年龄，人间无情，他早

---

[1] 《论语·里仁》
[2] 《资治通鉴》，卷九，高帝二年（前205）。第324页。

有切身体验。若刘盈是个天生的政治苗子，估计会被他老子"为天下者不顾家"的大气魄所震撼。可惜，刘盈记住的可能只是夏侯婴那句"奈何弃之"的"小仁"之语。刘盈继位后，能在萧何面前道出曹参之名，可见他在为政上颇有些慧根，所以应当明白，如若戚姬夺嫡成功，自己和母后的下场如何。可是胜负已定之后，刘盈并不斩草除根，对待庶出的长兄刘肥，同样不在意君臣的座次，都仍以亲情待之。

这样一个人，如果生在太平时代的普通人家，终日与亲朋好友宴饮欢会，该是多么惬意快乐的生活。可惜，他却偏偏生在帝王家，又落到极其险恶冷酷的时代里，父亲以身作则地教导他如何无情，母亲则用血淋淋的"人彘"培育他如何残虐，还有叔孙通之流向他演示如何文过饰非、掩盖罪恶，然而刘盈偏偏什么都没学会，这些玩意儿在他眼里可能都是"非人所为"的杂污！

如同一条清澈的小溪，流过尸横遍野的乱世，流过勾心斗角的宫廷，流过无耻儒生文过饰非的朝堂，竟然还是那么干净，这可以算是奇迹吧？刘盈虽然够不上称职的皇帝，但他却时刻都将政治上无比成熟的铁石心肠者沦丧的人性拥在怀中，并且历经险恶也从没有失去这些美好。可惜在西汉之初的政治夜空中，当满天政治明星熠熠生辉之时，刘盈这般人，却似一颗暗淡的流星匆匆划过，很快被人们忘记。

可刘盈之死终与作为权力符号存在的皇帝的驾崩不同，无论在他的碑面上刻着多少堆砌成串的华丽悼词，都无法遮掩此番"人间不值"的旅途中，一介仁弱之人那不可断绝的忧伤与惆怅！两千多年后，印度诗人泰戈尔在《飞鸟集》中写道："谢谢神，我不是一个权力的轮子，而是被压在这轮下的活人之一。"①
或许，这段诗语方是对这位不合格的皇帝却又是合格之人的最好
安慰。

文景有累卵之忧

西汉成帝时，外戚王氏专权，不仅"管执枢机，朋党比周"，
而且"排摈宗室，孤弱公族"，宗室遗老刘向忍无可忍，遂向成
帝上封事（密封奏章）极谏道："事势不两大，王氏与刘氏亦且
不并立，如下有泰山之安，则上有累卵之危。"话说得再明白不
过，成帝刘骜阅后召见刘向，"叹息悲伤其意"。然而，昏君终是
无能，说了句"君且休矣，吾将思之"，之后直到驾崩，也没思
出个名堂来。② 与这不肖子孙相比，汉初文景二帝便展现出明君
贤主之特有素养，他们心中不仅常存累卵之忧，对功高位显的周
勃、周亚夫，文景还各用各法摧折之，哪怕人家父子并无泰山
之安。

文景之别

西汉之初的文景二帝留给后人的形象都是端坐朝堂、温文尔

---

① （印度）泰戈尔：《泰戈尔诗选》，谢冰心等译，北京：人民文学出版社，1994年版，第502页。
② 《资治通鉴》，卷三十，成帝阳朔二年（前23）。第1014—1015页。

雅地行无为之政的贤君明主，但对二帝风格仔细区分，亦能发现其间有着"一张一弛"的差别。大致说来，文帝做事多如温水煮青蛙，不露声色地慢慢下手，甚至也不怎么指望能亲眼看到自己努力的结果；景帝做事则有似热油爆鲜虾，立竿见影，不时还会使出霹雳手段，以至于一些麻烦着实是由他自己惹出来的。

以用人为例，张释之总结前朝教训时说："秦以任刀笔吏，争以亟疾苛察相高，其蔽，徒文具而无实。"[1]故而汉初君臣皆以亡秦为鉴，尤其文帝一朝，"将相皆旧功臣，少文多质"，且"论议务在宽厚，耻言人之过失"。[2]既然尚木讷忠厚的旧臣，遇着锐意进取的后辈才俊，文帝往往赏其才而慎用之。于是，当文帝欲破格擢升才高气盛的贾谊为公卿时，"少文多质"的大臣们纷纷反对，议论道："洛阳之人，年少初学，专欲擅权，纷乱诸事。"[3]文帝听罢，只得疏远贾谊，打发他到长沙王那里去当太傅。此后，文帝对于贾谊之论时有采纳，似是想将这锋芒毕露的青年才俊熬成木讷旧臣再名正言顺地重用；只可惜贾太傅到底没有熬住，不过七年便抑郁而终了。

与文帝不同，景帝当太子时，"为人陿直刻深"的晁错就已经"以其辩得幸太子，太子家号曰'智囊'"。[4]景帝登基后，意在变革的晁错经常请求单独召见，景帝则无不允许，一时"宠幸倾九卿，法令多所更定"。朝中"少文多质"的旧臣对晁错多有怨言，遭了冷遇的丞相申屠嘉更是忌恨至极，无奈拳怕年少，申屠

---

[1] 《资治通鉴》，卷十五，文帝前十三年（前167）。第507页。
[2] 《资治通鉴》，卷十四，文帝前三年（前177）。第467页。
[3] 《资治通鉴》，卷十五，文帝前四年（前176）。第470页。
[4] 《资治通鉴》，卷十五，文帝前十一年（前169）。第501页。

嘉相争不过，气得大骂："吾悔不先斩错乃请之，为错所卖。"回到家里，呕血而死。景帝用人心切，对旧臣议论毫不理会，甚至丞相气死亦不在意，索性将晁错从内史擢升为三公之一的御史大夫。①

再以处置刘氏诸王问题为例，文帝基本赞同贾谊在《治安策》中贡献的方略，即"欲天下之治安，莫若众建诸侯而少其力。力少则易使以义，国小则亡邪心"②。因此，齐悼惠王刘肥之孙刘则死时无后，文帝趁机分齐为六国，将刘肥还健在的六个儿子全部封王；曾图谋叛乱的淮南厉王刘长死后十年，文帝怜悯这位荒唐老弟，将当时的淮南王刘喜改封为城阳王，再将淮南国一分为三，刘长三子全部当王。③

文帝不动声色地将两大封国瓜分，面上合情合理，得封的欢天喜地，旁观的不觉威胁。可若依此法削弱其他封国，不仅要靠机缘，更得有极大耐性，尤其与吴王濞这类心怀反意的地方实力派交往，必须和颜悦色地周旋，尽量缓和矛盾，化解危机，奉陪到各自咽气，皇位嫡长继承，封国诸子平分，几轮下来封国不削自衰。可景帝却无这份耐性，加之诸王躁动，晁错升为御史大夫后愈加激进，危言道："今削之亦反，不削亦反。削之，其反亟，祸小；不削，反迟，祸大。"④此论正合君心，便四面出击式地对诸王动了手！

景帝时吴王威胁最大，晁错数次上书极言削吴，可削吴前

---

① 《资治通鉴》，卷十五，景帝前元二年（前155）。第523页。
② 《资治通鉴》，卷十四，文帝前六年（前174）。第480页。
③ 《资治通鉴》，卷十五，文帝前十五年（前165）。第512页。
④ 《资治通鉴》，卷十六，景帝前三年（前154）。第529页。

夕，君臣二人不知中了什么邪，又翻出些陈年旧账先削起了楚王、赵王、胶西王的地盘。吴王本在反与不反间犹豫，景帝与晁错的冒进之举无疑使矛盾激化，加速了吴王反叛，还把持观望态度的诸王推到了吴国一边，最终酿成"七国之乱"。幸好文帝早已为儿子留了个周亚夫作后手，不然在众叛亲离的当口，晁错临乱失措、危时计拙，景帝的皇位实在是有些险矣！

文景间有这些不同，大半与各自成长、生活的环境相关。文帝之母薄太后当年虽为高祖所幸，但戚姬"人彘"的教训触目惊心，活在吕雉的恐怖阴影下，聪明的薄太后处处委曲求全。文帝受母亲教化，自小就少了几分王爷的骄横。同时，文帝正妻窦皇后，身世非常悲苦，年少家贫，被吕后强征入宫，虽然时来运转却没有得意忘形；娘家人也算老实，不以尊贵凌人。在这种氛围中待久了，文帝为人处世上自然小心谨慎。

文帝为代王时，吕后曾想改封其作赵王，他婉拒说："愿守代边。"①其畏吕后，可谓远甚匈奴！游离于权力中枢之外，上升不易，但安全系数却大了许多。当京城中刘氏与吕氏生死恶斗之际，代王毫发未损，坐观热闹。真是世事难料，到了诸吕被灭、瓜分胜利果实的当口，冲在前面的刘氏王侯不是与吕氏有姻亲瓜葛，就是犯了母系强悍之大忌。数来数去，高祖的孩子里只有寸功未建的代王刘恒最长，且与吕氏无血缘关联，又母系谨良。

玉玺从天而降，接与不接让刘恒和薄太后大伤脑筋，尽管最终听了中尉宋昌的话，放胆一搏，但郎中令张武的提醒也不无道理，即"汉大臣皆故高帝时大将，习兵，多谋诈。此其属意非

---

① 《资治通鉴》，卷十三，高后七年（前181）。第436页。

止此也，特畏高帝、吕后威耳"[1]。处在再造汉室的强臣与王侯之中，白捡个皇帝当的文帝哪有资格霸道行事，唯有靠着宽和沉稳的内力来化解沦为傀儡的危险。

景帝刘启则不同，文帝登基时，他才九岁，之前在代国王爷府里万千宠爱地被养大，感受不到成人世界中的不安与恐惧；十岁时被立为太子，依旧小娃一个，众星捧月般继续任性生活，仍体会不出父皇在朝堂上左支右绌的苦衷。于是，处于青春期的刘启身上既有王爷府里小少爷们本应有的骄横，又在更多达官显贵簇拥下生出些霸道的太子派头。

这种霸道在吴太子事件中展露无遗。当年吴国太子刘贤入宫陪侍皇太子，两位惯大的主儿谁都没学过一个"让"字，下棋时起了争执，刘贤出言不逊，刘启抡起棋盘砸得刘贤头破血流，当时刘贤就上了西天。皇太子杀人，都怪被杀的不好，吴王濞从此与中央结下梁子。而刘启小小年纪暴虐如此，即便过了而立之年才继位称帝，识见颇有增益，性情也有所收敛，但为政风格上与其父相比，到底刚猛了许多。

在因循守故、与民休息的汉初政治大背景下，文景间虽有差异却不明显，除了起用人才和处置诸王问题外，便是在制造周勃与周亚夫父子的冤狱上，才格外醒目地展现出二帝风格之异。这两起冤狱，不免令人感叹：即使是好皇帝，对待功臣竟也如此薄情寡义！

---

[1] 《资治通鉴》，卷十三，高后八年（前180）。第443—444页。

文帝与周勃

文帝当政期间，用人方面虽遵旧习，少有干预，但对已攥到手里的玉玺，却时刻不敢松劲，如若有谁妄图碰下这大印，哪怕仅仅让人觉得可能生出这非分之念，都会令文帝警觉不安，并毫不拖延地做出反应。当然，尽管在这种事上文帝下手颇狠，全无平时朝堂中表现出来的宽和仁厚之雅量，但他的行事风格并无改变，依旧沉稳谨慎，徐徐图之。

文帝当年能当上皇帝纯粹靠运气，而豁着命为他制造这份好运的第一功臣非绛侯周勃莫属。刘氏与吕氏相争的关键时刻，官居太尉却不得主兵的周勃矫诏进入北军军营，于将士面前下令道："为吕氏右袒，为刘氏左袒！"这是一着险棋，所幸诸吕人缘太差，人心向刘，才出现"军中皆左袒"之景。[1]不然，北军内部若向背不齐，周勃难免死于乱军之中。

事后论诛诸吕之功，挺身而出的周勃位列其首，一直躲在幕后策划的陈平识趣地让出右丞相之位。绛侯志得意满，退朝时摇头晃脑地走在君臣中间，连文帝都恭敬地目送他远去。此刻，多亏郎中袁盎眼尖，跳出来给刚上岗的皇帝提醒道："今丞相如有骄主色，陛下谦让，臣主失礼，窃为陛下弗取也！"[2]袁盎一贯爱出些打动君心的鬼点子，这次亦不例外，从此文帝瞅着周勃不顺眼起来。

---

[1]《资治通鉴》，卷十三，高后八年（前180）。第442页。西汉时京畿驻军分南北二军，南军负责治安，战力较弱；北军属野战部队，战力甚强。但逢政变，北军不应则事不能成。
[2]《资治通鉴》，卷十三，文帝前元年（前179）。第448页。

周勃乃高祖看中的守护刘家王朝之人，从沛县一路走来，全凭着忠心耿耿、敢打敢冲。韩信当年于云梦被擒，降为淮阴侯，困于都城，"多称病，不朝从。居常鞅鞅，羞与绛、灌等列"。[①]韩信的鄙视又反证了周勃、灌婴不过是有勇无谋、胸无大志、只知道围着高祖屁股转的武夫，想让他们起贼心都难。看来，文帝小心过头了，尤其他盯住不放、看了闹心的地方，可能恰恰是令高祖格外放心之处。

《汉书》里说周勃为人"木强敦厚"，且"不好文学，每召诸生说士，东乡坐责之：'趣为我语。'"[②]译成白话大概为："少绕来绕去的，有话直说！"这粗人倒与高祖有点形似，难怪高祖喜欢，而王府里调养出来的文帝就吃不消了。周勃既然敦厚，立功得赏禁不住得意扬扬，兴奋写在脸上。这要是遇着高祖，才不管你什么丞相、三公，当面骂一声"竖子"，周勃便吓得乖乖的了。可惜，文帝没有他老子的气魄，张武的话犹在耳边，袁盎又来煽风点火，文帝心结顿生，有骄主色的强臣久处相位怎生得了，必须想个办法收拾下他！

文帝不愧是明君，办法一想就来，数月后，已对国事了如指掌的文帝早朝时专门"问右丞勃曰：'天下一岁决狱几何？'勃谢不知；又问：'一岁钱谷入几何？'勃谢不知；惶愧，汗出沾背"。文帝转而问二把手——左丞相陈平，陈平回禀道：司法问题问廷尉，财政问题问治粟内史。文帝立刻追问：既如此，丞相究竟负责什么？陈平从容应对，详细说明丞相职守，文帝听了十分满

---

① 《资治通鉴》，卷十一，高帝六年（前201）。第373页。
② 《汉书》，卷四十，周勃传。第3414—3415页。

意。退朝后,"大惭"的周勃对陈平抱怨道:"君独不素教我对!"陈平哈哈一笑,话里有话地回道:"君居其位,不知其任邪?"①

不久,一位"高人"向周勃进言:"君既诛诸吕,立代王,威震天下。而君受厚赏,处尊位,久之,即祸及身矣。"自袁盎提醒文帝以来,周勃再没见过皇上的好脸色,又因丞相职守问题在朝堂上丢人现眼,跟着高祖被吓大的周勃虽粗鲁却不傻,"乃谢病,请归相印",文帝即刻准许,免去周勃右丞相之职,且不再设左右二相,由陈平专为丞相。②此番较量,文帝做足治国理政的功课后,在群臣面前明知故问"不好文学"的周勃,当众暴露其不称职,而那位"高人"亦有奉命行事之嫌,好在周勃不糊涂,全身而退,文帝仿佛可以安心了。

次年,陈平逝世,周勃按资历复被任命为丞相,看上去文帝的心结已解,君臣间一片和谐。然而,病虎究竟不是猫,就算服帖地卧在一边,文帝仍不踏实。再命周勃为相前,文帝已下诏列侯各回封国,特许留下的遣谪长子回去,周勃虽在特许之列,却埋下了随时走人的伏笔。果然,一年后文帝下诏给周勃曰:"前遣列侯之国,或辞未行。丞相,朕之所重,其为朕率列侯之国!"③周勃哪敢久留,赶快上交丞相大印,带头回到封国,在小小的绛县(今山西侯马市东)凉快着去了。事情到这个份上,文帝总该心安了吧?

周勃回到封国后,每逢河东郡的军政官员巡视至绛县,都

---

① 《资治通鉴》,卷十三,文帝前元年(前179)。第451—452页。
② 《资治通鉴》,卷十三,文帝前元年(前179)。第452页。
③ 《资治通鉴》,卷十四,文帝前三年(前177)。第463页。

要顶盔戴甲，令家人各持兵器，方敢出来接见。想当年，淮南王英布造反，其兵精甚，布阵宛如项羽大军，仍不免战败人亡的下场，周勃凭一身甲胄、几件兵器就想扛住天子的缉拿，实在是有些滑稽。然而，自从周勃免相就国，他清楚自己威名犹存而大权已失，以文帝之为人，恐怕不会这么轻易地放过他。惊弓之鸟难免举止失措，但从他对文帝的不信任上看，倒也不愧是高祖调教出来的人物。

果然，没过多久，"有人"上书告发周勃欲反叛。文帝马上命令廷尉逮捕周勃。绛侯乖乖地束手就擒，盔甲兵器一点用都没派上。审讯时狱吏满脸凶相、张牙舞爪地诟骂威胁，周勃则吓得无言以对，幸亏周家拿出千金贿赂狱吏，才算没受大辱。狱吏在录口供的木简背后写了句"以公主为证"，给周勃指了条活路。周勃的嫡长子周胜之娶了昌平公主，虽然以后夫妻失和，胜之被皇家捉去以杀人罪正了法，但这会儿公主还向着夫家，由公主出来为公公担保，再合适不过。

与此同时，皇太后也伸出了援手。当文帝看望薄太后时，薄太后以冒絮（头巾之类）掷帝，气愤地说道："绛侯始诛诸吕，绾皇帝玺，将兵于北军，不以此时反，今居一小县，顾欲反邪！"来路不明的"有人"编织的罪名哪经得起太后基于常识的一问，正好公主作保的绛侯口供也呈了上来，文帝赶快就势下坡，派使节持节赦免绛侯。周勃死里逃生，惊魂未定，感慨道："吾尝将百万军，然安知狱吏之贵乎！" ①

当年的猛虎到底给折腾成了病猫，文帝心结终于解开，也就

---

① 《资治通鉴》，卷十四，文帝前四年（前176）。第471页。

及时收手，安心放还周勃回到他小小的绛县里自生自灭去了。

景帝与周亚夫

　　文帝后六年（前158），匈奴大举入侵，形势异常紧张，文帝调兵遣将据守京畿要塞并亲自劳军，御驾先至霸上与棘门，皆驱车直入军营，将帅列队恭迎。到了周亚夫驻守的细柳营，辕门紧闭，官兵披甲执兵，警戒森严。先驱报告天子到来的消息，军门都尉竟回道："将军令曰：'军中闻将军令，不闻天子之诏。'"文帝只得派出使节，"持节诏将军：'吾欲入营劳军。'亚夫乃传言'开壁门'"。进入军营，守门的军士又奏请道："将军约，军中不得驰驱。"文帝一行不得不"按辔徐行"。到达虎帐，周亚夫持兵器，向文帝仅作一揖，奏曰："介胄之士不拜，请以军礼见。"面对这阵势，随行群臣惊慌莫名，好在文帝一代明君，非但没有生气，还真心夸赞道："此真将军矣！"[1]

　　假若韩信复生，大概依旧瞧不上诛灭诸吕时立首功的周勃，但对周家这位二公子倒有可能高看一眼，不仅因为周亚夫治军严整，用兵出神入化，更因为他在帝王面前那种不卑不亢真将军的强大气场。当年细柳营中君臣之会，文帝为此气场深深震撼，弥留之际还特别对太子交代道："即有缓急，周亚夫真可任将兵。"[2]到景帝时，周亚夫也因此得到重用，不仅临危受命，成功弹压了七王之叛，还得以执掌相印，一时位高权重，这不免让人觉得大

---

[1]《资治通鉴》，卷十五，文帝后六年（前158）。第517—518页。
[2]《资治通鉴》，卷十六，景帝前三年（前154）。第533页。

半是因其震主之功，才不得善终、蒙冤致死。可事实却颇具讽刺意味，真正震主的，是被吓成病猫的周勃，景帝本人并没有被威风八面、至死不屈的周亚夫震到！

景帝与文帝不同，他是嫡长继承制正常运行下登基的帝王，其皇位具有天然合法性，这是政变中为人所立的文帝无法比拟的。再者，景帝上台时已过而立之年，虽然从小惯出些霸道做派，但《汉书》中"周云成康，汉言文景"[1]的评价并非纯粹的阿谀之辞，景帝能够比肩古王，是有些真本事的，且随着年岁增长，霸道之气得以收敛，沉稳之风渐渐养成，处置政务上与其父相比虽有些刚猛，却也不失运斤成风的镇定。况且，文帝在位时，早就不露声色地为儿子铺平了当权之路，景帝更没辜负老子的一片心意，父子合力，使得像周亚夫这般立下大功之强臣很难形成震主之势。

周亚夫起初官拜河内太守，后因细柳营中治军有方被文帝任命为中尉。中尉一职主要负责京城治安，拘捕犯官和不法者，并充当天子出行的仪仗和警卫，在皇帝身边，位虽显但权不重。史家评论文帝此举实"为亚夫属太子张本"[2]。果然，七王作乱，景帝立刻将周亚夫擢升为太尉，使他位列三公、执掌全国军权。文帝不急于提拔周亚夫，而将这份皇恩留给太子——既然入了新朝才真正发迹，就算不上前朝重臣，无形间加强了景帝的控制力。

另外，强臣震主，多有凭依，或诸王，或外戚，或宦官。景帝削王虽有些冒进，好在最终险胜，一举消除其父上台时强臣与

---

[1] 《汉书》，卷五，景帝纪。第221页。
[2] 《资治通鉴》，卷十五，文帝后六年（前158）。第518页。

实力派诸王联手的不利局面。至于外戚，吕氏前鉴不远，举朝对外戚高度提防，窦太后一系还算老实，景帝宠爱的诸妃家人更掀不起什么大浪。外戚既不得势，宦官亦无法趁机崛起。七王乱后，周亚夫被任命为丞相，景帝旋即撤销太尉一职。一无军权，二无倚老卖老的前朝旧臣身份，三无可以联络交通的盟友以壮声势，仅仅一行政主管，周亚夫拿什么震主呢？

进而，周亚夫的"真将军"气质虽有气势，却不利于政坛生存，与之相比，倒是在狱吏面前吓得手足无措的周勃更易活命。周勃早年，"以织薄曲为生，常以吹箫给丧事"①，"薄曲"乃养蚕用的席子或筛子，小本买卖，挣不了几个钱，只好再到人家丧事上干点吹箫伴奏的副业，都是世人眼里极低贱的活计，虽有挽强弓硬弩的本事，太平时无用处，唯有低头赔笑地辛苦营生。起于贫寒的周勃，后来跟着刘邦打下天下，有点像成功的秦舞阳。据说秦舞阳入秦宫，"色变振恐"，荆轲向秦王解释道："北蕃蛮夷之鄙人，未尝见天子，故振慑。"②所以，当叔孙通在长乐宫中为刘邦摆开礼乐阵仗时，周勃之流，"莫不振恐肃敬"。③

与其父周勃相比，生于侯府的周亚夫既练不出其父早年求生的柔软身段，也不会被皇家的恢宏场面吓得乱了方寸，且为人处世原则性极强，细柳营中连皇帝的账都不买，官越大，得罪的人就越多。弹压七王之乱时，周亚夫引军断吴楚叛军粮道，拒不理会梁王刘武的救援之请，梁王从此怀恨在心。景帝废太子刘荣

---

① 《汉书》，卷四十，周勃传。第3408页。
② 《史记》，卷八十六，刺客列传。第3074—3075页。
③ 《资治通鉴》，卷十一，高帝七年（前200）。第382页。

时，周亚夫坚定反对，又得罪了新立太子刘彻之母王娡，顺道得罪了将女儿许配给刘彻的长公主刘嫖。王娡之兄王信为梁王谋杀朝廷重臣开脱罪责，窦太后感激，欲封其为侯，周亚夫拒不同意，他搬出"非刘氏不得王，非有功不得侯"的高祖之约，景帝只得"默然而止"，这更是得罪了本就偏爱小儿子的窦太后。①

最终，周亚夫与景帝间因政见不同也发生激烈冲突。匈奴王徐卢等六人来降时，景帝欲全部封侯，以诱敌分化，周亚夫却反对说："彼背主降陛下，陛下侯之，则何以责人臣不守节者乎？"君臣各不相让，景帝执意封徐卢等为列侯。周亚夫则称病不出，相当于宣布辞职；景帝亦不挽留，很快就将之免官收印。②且不论各自主张孰是孰非，之后数年君臣间虽不相与谋，但周亚夫拂袖而去的做派令景帝颇为不快，如何处置这位对汉室有再造之功的重臣，景帝决定最后测试一下周亚夫。

于是，景帝在皇宫内设宴，单在周亚夫案前放一大块煮熟的肉，却不置切刀、筷子。面对此景，周亚夫"心不平，顾谓尚席取箸"。景帝"视而笑曰：'此非不足君所乎？'"周亚夫这才觉察出氛围不对，"免冠谢上，上曰：'起！'亚夫因趋出。上目送之曰：'此鞅鞅，非少主之臣也。'"③ 在这场鸿门宴中，周亚夫犯了两个致命错误，一开始露出不平之色，离开时又掩饰不住鞅鞅之情。如果他能有其父在狱吏面前一半的怂劲，都可能虎口存生，然而真将军的身段就是柔软不起来，即便身子跪下，尊严仍没有

---

① 《资治通鉴》，卷十六，景帝中三年（前147）。第551页。
② 《资治通鉴》，卷十六，景帝中三年（前147）。第551页。
③ 《资治通鉴》，卷十六，景帝后元年（前143）。第556页。

识趣地倒伏，可在宫廷的权力游戏中，刚则易折啊！

与此同时，景帝也亮出了底牌：跟着皇家有肉吃，但让你吃才能吃，不然就是肉摆在眼前，也只有乖乖地看着，竟然还想要筷子，实有不臣之心！而且如此功臣在本朝虽未震主，但留到少主之世又熬成了老臣，看他那副怏怏不平的神情，刘彻年纪尚小，未来一旦压制不住，便有累卵之危！当爹的真是不易，文帝为了儿子不动声色地成就周亚夫；轮到景帝时，同样是为了儿子，又开始未雨绸缪地把刀斧架到了周亚夫的项上！

尾声

设想当年身陷牢狱之灾的周勃，若是家里拿不出千金之赂，又没有公主作保，一把年纪的绛侯在狱里恐怕不只是被威胁恐吓几句了。一旦撑不住凌辱拷打，在重口供不重证据的体制下，岂不就铸成铁案？到那时，恰如柏杨所说："即令薄太后扔砖头，也救不了周勃的命。"[1] 可见文帝还是动了些杀心，而不只是吓唬一番了事，好在周勃运气不错，亦有着足够柔软的身段，赶快从猛虎变身为病猫。唯有让文帝放心，才能在鬼门关前捡条命回来。

轮到周亚夫时，宫中权贵基本上都被他得罪遍了，已无人伸出援手。周亚夫的儿子在侯府里又养得顽劣无识，用不正当手段自官府中购买作废甲盾五百具以备老爹百年后陪葬之用，雇人搬运却又不给工钱，结果被人家告发，事情牵连到周亚夫。景帝大

---

[1] 《楚汉相争·匈奴崛起（柏杨白话版资治通鉴；2）》，第278页。

喜，省下了专门找"有人"的麻烦，便指示下狱审问。走到这一步，周勃八成会吓得说不出话；周亚夫却怒目相对，拒不回答任何问题。

景帝接到报告，骂道："吾不用也！"意为：不需要你的回答。遂将周亚夫移交廷尉处理，从而有了一段极有名的对话。

廷尉责问曰："君侯欲反何？"
亚夫曰："臣所买器，乃葬器也，何谓反乎？"
吏曰："君纵不欲反地上，即欲反地下耳！"①

之后，史书中记曰："吏侵之益急。"可知周亚夫在皇家天牢里受到的已不只是危言恐吓。其实，周亚夫入狱前，便想自杀了断；其夫人天真，以为有理可讲，万没想到景帝之决绝，一般冤案还要讲个屈打成招，而定周亚夫反叛大罪时竟连口供都不要，甚至所谓反叛证据也不在此世，而在阴间！遇上这千古奇冤，周亚夫的真将军本色最后一次展现出来，他"不食五日，呕血而死"。②

对汉室有再造之功的条侯、前太尉、前丞相，就这么含冤而死，举朝上下难免人人自危，各有累卵之危。当然，景帝听到周亚夫死讯时，估计高枕而卧，很有些泰山般的安稳。

---

① 《资治通鉴》，卷十六，景帝后元年（前143）。第556页。
② 《资治通鉴》，卷十六，景帝后元年（前143）。第556–557页。

汉武帝欲登仙

汉武帝坐稳皇位后，便开始动用巨量资源招纳方士，寻神觅仙，幻想着自己能够如传说中的黄帝般在泰山之巅乘龙而去。然而，花钱如流水般地折腾了半辈子，一次次上各路神汉巫师们的当，直到年老体弱、实在跑不动的年纪，汉武帝连个神仙的影子都没遇到，最终只能心有不甘地罢了手。

少翁与栾大之死

汉武帝一生杀伐无数，尤其在皇位上坐得越久，就越发专横跋扈，莫说一般小民在他眼里命如蝼蚁，连京城里的王侯贵戚犹不免族灭之灾。不过，武帝虽然暴虐，死在他手里的方士却不多，重量级方士就更少，数来数去也就两位，即：齐人少翁和栾大。而以这两位的恶劣行径论，但凡正常点的皇帝都会斩而快之。

先说齐人少翁，其姓不可考，《搜神记》里说他姓李，大抵为后人编造。少翁唬住武帝的本事是能夜致鬼魂，令武帝与去世的王夫人相见。乍听上去少翁仿佛真还有两下子，其实不过是江湖中劣等的骗术。《汉书》中将王夫人误记成了李夫人，但少翁致鬼魂之术却写得颇细致，所谓："夜张灯烛，设帷帐，陈酒肉，而令上居他帐，遥望见好女如李夫人之貌，还幄坐而步。又不得就视……"① 西汉时的"灯烛"即油灯与火炬，照明效果本就不佳，帝王宫苑又高大幽深，遍张灯烛仍不免昏暗不清。再者，依阴阳之论，活人身上阳气重，离近了阴魂必散，所以只能遥望，中间还隔道帷帐，简直成了皮影戏！

好在武帝正值伤心处，时人亦笃信神怪，鬼知道帷幄中晃悠的到底是谁，反正这出把戏是演成了，龙颜因之大悦，"于是拜少翁文成将军，赏赐甚多，以客礼礼之"。拎不清自己几斤几两的少翁尝到甜头，继而劝武帝作甘泉宫、建台室、置祭具，欲招请天神。万事俱备，少翁在甘泉宫里扑腾了一年有余，半个神仙都没请来。眼看圣上不耐烦起来，少翁只得铤而走险，在锦帛上写些古怪文字，偷拌到饲料里喂牛，再佯装算出牛腹中有奇物。武帝使人剖开牛腹，找到"天书"，岂料少翁笔迹被武帝一眼识出，武帝怒火中烧，但九五之尊竟为江湖方士所骗，这种事情传出去实在丢皇家脸面，便将这半仙秘密处决了。②

被武帝杀掉的另一位方士栾大，自称与少翁同师，却比少翁老练许多。首先，栾大来见武帝的时机掌握得极好，少翁被杀后，天下方士裹足不敢前，众人胆怯时，栾大逆势而上。正为断了求仙之路懊恼的武帝见到栾大，甚是高兴。其次，栾大是通过乐成侯丁义推荐给武帝的，可见栾大行事周全，他先将丁义骗得团团转，再以王侯作保的方式出场，无形中提高了自己的可信度。最后，栾大的法术（戏法）要比少翁高强，少翁是在黑咕隆咚的场景下演皮影戏，栾大则是光天化日里表演"斗旗"魔术。

---

① 《汉书》，卷六十七上，《外戚上》。第3952页。
② 《资治通鉴》，卷十九，武帝元狩四年（前119）。第665—666页。

《资治通鉴》中说他能令"旗自相触击",《汉武故事》里更添油加醋地描写道:"大尝于殿前树旍数百枚,大令旍自相击,翻翻竟庭中,去地十余丈,观者皆骇。"①

比这些戏法更厉害的,乃是栾大摸透了武帝的心思,面圣时他先夸下"不死之药可得,仙人可致也"的海口,然后猛然将了武帝一军,叹曰:"然臣恐效文成,则方士皆掩口,恶敢言方哉!"武帝忙编瞎话道:"文成食马肝死耳。子诚能修其方,我何爱乎!"少翁把戏穿帮被杀是公开的秘密,武帝愣说他死于食物中毒,撒谎一方理亏。栾大乘胜追击,拉出先师的虎皮开始漫天要价,说什么"臣师非有求人,人者求之。陛下必欲致之,则贵其使者,令为亲属,以客礼待之,乃可使通言于神人"。②武帝寻仙心切,又杀过栾大的师兄弟,难免势弱,再被栾大斗旗的把戏一忽悠,自然是人家要什么便给什么。

仅仅数月间,栾大就被拜为五利将军、天士将军、地士将军、大通将军、天道将军,又封为乐通侯。为了向神仙表示诚意,武帝还将自己的女儿卫长公主许配给栾大。而且在他受"天道将军"之印时,武帝专门派使节"衣羽衣,夜立白茅上",栾大"亦衣羽衣,立白茅上,受印,以示不臣"。功名利禄来得如此容易,"于是海上燕、齐之间,莫不扼腕自言有禁方、能神仙矣"。③事实证明,栾大与少翁还真是一个师父教出来的,在申报武帝设立的成仙项目前,皆"多方略,敢为大言,处之不疑"。④等经费

---

① 《资治通鉴》,卷二十,武帝元鼎四年(前113)。第680页。
② 《资治通鉴》,卷十九,武帝元鼎四年(前113)。第680页。
③ 《资治通鉴》,卷十九,武帝元鼎四年(前113)。第681页。
④ 《资治通鉴》,卷十九,武帝元鼎四年(前113)。第680页。

到手、好处尝尽，求仙工程便磨起了洋工。之前栾大许诺东入海求其师，到了海边却怕了，转道泰山祭祀，想以此敷衍塞责。

天下骗子做事虽不诚实，但作弊万不能没智商。栾大在饭桶般的王公贵戚身上练手太顺利，便以为武帝也是一路货色，哪想身边早被安插了许多密探，随时汇报其寻仙情况！虽然栾大之前要的把式多无效验，心存侥幸的武帝也都忍了，可到了最重要的入海求仙阶段，栾大仍想蒙混过关，这下彻底激怒了武帝。栾大千算万算，自以为还有后路可退，哪想武帝才不管什么"不臣之约"，更不在乎栾大的驸马身份。恰恰因为栾大狮子大开口要得太多，武帝又给得太急，不仅破财、丢脸，还搭上了亲闺女！恼羞成怒的武帝再也顾不上什么皇家颜面，公开以"诬罔"之罪名将栾大腰斩，这还不解气，又将乐成侯丁义一道给斩了。

漫漫改过路

司马光论汉武为政之失时，特别指出他"信惑神怪，巡游无度"，好在武帝还能听进些忠直之言，"恶人欺蔽"且"诛赏严明"，加之"晚而改过"，才没有步秦始皇的后尘。[①] 虽然史家最终放了武帝一马，但要真正做到悔而改过，却是个漫长而曲折的过程。尤其在求神寻仙问题上，对大部分方士和与方士结托的官吏来说，只要把戏不穿帮，恭顺低调一些，最恨被人欺骗的武帝往往睁一只眼、闭一只眼，格外宽宏大量。

---

① 《资治通鉴》，卷二十二，武帝后元二年（前87）。第768页。

第一折 初建

　　就在栾大觐见武帝后不久，汾阴（今山西万荣）巫师锦（姓不详）于魏脽（今山西万荣）后土祠旁发现大鼎，河东太守火速上报，武帝遣人调查后认为"巫得鼎无奸诈，乃以礼祠，迎鼎至甘泉，从上行，荐之宗庙及上帝，藏于甘泉宫，群臣皆上寿贺"。① 事后琢磨，其中不少蹊跷处。宝鼎早不出、晚不出，栾大刚得势，就踩着点子从土里蹦了出来，难说不是河东太守与巫师锦联手搞的鬼。至于朝廷派来的调查团，在讨圣上开心的事上何必认真过头，只要那鼎做工不要太粗劣，官巫勾结、官官相护，把共同的主子服侍舒服了，对谁都有好处。而武帝也明白，若无粉饰，哪来太平盛世，既是瑞兆，也就难得糊涂吧！

　　栾大被腰斩后，天下方士又吓得各自龟缩，不过仍有胆大的，齐人公孙卿跳将出来声称在缑氏城上（今河南偃师）发现仙人脚印。武帝亲赴察看，其间公孙卿如栾大般进言道："仙者非求人主，人主者求之；其道非宽假，神不来。言神事如迂诞，积以岁月，乃可致也。"对这番似曾相识的套话，刚吃过亏的武帝竟然又听了进去，举国的寻仙热情旋即高涨起来："郡、国各除道，缮治宫观、名山、神祠以望幸焉。"② 第一次泰山封禅前夕，打前站的公孙卿再次汇报在东莱（今山东莱州）"夜见大人，长数丈，就之则不见，其迹甚大，类禽兽云"。群臣也说见一牵狗老翁嚷嚷着要见"钜公"（即天子），言罢便不见了。武帝随后到来，"既见大迹，未信，及群臣又言老父，则大以为仙人也"。③

---

① 《资治通鉴》，卷二十，武帝元鼎四年（前113）。第681页。
② 《资治通鉴》，卷二十，武帝元鼎六年（前111）。第690–691页。
③ 《资治通鉴》，卷二十，武帝元封元年（前110）。第697–698页。

亲自察看过"大迹"的武帝对此证据并不十分认可,然而公孙卿态度诚恳,在帝王面前一直恭恭敬敬,更不敢打公主的主意,自然没必要撕破脸面。至于道听途说、人云亦云的牵狗老翁,就像在中岳嵩山祭祀时,远处传来的三呼"万岁"之声,既然武帝愿意相信那就是神仙显灵,又何必去较真?其后,不见神仙不罢休的武帝更是依着公孙卿和越人勇之(姓不详)的馊点子,筑高台,作建章宫——皆为花费无度的浩大工程,直弄得国库空虚、百姓疲惫,到头来,莫说遇上神仙,连鬼都没撞着,此二人却没有因此掉一根毫毛!

　　到了征和四年(前89)春正月,年近古稀的武帝巡幸东莱(今山东莱州),行至海滨,延颈四望,抑制不住求神冲动,不顾群臣苦苦劝谏,执意乘船出海,所幸当时"大风晦冥,海水沸涌",武帝滞留十数日,不见天气好转,只得悻悻作罢。一生求仙,最后的疯狂也无果而终,经此挫折,武帝似有所悟。三月,武帝在归途中经过泰山,第六次也是最后一次在那里祭天(封)、祭地(禅),礼毕时他对群臣倾吐心声道:"朕即位以来,所为狂悖,使天下愁苦,不可追悔。自今事有伤害百姓,靡费天下者,悉罢之!"大鸿胪田千秋立刻奏曰:"方士言神仙者甚众,而无显功,臣请皆罢斥遣之!"武帝称是,随即将他们全部遣散。此后,武帝常对群臣感叹:"向时愚惑,为方士所欺。天下岂有仙人,尽妖妄耳!节食服药,差可少病而已。"[1]

　　晚年的武帝看似想明白了,可对那群满嘴怪力乱神的骗子们仅作遣散了事,诛赏实在称不上严明。或因聚在汉武周遭的方

---

[1] 《资治通鉴》,卷二十二,武帝征和四年(前89)。第758页。

士数量过于庞大，每次武帝东巡海上，仅齐人上疏言神怪、进奇方者便以万数计，这要是认真杀起来，东海之滨定会被染成红色，于是法不责众，网开一面。或许武帝晚年心也多少变软了一些吧，以前不在乎杀人多少，现在居然连神汉们的小命也下不去手了。无论如何，把国家搅得乌烟瘴气的一众方士们都活得好好的，只不过之前围着皇帝转，之后退而求其次，围着王侯公卿们继续骗去了。或许，武帝对于寻仙升天之事并未完全释怀，与其说他晚年醒悟，莫若说是因为精力耗尽，提不起劲头去继续疯狂，只好自己给自己找个台阶黯然退下。至于那条永远在建设中的登仙之路，其他人若还想着往上面撒银子、耗精力，且让他们继续折腾吧，武帝已懒得再管了。

寻仙之情有可原与不可原

尼采在论及古代先民们的记忆功能时指出："它混乱而又带有随意性，不断在转瞬即逝的相似性的基础上把事物混淆起来；但是各民族正是以同样的随意性与混乱，构成了它们的神话。"而且，在我们的祖先那里，"幻觉是非常常见的，甚至有时候控制了整个整个的村社，同时也控制了整个整个的民族"。[1] 依此思路，以武帝时的科技水平，东海之滨烟波浩渺，时有海市蜃楼，原始丛林中又多巨兽出没，这都给未脱蒙昧状态的人们提供了广阔的幻想空间，燕、齐之间盛产方士也就不足为怪了。

---

[1] （德）尼采：《人性的，太人性的》，杨恒达译，北京：中国人民大学出版社，2005年版，第22页。

另外,清朝学者赵翼论及两汉流行灾异之论时,曾评价说:当时君臣,"其视天犹有影响相应之理,故应之以实不以文。降及后世,机智竞兴,权术是尚,一若天下事皆可以人力致,而天无权。即有志图治者,亦徒详其法制禁令。为人事之防,而无复有求端于天之意。故自汉以后,无复援灾异以规时政者。间或日食求言,亦祇奉行故事,而人情意见,但觉天自天,人自人,空虚寥廓,与人无涉"。① 赵翼感叹的"人心不古"实在是后世治国理政者认知水平提升的结果,但也可以看出,两汉时不仅底层的匹夫匹妇,连上层的大人先生们也大多是相信神怪的。

武帝第一次封禅泰山前,就"黄帝不死,缘何有冢"的问题咨询群臣。公孙卿对曰:"黄帝已仙上天,群臣思慕,葬其衣冠。"听闻此答,武帝叹道:"吾后升天,群臣亦当葬吾衣冠于东陵乎?"② 武帝并非空发感叹,而是认真地交代后事,他相信泰山之巅有条龙正等在那儿准备接他升天。故而,在那个平头百姓与上层精英基本上都相信天人相感、神怪不虚的时代里,一个皇帝哪来的觉悟可以对此置之不理?况且仙路精彩,天界迷人,即便到了科技发达的今天,仍有不少或洋或土的成功人士一掷千金地去给各路灵修大师们交智商税,又怎么好责备两千年前的武帝惑于神怪呢?

然而,即使在古典价值评判体系内,惑于神怪的武帝仍不能被完全谅解。公孙卿初见武帝时,大谈黄帝驭龙登仙的故事,说得天花乱坠,仿佛亲眼所见一般。武帝则听得如痴如醉,甚至兴

---

① 《廿二史劄记校证》,第40页。
② 《资治通鉴》,卷二十,武帝元封元年(前110)。第696页。

奋地叫道："嗟乎！诚得如黄帝，吾视去妻子如脱屣耳！"① 自古无情最是帝王家，但如武帝般心硬如铁的倒也不多，据传黄帝登天时也要带着群臣后宫七十余人俱去，可到了武帝那儿，只要自己能够成仙，连妻子儿女都可以如臭鞋般说丢就丢，毫无眷恋之意！如此薄情寡义，至少在普通人眼里，实在是不可原谅。

退一步讲，当皇帝的因为要有"不为家"的觉悟，心思都扑在国家大事上，终日算计着如何与"二千石"们共治天下，难免顾不得妻子儿女。可惜，一心只想着登仙的武帝不仅对于家人无情，对于手下臣工更是无义。第一次上泰山前，对成神信心满满的武帝按照古时套路，"先振兵释旅，然后封禅"。② 于是勒兵十八万，亲巡边陲，并派出使节郭吉到匈奴单于处放狠话威胁道："今单于能战，天子自将待边；不能，即南面而臣于汉，何徒远走亡匿于漠北寒苦无水草之地，毋为也！"③

匈奴虽被汉军打得东躲西藏，但还没弱到俯首帖耳的份上，怒火中烧的单于立刻将郭吉扣留，迁之于北海（今贝加尔湖）囚禁，不过单于亦无力与汉军硬战，躲在一边，终不敢出。武帝耀武扬威，本不在保境卫国，只要单于退避示弱，"振兵"仪式就算圆满完成，于是引兵而还，接着玩"释旅"的把戏去了。至于郭吉，从此持节异域，如苏武般坚贞不屈，拼上性命捍卫着"汉家威严"。然而，对这寻仙大戏中遗落的一件小"道具"，只想着自己登仙的武帝连找都懒得找，当郭吉最终倒在北海的冰天雪地

---

① 《资治通鉴》，卷二十，武帝元鼎四年（前113）。第684页。
② 《资治通鉴》，卷二十，武帝元鼎六年（前111）。第695页。
③ 《资治通鉴》，卷二十，武帝元封元年（前110）。第696页。

中时，不知他是否会感叹武帝对于忠臣烈士竟能不义如此！

再退一步讲，武帝当年倾国之力以击匈奴，虽说百姓付出巨大牺牲，但在保他刘姓江山时也能争到些自家平安。可自打武帝痴迷寻仙，劳民伤财不下于用兵，民生日渐凋敝，却未见一点益处。武帝首次泰山封禅后，假惺惺地免去了当地农民的田赋，却又宣布以后每五年就要再来闹腾一番。除泰山外，为提高撞上神仙的概率，武帝又开始任情恣性地四处巡游。皇家大队人马出动，对地方来说不啻为灭顶之灾！元鼎四年（前113），武帝忽然决定出巡郡县封国，"河东守不意行至，不办，自杀"。[1] 元鼎五年（前112），武帝于雍县（今陕西凤翔）祭祀五色帝后，顺道过陇山西巡，"陇西守以行往卒，天子从官不得食，惶恐，自杀"。[2]

御驾接待事宜重大，一旦准备不周，慢待了哪怕天子身边的侍从，连一郡之长都吓得自杀，可想当地百姓迎送之苦。尤其在元封五年（前106），武帝南游，长江上"舳舻千里"，大队人马在枞阳（今安徽枞阳）登陆后，又北至琅邪（今山东胶南），沿海而行，"所过礼祠其名山大川"。[3] 这么一大群从朝廷飞来的"蝗虫"，所过之处真比遭了匈奴劫掠还惨烈！至于之后专为神鬼之事建造建章宫等巨大工程，无不是用百姓的血汗性命堆砌而成的！

既然汉人笃信天人相涉，也应当相信天择有德者居之的道理，武帝为了寻仙求神，于家人无情，于臣工无义，于百姓不仁，着实不可原谅，哪怕他晚年悔过，一句道歉又岂能化解曾经

---

[1] 《资治通鉴》，卷二十，武帝元鼎四年（前113）。第679页。
[2] 《资治通鉴》，卷二十，武帝元鼎五年（前112）。第684页。
[3] 《资治通鉴》，卷二十一，武帝元封五年（前106）。第712页。

的斑斑劣迹，况且那一句道歉里仍含着老朽之君精力衰竭后的多少不甘心啊！所幸这世上没有神仙，就算有，神仙都是些看破人间名利、恬淡自由的生灵，老远望见这位薄情寡义、不仁不义之徒，率领着一帮蝗虫般的侍从，乌烟瘴气地涌来，自当是躲之唯恐不及，难怪他找了大半辈子啥也没找到，活该！

牛童皇帝刘盆子

每当历史舞台上上演一出滑稽剧时，它大抵是夹在数不尽的悲剧与惨剧之间的。后人如果只看这一出戏，不免捧腹一笑，可早来一会儿，或再多坐一阵子，便能目睹到无数浸透着血泪的悲惨故事。于是，再看那出滑稽剧时，大概只会唏嘘长叹。

西汉末年，土地兼并严重，小农破产，佃户绝望；朝中昏君辈出，政局动荡，官吏又格外贪腐，鱼肉百姓，举国上下都觉得汉室将衰。于是仿佛圣人下凡的王莽趁势而出，借着外戚的奥援，又有上天连降的"祥瑞"，把三岁的孺子刘婴推到一边，自己做起了皇帝。

人心思变之际果然有变化，大家也就把对刘氏的效忠先搁到一边，期望着这位和平篡位的"新朝"天子能够扭转乾坤。可"动欲慕古，不度时宜"的王莽虽然看到了大汉的症结所在，却开不出对症的药方，一味遵从儒家经典中的教条，以为只要复古便万事大吉。

王莽上台伊始，颁布了极为激进的田制改革方案，将天下土地全部收归国有，名为"王田"，要求八口之家有地九百亩以上的，须将多余之地分割给无地或少地的族人。王莽知晓西汉末年"兼并起，贪鄙生，强者规田以千数，弱者曾无立锥之居"①的现实，可区区几道恢复井田制的诏书能有何用？不到三年，田制改革不了了之，海内大失所望。

田制改革出师不利，王莽只得另想他法，始建国二年（10），王莽根据《周礼》和《乐语》上关于"赊贷"和"五均"的记载，分别在长安、洛阳、邯郸、临淄、宛、成都六处设立"钱府官"和"五均司市"，主要职能是给百姓提供低息贷款、稳定物价、调节物资，从而帮助平民，抑止豪门兼并侵吞。政策出发点很好，可实行起来——田制改革的幌子还只是吊了吊百姓的胃口，这几项实招却把百姓逼得没了活路。

天凤四年（17），王莽派出"羲和命士"（经济总监之类的官员）分别到以上六大都市督促物资调节事宜，并管理盐、铁、酒、铸钱、林产和渔业的政府专卖业务；而在州郡，这样的任务则由富贾担任。大宗生活必需品由政府垄断经营，内部又没有有效监管机制，既断了务农百姓的一点外快来源，又导致官商勾结，吏治愈加黑暗，结果弄得"富者不自保，贫者无以自存，于是并起为盗贼"。②

揭竿而起的诸路变民集团中有一路声势格外浩大，即琅邪（今山东诸城）人樊崇、逄安，东海（今山东郯城）人徐宣、谢禄、杨音领导的"赤眉军"。樊崇于天凤五年（18）举义，开始

---

① 《资治通鉴》，卷三十七，王莽始建国元年（9）。第1212页。
② 《资治通鉴》，卷三十八，王莽天凤四年（17）。第1252页。

仅百余人，多亏王莽的"积极配合"，一岁间就会聚到数万人。值得注意的是，到了地皇三年（22），赤眉军里最尊贵的称号一为"三老"，其次为"从事"，再次为"卒史"，都是些最高不过乡级的官职。或许三国时的英豪读这段历史时难免感慨：既树了反旗，数年后格局仍如此狭小，真乃一群胸无大志的匹夫啊！

这群连个王、侯头衔都不敢自封的匹夫们的确胸无大志，因为到了更始元年（23），樊崇等听说有个叫刘玄的汉室正宗在洛阳当了皇帝，"即留其兵，自将渠帅二十余人随使者至洛阳"，[1]连招安条件都没提就主动归顺了！刘玄表面上将他们都封为列侯，却没有授予国邑封地，久而久之，留守的兵卒跑的跑、散的散。樊崇等人觉得被人家这么闲挂着实在不是个事，也偷跑回了老家。

估计这趟洛阳之行，令樊崇等人失望的倒不是没得到国邑封地，而是他们投奔的这位更始皇帝。刘玄被绿林兵拥上皇位时，"南面立，朝群臣，羞愧流汗，举手不能言"。[2]移驾长安后，面对旧皇宫里正牌的王侯将相，他愈加"羞怍，俯首刮席，不敢视"。手下将军们来时，他张口就问："虏掠得几何？"[3]皇帝毫无章法，绿林出身的将领又专以打劫为业，樊崇等人肯定想：这与我们这些乡一级的"贼"有何区别，何苦低声下气服从他们呢？

刘秀的哥哥刘縯当年担心绿林首立天子，赤眉必定效法其后，这种担心看来纯属多余。赤眉乱民们那时只想着赶快找到真

---

[1] 《资治通鉴》，卷三十九，淮阳王更始元年（23）。第1291页。
[2] 《资治通鉴》，卷三十九，淮阳王更始元年（23）。第1278页。
[3] 《资治通鉴》，卷三十九，淮阳王更始二年（24）。第1295页。

龙天子，以后过安生日子。可见了这条所谓的真龙后，樊崇等人才大不以为然起来。回到老家继续带兵四处抢劫，可进入颍川（今河南禹州）境内，虽然连战连胜，士卒们却"疲敝厌兵，皆日夜愁泣，思欲东归"。①

在此危急关口，樊崇等人一合计，手下的弟兄们只想着回家，一旦东归，队伍马上就散了，不如直接攻击长安，反正长安城里的刘玄也没个皇帝样。赤眉军终于有了点大出息，更始二年（24）发兵，建武元年（25）年中就打到了长安脚下，兵力上升至三十万之众，足有争天下的资本了。可到了这个份上，这群胸无大志的匹夫竟然还没有生出自己做皇帝的野心，连立个皇帝的想法也没有！

当赤眉军行至华阴，随军有个齐巫怂恿着人们去祭拜西汉故城阳景王刘章，还放出狂言道："景王大怒曰：'当为县官，何故为贼！'"②敢笑话这位齐巫的人，不知齐巫用了何种手段，马上就会生病。这位连名姓都没留下来的齐巫，或其背后之人倒真是有些政治头脑和远大抱负，而且还能利用普通士卒的迷信心理，搞得一军皆惊，人心不稳。

就在人心惶惶之际，一位叫方阳的文人及时出现，对樊崇讲了番拥兵百万，岂可为贼，不如"立宗室，挟义诛伐"的道理。樊崇等人已被齐巫事件扰得心慌意乱，听方阳讲得头头是道，便互相商议说："今迫近长安，而鬼神若此，当求刘氏共尊立之。"③

---

① 《资治通鉴》，卷三十九，淮阳王更始二年（24）。第1310页。
② 《资治通鉴》，卷四十，光武帝建武元年（25）。第1319页。"县官"在秦汉时多指"皇帝"。
③ 《资治通鉴》，卷四十，光武帝建武元年（25）。第1320页。

可事到临头，又到哪去找汉室正宗呢？

　　赤眉军的运气还真不赖，之前路过式县（今山东兖州）时曾将西汉故式侯刘萌的三个儿子（刘恭、刘茂、刘盆子）掠在军中。三兄弟里老大刘恭少习《尚书》，樊崇等朝见刘玄时将他带去，并留在了刘玄处承袭了式侯爵位。剩下两个没学问的继续待在赤眉军中，归右校卒史刘侠卿管理，主业：放牛。

　　刘茂、刘盆子立刻被捉到了樊崇等人面前。他们另外还找到了个前西安侯刘孝。一下子出来了三位候选人，到底立哪个合适呢？樊崇听说古代天子领兵时称上将军，于是准备好三个竹筒，其中一个放入写有"上将军"的竹符，而后在郑县（今陕西华县）北郊设坛，把军中的"三老""从事"全部召集来，先祭景王刘章，再将三位刘氏宗亲拉到中间，在众目睽睽下抽签选皇帝！

　　这种方法倒是颇符合乡一级干部的办事风格：公开、公平、简单。三人按年龄先后选竹筒，不知是赤眉做事草率，还是乡一级做事本来就如此，三位眼看着都要当皇帝了，也没给打扮一下，当十五岁的刘盆子最后登坛抽中大奖时，真龙天子依然是："被发徒跣，敝衣赭汗"，[1]一副原生态牛童装扮。

　　众人一看皇帝选了出来，纳头就拜，吓得刘盆子想哭不敢哭，以为抽到了邪物，把竹符放到嘴里咬断、扔掉。这么做自然毫无用处，皇帝是当定了。接下来徐宣被任命为丞相，樊崇为御史大夫，逄安为左大司马，谢禄为右大司马，其余都是列卿、将军，赤眉终于从乡级升至正国级。

　　赤眉军有了自己的皇帝，全军上下顿时踏实下来，至于立完

---

[1]《资治通鉴》，卷四十，光武帝建武元年（25）。第1320页。

皇帝后应该怎么做，赤眉将领们既不清楚，也没空儿搞明白，把刘盆子晾在一边就各忙各的去了。刘盆子呢，也觉得没啥事了，依旧早晚去给连选帝大会都没资格参加的右校卒史刘侠卿请安，又想着出去找放牛的小伙伴们玩。火冒三丈的刘侠卿一把就把真龙天子给揪了回来。

当赤眉军打进长安城后，将刘盆子移入长乐宫，再以他的名义用根绳勒死了投降的更始皇帝刘玄，接下来继续靠打家劫舍营生。这年腊日，①朝廷大宴群臣，被赤眉勉强凑合在一块的各路强盗头目们还没吃喝就打骂成一团，局势失控，甚至打杀进皇宫。幸亏卫尉诸葛稚及时赶到，诛杀一百多人才平息了这场毫无政治阴谋、纯系乡野斗殴的事变。刘盆子吓得日夜啼泣，连身边侍从都觉得这皇帝真可怜。

这时，式侯刘恭回到长安，他预感到赤眉前途暗淡，为拯救自家小弟，秘密教练刘盆子还归玺绶，该说些什么话都让他事先背下来。建武二年（26）的元旦大会上，刘恭在朝堂向各位江湖英雄言道：“诸君共立恭弟为帝，德诚深厚！立旦一年，淆乱日甚，诚不足以相成，恐死而无益，愿得退为庶人，更求贤知，唯诸君省察。”话还没讲完，下面就有人喊道：“此宁式侯事邪！”吓得刘恭躲到一边不敢再发一声。②

虽然大哥被骂到了一边，刘盆子还是从皇座上起立，解下玺绶，向各位将领叩首，按哥哥教的背诵起来，主要意思仍是说诸公立非其人，求大家饶过我，另择圣贤吧。刘盆子自打进入长

---

① 腊日为冬至后第三个戌日，两汉时为远比春节重要的节日。
② 《资治通鉴》，卷四十，光武帝建武二年（26）。第1332页。

安后，几乎每天都在惊惧中度过，所以背诵得情真意切、涕泣嘘唏。樊崇等人虽然顶着王侯的衔，毕竟还存有些江湖恶汉的质朴，都觉得这小孩可怜，不禁生出些内疚，大家一拥而上，一边保证以后再不抢劫闹事，一边硬把刘盆子抱上皇座。刘盆子挣扎哭叫，仿佛坐到了针毡上。

樊崇等退朝后，各闭营门，军纪井然，可仅仅憋了十几天，一军上下便都忍不牢了，诸将放纵士卒，大掠如故，害得刘盆子战战兢兢待在长乐宫里继续长哭不止。这样一支队伍虽然号称百万之众，实在长久不了，到建武三年（27），便被光武帝刘秀彻底剿灭。之后赤眉军中乖乖服从刘秀的杨音、徐宣得以终老乡里；而携妻子居洛阳的樊崇、逄安不知是真反还是假反，没过多久便被捉去杀了头。

刘盆子虽然当过皇帝，万幸的是他遇到了格外宽宏大量的光武帝。对于这位终日哭哭啼啼、惊惧不安的本家小弟，刘秀不但没把他当作政治上潜在的敌人，反而心生怜悯，任命他作赵国（今河北邯郸）的"赵王郎中"（王宫禁卫官），后来刘盆子生病，双目失明，刘秀又把一些官地赏赐给他，"使食其税终身"。①

一场乱世中被迫当皇帝的滑稽剧就此落幕，主角刘盆子虽然遭了不少惊吓，却也得了善终，多少令后世观者略感安慰。然而，除了历史舞台上引人注目的主角外，真正造就了这出历史滑稽剧的人们却往往被忽略不计了，即那些被称作"贼"的无数蝇蝇小民们。

对于"贼"这个称呼，历代士大夫在认识上似乎没有太大变

---

① 《资治通鉴》，卷四十一，光武帝建武三年（27）。第1351—1352页。

化，甚至一千六百多年后，明代大儒刘宗周上疏论及陕西民变时，依然说道："况三冬之日，啼饥号寒之众，填塞道路，此辈半系贼徒，遇奸宄不逞者，起而呼之，便能揭竿为乱。"① "三冬之日，啼饥号寒"的小民愿意冻死饿死的就是"良民"；铤而走险，垂死尚能挣扎一下的便是"贼"！

西汉末年的绿林、赤眉，还有各地数不尽的变民集团，其中大部分人不就是这样的"贼"吗？他们在社会底层终日挣扎在生死线上，为了生存不得不联合起来，辜负大人先生们的教化，放弃了作饿死、冻死的"良民"的光荣。他们的见识大多只能达到乡一级的层次，于是做出不少滑稽好笑的事情。

这些既失地、又失业的农民，聚在一起，即便攻下朝堂，也搞不懂帝王将相们来钱的神秘招数，他们日夜愁泣，思念故土，期望着获得土地，耕织营生。当这个并不算奢侈的愿望都不能达到时，为了生存，抢劫便成了唯一的求生手段。

然而，经历了西汉末代几位皇帝还有王莽的折腾，就是抢劫也生出了太多竞争者。当刘盆子在长乐宫中长哭不已时，赤眉军不是和雍州的军阀隗嚣血战，就是和延岑的汉中变民集团火并，还在谷口被汉中王刘嘉杀得大败。刘秀的大军也从东部围攻过来，动辄十几万人的伤亡已是常事，"贼"命如蝼蚁，战场上每一声凄惨的呻吟，都比刘盆子的哭泣更为深痛！

当光武帝刘秀平定了四方，那些"贼"们大抵也都横死在异乡，只有极少数劫后余生的幸运儿能在大乱之后返回地广人稀的

---

① 吴光主编：《刘宗周全集（第三册·文编上）》，杭州：浙江古籍出版社，2007年版，第60页。

故园，得了片土地，终于又过上了农夫的平静生活。或许，这些人偶尔还能远远望见那位"赵王郎中"，然后对身边的孩子说："瞧，那个家伙，以前是放牛的，被俺们立作皇帝，终日哭泣，甚是有趣！"

君主的大度

　　对于政治上的不合作者，历代帝王态度各异，有的宽容大度，有的严酷苛刻。在这些帝王当中，东汉光武帝刘秀与明太祖朱元璋可谓处于两个极端的典型。不过看似截然相反的两极，深究下去竟也有着隐秘的相通之道。

　　东汉之初，光武帝刘秀曾征召处士（隐居的学者）太原郡人周党，三番五次派人去请。周党推托不掉，只得登车来到首都洛阳，见了皇帝"伏而不谒"，开口便请皇帝恩准他回乡继续隐居。与此同时，刘秀还派人查找当年同窗好友：会稽郡人严光。刘秀在齐地（今山东）把严光给刨了出来，也是三番五次地派人去接，终于半请半拉地将老同学弄到洛阳，任命他为谏议大夫。可严光亦不领命。对于这两个不给皇帝面子的隐士，光武帝出奇的大度，把周党比作不食周粟的伯夷、叔齐，赐帛四十匹，送回故乡；严光既然不想当官，也准其告归，"耕钓于富春山中"，以此终老。[①]

---

① 《资治通鉴》，卷四十一，光武帝建武五年（29）。第1381—1382页。

明太祖朱元璋打下江山后，征召散落在五湖四海的名士入朝为新政府服务。虽说大部分人不用召，早就忙不迭地奔将过来，轰都轰不走；却也有些死硬分子，敬酒不吃，罚酒不喝，摆明了看不上这位讨过饭、当过和尚、靠邪教起家的布衣天子。对这些不识抬举的文人，怒火中烧的朱元璋在亲自编订的《大诰》中写道："古者士君子，其学既成，必君之用。……'率土之滨，莫非王臣'，成说其来远矣。寰中士夫不为君用，是外其教者，诛其身而没其家，不为之过。"这便是著名的"不为君用律"。① 皇帝亲立的法，执行起来绝对严格，"贵溪儒士夏伯启叔侄断指不仕，苏州人才姚润、王谟被征不至，皆诛而籍其家"②。

有人以为刘秀宽大皆因其宅心仁厚，比如在隗嚣帐下官拜绥德将军的马援评价自己未来的东家时，就说他"开心见诚，无所隐伏，"且"动如节度，又不喜饮酒"。③ 刘秀给人以规矩、谨慎、待人坦诚的印象，难怪未及而立，便被一方父老称为"谨厚者"。不过朱元璋刚起家时，作为性情暴躁、心胸狭隘的郭子兴的女婿，亦是小心谨慎、逆来顺受，而且处事周到，使得上上下下都夸他，人缘可不是一般的好。如此看来，君王大度与否，与其性格、经历或有关系，但也颇不确定，而且雄才大略的君王之心本就殊难窥测，与其在人心上琢磨，还不如考察一番周围显而易见的形势。

刘秀征召周党、严光之事发生在建武五年（29），虽然刘秀

---

① 《皇明制书》，杨一凡 点校，北京：社会科学文献出版社，2013年版，第220页。
② （清）张廷玉等撰：《明史》，北京：中华书局，1974年版。卷九十四，刑法二。第2318页。
③ 《资治通鉴》，卷四十一，光武帝建武五年（29）。第1363—1364页。

第一折 初建

已当了四年多的皇帝，但环顾周遭，公孙述占据着益州（今四川、云南），建立起"成家"王朝，比刘秀还早两个月称帝。隗嚣占据着西州（今甘肃东部），表面上虽服从洛阳的刘秀政权，却是"外顺人望，内怀异心"。①窦融在河西五郡（金城、武威、张掖、酒泉、敦煌）间建起自保性军事联盟，这个联盟的取舍对于三家斗争具有举足轻重的作用。因而刘秀在给窦融写信时不惜把自己比作弱小的东周王室，希望窦融能效法齐桓、晋文，以其强力辅助汉室，否则无论其倒向成家还是隗氏，都会形成三分鼎足的局面。

除此之外，渔阳（今北京密云）的彭宠叛乱已近三年，最终平叛竟是靠三个见财起意的家奴在卧室里杀掉了疏于安保的彭宠，因而北道局势依然不稳。同时，自称是汉武帝曾孙刘文伯的三水县（今宁夏同心县）骗子卢芳又被匈奴单于护送回到九原县（今内蒙古包头市），并登基称帝，尽管只是配合匈奴在北方抢劫，却成为隗嚣不听洛阳号令的最佳借口。山东、江淮的割据势力虽大半被歼，但如刘秀帐下悍将耿弇在临菑之役前所云："吾深入敌地，后无转输，旬月之间，不战而困矣。"②可见，平齐之胜，实为险胜。

即便到了建武八年（32），刘秀觉得自己实力已强到可以和隗嚣、公孙述公开翻脸了，从而决定御驾亲征西州时，光禄勋郭宪仍以为"东方初定，车驾未可远征"，更以"当车拔刀以断车靷"的极端方式阻止刘秀出发。可惜，这时的刘秀已听不进劝

---

① 《资治通鉴》，卷四十一，光武帝建武五年（29）。第1370页。
② 《资治通鉴》，卷四十一，光武帝建武五年（29）。第1374页。

谏，执意亲征，结果刘秀前脚刚走，后院就起了火：先是颍川（今河南禹中）一带流民暴乱；尔后河东（今山西夏县）的守兵叛变，首都洛阳为之震动。刘秀毕竟是中兴明君，得到消息后便检讨道："吾悔不用郭子横（郭宪）之言。"立刻从天水晨夜东驰回家救火。①

对于以温和手段对待不合作隐士的刘秀，柏杨评道："西汉王朝末年及新王朝初期，几乎所有的知识分子，包括刘姓皇族在内，为了贪图官职爵位，都向王莽歌功颂德。刘秀的目的，就在培养砥砺一种不向权势屈膝的高贵气质。"② 不过，从刘秀在建武五年（29）的处境上看，他也不得不如此。虽说隐士似乎只是些知名学者，但依日本学者丸山真男所见，传统社会或者说近代以前的知识分子"不管是中世纪的欧洲，还是在古代的埃及帝国，大体具有共同特征。如神官、僧侣、大学博士、中国的读书人，这些都是'体制知识阶层'。从他们担当的任务来看，他们是社会中正统世界观的垄断性解释者和授予者"。③

因而，不能将古代隐士简单等同于"首先是从身份的制度的锚缆中解放出来，再就是从正统世界观的解释和授予的任务中解放出来"的近代意义上的"知识分子"。④ 故而，这些隐士表面上过着躬耕南亩、诗书为伴、与世无争的清净生活，实质上他们依然和体制有着紧密的联系，按鲁迅先生那种"刻薄"的理解，"非

---

① 《资治通鉴》，卷四十二，光武帝建武八年（32）。第1398—1400页。
② 《全国混战·马援之死（柏杨白话版资治通鉴；6）》，第125页。
③ （日）丸山真男：《日本的思想》，区建英 刘岳兵译，北京：生活·读书·新知三联书店，2009年版，第107页。
④ 《日本的思想》，第107页。

隐士的心目中的隐士，是声闻不彰、息影山林的人物。但这种人物，世间是不会知道的。一到挂上隐士的招牌，则即使他并不'飞去飞来'，也一定难免有些表白，张扬；或者他的帮闲们的开锣喝道"。①

在皇帝轮流做、太守满地跑的乱世，隐士们虽然没有各路草头王的军事武装，但名气有时竟能盖过依着兵强马壮上台的一方霸主，这些隐士的地位堪比当代西方在野党的党魁，拥有着绝对不可小觑的文化软实力。形势不利时，这些人便躲到山林里去钓钓鱼、弹弹琴，说点修身养性的风凉话；形势一片大好，便可能在不知从哪儿忽然冒出来的大群帮闲簇拥下，脱下仙衣，换上官服，颐指气使地向朝堂进军！马援初见刘秀时曾直言："当今之世，非但君择臣，臣亦择君矣！"② 在一个君臣互择的时代，君王如果不具备压倒性的实力优势，对于江湖上那些个"无冕宰相"，刘秀岂能随便得罪？

与之相对，朱元璋写"不为君用律"时，已是洪武十八年（1385）。二十二年前（1363），朱元璋在鄱阳湖水战中击败劲敌陈友谅，陈友谅中流矢身亡，次年陈友谅的儿子陈理向朱元璋投降。十九年前（1366），红巾军的领袖、朱元璋的老领导"小明王"在瓜州渡江，朱元璋安排人于中游将船凿穿，小明王溺水而死，"龙凤"政权彻底消亡。十八年前（1367），朱元璋发兵攻击东吴，俘获他的另一位老对头张士诚，因其不降，一顿乱棍将之

---

① 鲁迅：《且介亭杂文二集》，北京：人民文学出版社，1993年版，第5页。"飞去飞来"即"翩然一只云中鹤，飞去飞来宰相衙"的简写，说的是明代的陈继儒虽隐居小昆山，但又常周旋于官绅间的故事。
② 《资治通鉴》，卷四十一，光武帝建武四年（28）。第1361页。

打杀，又将尸骨烧成了灰。十一年前（1374），明军大败北元军。八年前（1377），明军大败吐蕃。四年前（1381），明军又平定云南。朱元璋军事上的对头，此时已悉数败落。

在明初的统治集团内部，朱元璋一直依靠起家时的班底"淮西帮"，同时又运用非淮西人士监督淮人，通过内部制衡来巩固自己的权力。洪武早期，淮西帮与浙东帮在政坛上互相倾轧，浙东帮的领袖刘基甚至被淮西帮给毒死。对于权力日渐增加的淮西帮，去除外患后的朱元璋自然是不能容忍，于是在洪武十三年（1380）以擅权枉法的罪名杀了淮西帮领袖丞相胡惟庸。朱元璋又利用胡案，将"凡是心怀怨望，行动跋扈的，对皇家统治有危险性的文武官员、大族地主，都陆续被罗织为胡党罪犯，处死抄家"[①]。淮西帮主要成员因此案基本被摧毁。朱元璋又趁机取消中书省，由皇帝直接管理国家政事，丞相职位在有明一朝被废，大权尽归皇帝手中。

朱元璋一直认为："胡元以宽而失，朕收平中国，非猛不可！"[②]在写"不为君用律"的洪武十八年（1385），大明的皇帝已然获得了几近无限的权力，外无敌手，内无对头，他可以放开手脚，推行其刚猛治国的方略了。在这种形势下，朝中有冕的丞相一职都给灭了，山中无冕的丞相手里还有什么待价而沽的筹码呢？召而不应就是与绝对皇权作对，在朱元璋眼里，真乃是可忍孰不可忍！

法国思想家拉罗什福科曾指出："君主的大度常常只是笼络

[①] 吴晗：《朱元璋传》，北京：人民出版社，2004年版，第253页。
[②] 《朱元璋传》，第248页。

人心的政治姿态。"① 或许，大度的君主中总有几位纯粹是因为人品好吧。可形势往往比人更强，当需要笼络人心的形势不再时，就连光武帝刘秀这般在世人眼中甚是宽宏大度的君主，竟然也只凭着耿舒、梁松这类鼠辈漏洞百出的指控，就将尸骨未寒的马援定罪追责，任凭马援夫人苦苦上书申辩，在明白清楚的事实面前，才颇不情愿地下令安葬这位开国功臣；至于彻底平反昭雪，则一直拖到了汉章帝时。看来，即便是"谨厚者"，一旦坐稳了江山，也就没有之前那么大度了。

---

① （法）拉罗什福科：《道德箴言录》，何怀宏译，北京：生活·读书·新知三联书店，1998年版，第4页。

第二折

大乱

魏晋南北朝时期，华夏文明经历了四个世纪的剧烈震荡，在政治层面上，两汉时初建起来的君主专制制度受到来自内部的士族豪门和来自外部的部落贵族的双重冲击。虽然周王朝的封建制度从未真正恢复过，但"共天下"的局面却着实存在着，甚至当刘裕靠着北府势力重新将实权从士族手中夺回，北魏的统治者们也向着中原王朝的正统形制靠近之际，对于君权扩张仍不乏来自贵族集团或硬或软皆不可等闲视之的阻力，而这又引发了来自皇权一方更激烈的反应。与此同时，乱世需要通权达变之时，嫡长继承的制度却依然保持着其神圣性，以至于想躐等上位仍是充满困难且危险重重的冒险。一时间，暴君格外嚣张，政斗极其残忍，阴谋特别暗黑，而随着分久必合的大势渐渐形成，权力天平明显倾向于皇家一方。

魏晋易代旧事

当三国时代那些指点江山的英雄豪杰们逝去之后,登上政坛的新人们,不是各路雄主退化严重的不肖子孙,就是在宫廷中纯以阴谋诡计争胜的弄臣,权力游戏的玩法变了。于是,在魏晋易代之际的历史舞台上,便上演了一场接一场的荒唐闹剧,而这也只是更大政治乱局的开场小戏而已。

曹髦之死

历来失势的帝王被攥到权臣手中后,倘若不愿俯首认输,甘作傀儡,就只能铤而走险,在宫里宫外联络交通,谋划着夺回权柄。不过,一旦坏了事,立刻就会招来覆巢之灾,他们或被毒死,或被勒死,或被饿死……结局无不悲惨。当然,也有别样的输家,三国时魏国的高贵乡公曹髦便是其中典型,他没有缩在帷幄中运筹算计,而是直接带着殿中宿卫、苍头、官僮等近侍的卫兵和仆役,宛若民间械斗般鼓噪而出,可还没走过南宫门就与司马氏的武装打作一团。中护军贾充一声令下,太子舍人成济"抽戈前刺帝，殒于车下"。①

曹髦之死与其说壮烈，不如说令人震惊。对于大魏皇帝这样的九五之尊，即使是个受人摆布的傀儡，作为权力体系峰顶的一个特殊符号，只要那套繁文缛节的君臣礼仪还在运行，就仍能维系人们观念中的神圣秩序。可不甘心只做符号的曹髦走下神坛，在光天化日里与仇家群殴，被七品小官一矛刺中，当场毙命！较之在深宫中死得窝囊却能保全帝王面子的前辈倒霉鬼们而言，殒于车下的岂止是一位未满二十岁、意气用事的年轻人，还有人们心中大魏皇权那曾经不可一世的赫赫威严！

震惊过后，曹髦之死仍无法让人觉得壮烈，毕竟宫斗永远脱不去其天生的阴暗气质，那可是敌对双方勾心斗角、机关算尽的恶战。在这场权力冲突中，赢家占尽大义名分，输家则被钉到十恶不赦的耻辱柱上。然而，若扯掉这层遮羞布，失败者多因其无能而非什么丧德；胜利者自命高尚，其实更加狠毒、卑鄙罢了。至于魏晋易代之际的宫斗，司马氏父子两代人皆为玩弄阴谋诡计的行家里手，虽然笑到了最后，但终是缺乏那种"关东有义士，兴兵讨群凶"②的英雄豪情，至于输得丢掉性命的曹髦，则亲身证明了王族衰变之迅速。

当齐王曹芳被废时，因郭太后坚持，司马师不得不立曹芳的堂弟曹髦为帝。登基之前，这个十三岁的少年表现得举止得体，彬彬有礼，俨然明君圣主，一时"百僚陪位者皆欣欣焉"③。可光

---

① 《资治通鉴》，卷七十七，元帝景元元年（260）。第2535页。
② （三国）曹操：《曹操集》，中华书局编辑部编，北京：中华书局，1959年版，第4页。
③ 《资治通鉴》，卷七十六，高贵乡公正元元年（254）。第2499页。

看表面的百僚高兴得太早了，新皇帝和支持曹魏集团的那些皇亲显贵们一样，都是些样子货。曹芳在位之初，尚书郎傅嘏对当时曹氏一方俱有盛名的夏侯玄、何晏、邓飏评价道："太初志大其量，能合虚声而无实才。何平叔言远而情近，好辩而无诚，所谓利口覆邦国之人也。邓玄茂有为而无终，外要名利，内无关钥，贵同恶异，多言而妒前；多言多衅，妒前无亲。"因而，对于这些人，"远之犹恐祸及，况昵之乎！"①。

可"肉食者"也不都是"鄙"的，曹魏集团的二代、三代都是在优裕环境与良好教育中长大成人的，他们谈玄说妙，具有极高的哲学、文学、艺术素养，连日常生活中都充满了文艺气息，其中的佼佼者们难免自贵相轻，幻想着只身伫立在万众瞩目的舞台中央，陶醉于自己的表演，以致对周遭疯狂的崇拜者都不屑一顾。恰如《世说新语》中的夏侯玄，曾"倚柱作书，时大雨，霹雳破所倚柱，衣服焦然，神色无变，书亦如故。宾客左右皆跌荡不得住"②。这是何等的任性与骄傲！

尽管如此，傅嘏的评价也没错，如此"肉食者"一旦站上政治舞台，着实是鄙的，如曹髦般尽管架子摆得很漂亮，但缺乏从政最基本的素质：现实感。文艺可以暂时浮在空中，政治却须时刻脚踏实地。曹魏集团中这些志大才疏、浮华张扬的接班人和支持者们，虽为文化界的骄子，却不接地气，不屑所以也不晓实事。在政治角斗场上，他们与司马氏相遇，就如花架子的武师遇

---

① 《资治通鉴》，卷七十六，高贵乡公正元元年（254）。第2496页。
② （南朝·宋）刘义庆撰；徐震堮著：《世说新语校笺》，北京：中华书局，1984年版。雅量第六，第195页。

到了UFC(终极格斗冠军赛)的世界冠军！在实力悬殊的对抗中，不愿束手就擒，至少第一，要明白自己所处形势如何；第二，行事必须高度机密；第三，一定要得到实力派的支持；第四，还得有足够忍耐性。可惜，曹髦一条也没有做到！

曹髦之败

晋武帝太始元年（266）秋八月，司马昭病逝，四个月后魏帝曹奂禅位于司马炎。按理说司马炎与曹芳、曹髦、曹奂都属一类人，生于深宫，长于妇人之手，从小到大锦衣玉食、前呼后拥。司马氏里真正的狠角儿都已作古，曹氏正好重振旗鼓、再斗一番。然而，狠主在世时没有禅位下台，遇到个半斤八两的对手反倒迅速缴了械，这是何故？对此，明眼人自然清楚，夺权的绝非一二权臣，而是一个关系网遍布朝里朝外的庞大群体，恰是因为狠主死了，为避免夜长梦多，司马炎才被迅速推上皇位。不是区区一介司马炎，而是整个司马氏集团夺了曹魏的江山。

在曹髦打算拼命一搏之前，尚书王经劝阻道："今权在其门，为日久矣，朝廷四方皆为之致死，不顾逆顺之理，非一日也。"[1]如此明摆着的道理，曹氏三代之后的接班人偏偏看不清楚，怒发冲冠的曹髦根本听不进任何劝谏，带着身边近侍执意去找司马昭单挑。退一步讲，就算奇迹发生，司马昭恰巧那时不带侍卫，独自出府门溜达，正面撞上曹髦大军……司马氏多年苦心经营起来

---

[1]《资治通鉴》，卷七十七，元帝景元元年（260）。第2534页。

的盘根错节的利益共同体或因这突发事件暂乱阵脚,却绝不会自行瓦解。哪怕连司马炎也同时遇害,司马家族仍能立刻推选出新的继承者,紧接着,就是被激怒的司马氏集团展开更为残忍、彻底的报复,曹魏一朝的末代皇帝也就轮不到曹奂来当了。

进而,权臣当道,心存不轨,本身就理亏心虚,故而天然喜欢特务系统,对于告密行径更是奖励有加。宫廷变成了大监狱,到处是权臣的眼线,把皇帝逼到"鹦鹉面前不敢言"的地步并不稀奇。可小心谨慎的品性哪能说有就有,那是在苦难和危险中长期磨炼出来的素质,想当初,得意扬扬、放松警惕的曹爽就被司马氏父子一个突袭干掉了。可贵族老爷们迂缓闲散久了,正所谓"乍贫难改旧家风",劫后余生的曹氏后人们仍改不掉做事疏漏的毛病。

皇位上的曹芳目睹了曹爽集团覆灭的全程,可之后召中书令李丰密语时,却没什么像样的保密措施,他前脚密语完,司马师后脚就知道了,不仅害得李丰丢了性命,还让司马师趁势收拾掉数次迫害都漏网的夏侯玄。到了曹髦决意与司马昭决斗前,旧风未改,行事大大咧咧,特意召来的"心腹"(侍中王沈、尚书王经、散骑常侍王业)商量大计,三人里除了王经还算忠诚,另两个接了密诏就径直跑去给司马昭报信。"心腹"尚如此,难怪宫门都没出去,就被贾充带来的人马截杀殆尽。

除了小心谨慎外,君臣相斗终得靠实力,如果仅凭坚忍阴毒,司马氏父子是夺不走曹魏江山的,制胜的关键在于:"司马父子得到了豪族强民的支持。"当曹操战胜袁绍后,抑制豪族,扶植寒族弱民;司马氏父子则反其道行之,"以宽济宽""使豪强擅恣"。① 背后有了这群实力强大的豪强支持,司马氏做事便有了肆无忌惮的底气。然而,除去大义名分,曹家也是数代经营,虽屡遭司马氏打压,仍然有一批手握兵权的将军们心向魏室。

早在曹芳被废时,镇东将军毌丘俭之子"治书侍御史甸谓俭曰：'大人居方岳重任,国家倾覆而晏然自守,将受四海之责矣！'俭然之"。② 毌丘俭在淮南举兵反叛失败后,新任的征东大将军诸葛诞同样支持曹魏政权。司马昭派贾充试探其关于"禅代"的意见,诸葛诞厉声回应："世受魏恩,岂可欲以社稷输人乎！若洛中有难,吾当死之。"③ 在此之前诸葛诞已经以守寿春为名,调来了十万大军,私底下又与东吴相联络,实力不可小觑。

就在这般形势下,令百僚欣欣然的曹髦登基五年来,只是任由司马昭总领诸军,晋升大将军、录尚书事,封晋公,加九锡,虚名实利全都抓在手中,一步步逼近皇位。与此同时,对真正支持曹魏政权的地方实力派,他竟没有与之发生任何实质性关联,只是眼睁睁看着举兵反叛的毌丘俭、诸葛诞在孤立无援的处境中被剿灭,曹魏政权也因此失去了最后的实力支撑。

到了这个份上,朝中无人,地方上无兵,曹髦又不愿再忍下去,于是以匹夫寻仇的方式,妄想一击制敌。这倒也符合二十出头、血气方刚年轻人的品性。可是,从一代枭雄的曹操到幼稚冲动的曹髦,也仅是过了三代,掌握国家大权的这些王族贵戚在政治上的退化速度,实在令人感叹。

---

① 万绳楠整理：《陈寅恪魏晋南北朝史讲演录》,贵阳：贵州人民出版社,2007年版,第13—14页。
② 《资治通鉴》,卷七十六,高贵乡公正元元年（254）。第2500页。
③ 《资治通鉴》,卷七十六,高贵乡公甘露二年（257）。第2518页。

第二折　大乱

两路大魏"纯臣"

晋武帝泰始元年（266）十二月，魏帝曹奂禅位于晋，禅位仪式举行完三天后，曹奂从皇宫搬出，暂居于洛阳城西北角的金墉城内。在这墙倒众人推的时候，跳出来一位忠臣，不过此公的身份格外特殊，竟是司马懿的亲弟弟司马孚，时居太傅高位。司马孚特地前来与曹奂拜辞，"执帝手，流涕歔欷不自胜，曰：'臣死之日，固大魏之纯臣也。'"①

西晋泰始八年（272），九十二岁的司马孚寿终正寝，"临终，遗令曰：'有魏贞士河内司马孚字叔达，不伊不周，不夷不惠，立身行道，终始若一。当衣以时服，敛以素棺。'"司马孚自然不如伊尹、周公、管仲、柳下惠，明说出来，算是还有点自知之明，至于"立身行道，终始若一"，从他临死都强调自己是"魏贞士"来看，确是履行了对曹奂的诺言，所以史家才评他"性忠慎，宣帝（司马懿）执政，孚常自退损。后逢废立之际，未尝预谋"。②

如果再翻看旧事，司马孚似乎一直站在曹魏一边。曹芳被废，自太极殿南离去时，"群臣送者数十人，司马孚悲不自胜"。③曹髦毙命于南宫门内，司马孚第一时间赶到现场，"枕帝股而哭甚哀，曰：'杀陛下者，臣之罪也！'"在处理曹髦后事上，自保不暇的郭太后下令，"罪状高贵乡公，废为庶人，葬以民

---

① 《资治通鉴》，卷七十九，武帝泰始元年（266）。第2574页。
② 《资治通鉴》，卷七十九，武帝泰始八年（272）。第2601—2062页。
③ 《资治通鉴》，卷七十六，高贵乡公正元元年（254）。第2498页。

礼"。而司马孚与其他魏臣"上言,请以王礼葬高贵乡公,太后许之"。①

司马孚是司马懿的亲弟弟,尽管公开表忠于魏室,司马师、司马昭对他也不敢造次;而武帝司马炎对这位皇叔祖更是礼遇有加,甚至在正式场合都以家人礼伺候。另一方面,司马孚对于魏朝的忠诚,实际上也仅限于送一程、哭一把,从未见他联络诸侯、交结死士,真刀真枪地去为曹氏争回权力,更重要的是:当司马氏与曹爽对抗的危急时刻,这位大魏纯臣却能坚定地站在他哥哥一边!故而,曹爽集团被消灭后,司马孚得以继续担任尚书令,之后一路迁司空,转太尉,升太傅,自然不是效忠曹氏才得以如此飞黄腾达的。

司马懿和他的儿孙们大概也觉得有这么个动口不动手的司马氏出身的大魏纯臣在,未尝不是一件好事,有唱白脸的,就得再添个唱红脸的,只要这唱红脸的一无野心、二无实权就行。不过魏晋之际权归尚书台,尚书令是真宰相,对于司马孚,"司马师、昭虽然不可能不把他算作自己人,但他装腔作势,别别扭扭,怎能放心在两个集团斗争的紧要关头,赋予他以实权呢?"②所以赶快换下来,给了些太尉、太傅之类有名无实的虚职。

对于这些人事安排,司马孚没有半句怨言。易代之后,这位大魏"纯臣"也没有拒绝晋室的特别优待,先是被封为安平王,旋即又成为"西晋八公"之首的太宰,都督中外诸军事。虽然都

---

① 《资治通鉴》,卷七十七,元帝景元元年(260)。第2535—2536页。
② 祝总斌:《两汉魏晋南北朝宰相制度研究》,北京:北京大学出版社,2017年版,第140页。

是些没多少实权的荣誉官衔，但在虚名、实利上却达到了为人臣子的顶峰。司马孚在风云变幻的魏晋易代之际，可谓外有清名，内得实惠，度过了里外都是好人的一生。

与司马孚这路"纯臣"不同，当年送别曹芳的十来个人中，还有个叫范粲的，官居太傅中郎，亦是"素服拜送，哀恸左右"，可他却不似"悲不自胜"的司马孚，送完回家，接着在司马氏控制的朝廷里当官、升迁，而是"称疾不出，阳狂不言，寝所乘车，足不履地。子孙有婚宦大事，辄密咨焉，合者则色无变，不合则眠寝不安，妻子以此知其旨。子乔等三人，并弃学业，绝人事，侍疾家庭，足不出邑里。及帝（司马炎）即位，诏以二千石禄养病，加赐帛百匹，乔以父疾笃，辞不取受。粲不言凡三十六年，年八十四，终于所寝之车"。①

其实，自曹芳被废到范粲逝世，只有三十一年时间，史家夸张作三十六年，即便如此，也非同寻常！南宋诗人、画家郑思肖于宋亡后隐居苏州，他所绘兰花皆不画地坡，以示心念宋室。这般气节，就连江户之末、明治之初的日本诗人向山黄村也感叹道："赵家三百年清气，独赖先生笔墨存。"② 当然，画中兰花可以不着元土，但生活中的郑思肖却不得不下地走路才能活命。而魏晋时的范粲，居然真的就不着晋土，连他颇有天赋的儿子范乔也守节不出仕，一家人真正做了曹魏的纯臣。

---

① 《资治通鉴》，卷八十，武帝泰始十年（274）。第2622—2623页。
② 黄新铭选注：《日本历代名家七绝百首注》，北京：书目文献出版社，1984年版，第79页。

善终的末代之君

惠安帝太安元年（303），西晋江山正被"八王之乱"搅得昏天黑地，史书中却平淡地插进来一句话："是岁，陈留王奂，谥曰魏元皇帝。"[1] 晋受魏禅后，册封下台的曹奂为陈留王，如今他死了，晋室又还他一个皇帝谥号。曹奂原名曹璜，燕王曹宇之子，曹叡的堂弟，景元元年（260）登基时更名为"奂"。当时郭太后主后宫，按礼说"叔嫂不通问"，[2] 且文帝曹丕仍有直系后裔，怎么轮也轮不到曹璜当皇帝，可经曹髦一闹，司马氏顾不上太多，抓个听话的往皇座上一放，郭太后此时既不敢怒也不敢言，曹奂就这么稀里糊涂地做了曹魏帝国的末代之君。

曹奂登基时才十四岁，五年后禅位下台，被封作陈留王软禁于邺城，又活了三十七个春秋，从历史记载中看不到任何非正常死亡的迹象，当是善终。很可能在他撒手人寰之际，为帝国权力争得你死我活的那些西晋王爷们都将这号人物给忘了。与曹奂类似的是汉献帝刘协，对于其逝世，史书里也是短短一句话："三月，庚寅，山阳公卒，帝素服发丧。"[3] 刘协下台后被封为山阳公，比曹奂的"王"要低，看来晋室要比魏室大方。十四年后刘协作古，却有明帝曹叡素服为之发丧，这点待遇上又比曹奂强。这两位废帝虽都失了自由，各自生着各自的闷气，却也悠悠地继续苟活，终得善终，与之后的亡国君主相比，实乃不幸中的大幸。

---

[1] 《资治通鉴》，卷八十四，惠帝太安元年（303）。第2761页。
[2] 《礼记·曲礼上》
[3] 《资治通鉴》，卷七十二，明帝青龙二年（234）。第2370页。

第二折　大乱

到了刘裕篡晋时，表面上"奉晋恭帝为零陵王，优崇之优，皆仿晋初故事"。① 可北府出身的刘裕上台实为东晋以来上层士族与君王共天下时代的终结，"寒门武人已经摆脱了贵族的统御，拥有了与之相拮抗或是形成压力的力量"。② 士族集团哪能乖乖地缴械认输拜倒在武人出身的低级士族面前，双方在礼乐场面下的暗斗变得格外激烈、残酷。因而，零陵王司马德文再得男孩，刘裕便命手下亲信"方便杀之"，可还是不放心，终于派"兵人逾垣而入，进药于王。王不肯饮，曰：'佛教，自杀者不复得人身。'兵人以被掩杀之"。③

再至萧道成篡宋之际，旧调重弹，"奉宋顺帝为汝阴王，优崇之礼，皆仿宋初"。兰陵萧氏虽然出身上比刘家略好些，但在刘宋时亦是以武功、吏事显，上台后不仅对贵族，更对前朝皇族大不放心。于是，置兵严守汝阴王府，之后偶尔有人骑马过府，卫兵神经过敏，以为旧臣前来救主，胆大妄为的卫兵便"奔入杀王，而以疾闻，上不罪而赏之"。宋顺帝刘準死时仅十二岁，如果认为此事纯属意外，萧道成只是乐见其成就错了，因为两天后齐高帝下诏："杀宋宗室阴安公燮等，无少长皆死。"④

与萧道成同出于兰陵萧氏的萧衍，士阶不高，文化素养却极高，南齐时就与王融、谢朓、沈约等七人并列为竟陵王萧子良的"西邸八友"，又笃信佛教，按理说上台后多少该客气点吧？不

---

① 《资治通鉴》，卷一百一十九，武帝永初元年（420）。第3846页。
② （日）川胜义雄：《六朝贵族制社会研究》，徐谷梵 李济沧译，上海：上海古籍出版社，2007年版，第234页。
③ 《资治通鉴》，卷一百一十九，武帝永初二年（421）。第3851页。
④ 《资治通鉴》，卷一百三十五，高帝建元元年（479）。第4361页。

然！篡位后的萧衍表面上依旧"奉和帝为马陵王，宫于姑孰，优崇之礼，皆仿齐初"。但当萧衍欲将南海郡（今广州）改作巴陵国，使巴陵王萧宝融徙居之时，"沈约曰：'古今殊事，魏武所云"不可慕虚名而受实祸。"'上颔之，乃遣所亲郑伯禽诣姑孰，以生金进王，王曰：'我死不须金，醇酒足矣。'乃饮沉醉；伯禽就摺杀之。"[①]萧宝融死时仅十四岁，死于萧衍那优雅的一颔。

再后来，出身比刘、萧还低的陈霸先篡位时，虽也装模作样地"奉梁敬帝为江阴王，梁太后为太妃，皇后为妃"[②]，不过时局险恶，在北朝强大的军事压力下，连仿梁初旧事都顾不上了，至第二年便以武人干脆利落的方式使人杀掉了年仅十五岁的梁敬帝萧方智。

南北朝大乱之际，虽然南朝被中华士大夫们奉为正朔，可宋、齐、梁、陈的统治者们对于前朝王室，没一个奉行政治宽容政策。他们对待被打倒的前朝君王，无不是面上假装优待，旋即便置之死地，继而还要将所有皇室成员斩尽杀绝！此一时期，真可谓君子之风散尽，流行的只是小人得志后的猖狂与狠毒！

如此看来，刘协与曹奂能在新朝得以善终，真乃不幸之中撞上了大幸，他们之后三百年间的朝代交替中便再无这般便宜事情发生，直到隋朝统一中国，对隋王朝全无威胁的南陈王室才算又享受到了胜利者真正的善待，宫廷政治中些许的人性方得以短暂重现。

---

① 《资治通鉴》，卷一百四十五，武帝天监元年（502）。第4662—4663页。
② 《资治通鉴》，卷一百六十七，武帝永定元年（557）。第5342页。

晋武帝立嗣风波

三国归晋后，新朝根基尚浅，时局动荡不安，晋武帝司马炎虽为开国之君，却是靠啃老当的皇帝，处理政务往往应对无方，尤其在立嗣问题上，更不顾国家安危，执意让自己的智障儿子接班。由于晋武帝在形式上严格遵循正统的继统制度选定太子，满朝文武的反对显得缺乏合法性支撑，最终不得不屈服于皇帝的一己私情。皇位嫡长继承之制本为权力交接过程中"息争"而设，可实际结果非但没有平息西晋的政治危机，反将整个国家推向了险境。

贾充不答之失

曹魏时期，司马昭娶王肃的女儿王元姬为妻，王氏为他生下二子：司马炎与司马攸。由于司马昭的大哥司马师死时膝下无子，司马攸被过继到司马师家续后，不过司马昭对这个小儿子依然偏爱有加，当其年幼时，司马昭"每见攸，辄抚床呼其小字曰：'此桃符座也！'"[1]司马攸长大后，"性孝友，多才艺，清和平允，名闻过于炎"。司马昭因而常对人说："天下者，景王（司马师，谥景王）之天下也，吾摄居相位，百年之后，大业宜归攸。"[2]

俗话说"打虎亲兄弟"，司马炎亲眼见证过亲爹与大伯默契

---

[1] 《资治通鉴》，卷八十，武帝咸宁二年（276）。第2624页。
[2] 《资治通鉴》，卷七十八，元帝咸熙元年（264）。第2570—2571页。

配合才夺了曹魏江山，可"虎"死之后，当了皇帝的司马炎与亲弟弟的关系却变得格外别扭起来。当年，司马炎因长子身份侥幸继位，可这位借着父祖之荫、被人扶上龙椅的开国皇帝，心胸到底不开阔，兄弟间那道坎怎么也迈不过去。一波未平，一波又起，司马炎早在泰始三年（267）就立其子司马衷为太子，咸宁二年（276）司马炎得疾甚剧，竟然"朝野皆属意于攸"。①

司马炎病愈后，对此大为光火，就在朝臣们为继续站在齐王司马攸一边，还是赶快转向太子一边犯难时，唯有一人仿佛抓到一手怎么打都赢的好牌，此人就是为司马氏篡位成功立下汗马功劳的贾充。世子之争时，贾充与裴秀、羊琇、山涛、何曾一起力挺司马炎，称其"有君人之德，不可易也"。② 作为回报，司马炎刚登基就进封贾充为车骑将军，之后又替代裴秀加领尚书令，成为西晋朝廷中的实际宰相，可谓权倾一时，颇得宠爱。

官高位显在太子与齐王新一轮权力之争中难免树大招风，一旦站错队，官帽不保还是轻的，甚至会招来杀身灭门之祸，可贾充不怕，因为齐王和太子都是他女婿！贾充与原配夫人李氏生有一女，嫁给齐王司马攸为妃，贾充因而成了司马昭的亲家，若在民间，武帝司马炎还得叫他一声叔。李氏死后，贾充娶郭槐续弦，生下二女，大的叫贾南风，嫁给太子司马衷为妃，于是贾充又成了武帝的亲家。宫廷中关系这个乱哪！

表面上看，武帝百年后，无论太子继位，还是齐王上台，贾充都是国丈，何患之有？因而，当"河南尹夏侯和谓充曰：'卿二

---

① 《资治通鉴》，卷八十，武帝咸宁二年（276）。第2624页。
② 《资治通鉴》，卷七十八，元帝咸熙元年（264）。第2571页。

婿，亲疏等耳。立人当立德。'充不答"①。反正已立于不败之地，何苦再卷进这轮恶斗中去，贾充以装聋作哑的方式应对夏侯和的试探，似为最明智之举。然而，狡猾一世的贾充机关算尽，却漏算了最重要的一条，即司马炎还没到百年之后！

此刻，司马炎在继承人问题上已是高度敏感，每一位朝臣必须在太子与齐王间做出明确抉择，没有中间路线可走。首鼠两端者和站到齐王一边的人一样，背弃的不仅是太子，更是武帝本人！这关系到晋室今后的血统是武帝这一支，还是齐王那一支，虽然两人都是姓司马的亲兄弟，可龙椅上的权力划分就是如此精细。莎士比亚的悲剧《哈姆雷特》里，王子出场的第一句台词就是："超乎寻常的亲族，漠不相干的路人。"②可到了玉玺悬之于前的档口，亲兄弟间连欲作路人都成了奢望！

贾充在如此关键时刻犯了糊涂。与贾充原在一条船上的荀勖、冯紞因与司马攸素来不和，哪还顾得上老战友，荀勖暗中指使冯紞对武帝说道："陛下前日疾若不愈，齐王为公卿所归，太子虽欲高让，其得免乎！宜遣还藩，以安社稷。"③凡人不免厚于慈而薄于孝，更何况亲兄弟。武帝并非心系天下的圣人，本质不过一凡人尔，这番话无疑触到他内心痛点，尤其那句"太子虽欲高让，其得免乎"，更令武帝倍感不安。

形势险恶，贾充竟还幻想着通吃两头，等于将自己那点算计赤裸裸地摆到武帝的御案上！自司马昭起，京畿兵权一直握在贾

---

① 《资治通鉴》，卷八十，武帝咸宁二年（276）。第2625页。
② （英）莎士比亚：《莎士比亚全集》（五），朱生豪等译，北京：人民文学出版社，1994年版，第290页。
③ 《资治通鉴》，卷八十，武帝咸宁二年（276）。第2625页。

充手里，如今司马昭最为信任的宠臣无法再让司马炎继续放心。可贾充毕竟是西晋开国第一功臣，又是司马家的双料亲戚，思来想去，武帝最终决定："夺其兵权，而位遇无替。"[1] 没了兵权，贾充从政治舞台的中央黯然退场，贾氏一门在宫廷权力角逐中也随之暂时蛰伏，一手"好牌"打成这个样子，都源于贾充面对夏侯和试探时那"不答"的片刻。

太子的"天才枪手"

自周朝起，权力传承以"立子立嫡制"为正，所谓"立適，以长不以贤，立子以贵不以长"。[2] 王国维对此专门解释道："盖天下之大利莫如定，其大害莫如争。任天者定，任人者争；定之以天，争乃不生。"[3] 因而，司马炎与司马攸争大位时，山涛劝谏司马昭："废长立少，违礼不祥。"[4] 这是极有分量的话，司马昭再怎么偏爱小儿子，也不敢冒"任人者争"的风险。西晋立国之初，司马炎立嫡长子司马衷为太子，也是严格按传统继统规则办事；可朝野竟不顾祖制，集体属意于齐王，其中确有难言之隐。

后世提及晋惠帝司马衷，除了"八王之乱"，还有两则故事，其一为："天下荒馑，百姓饿死，帝闻之曰：'何不食肉糜？'"其二为：帝"尝在华林园闻虾蟆，谓左右曰：'此鸣者，为官乎，为私乎？'"肉食者不知民间疾苦倒不稀奇，可连虾蟆叫唤是由己

---

[1]《资治通鉴》，卷八十，武帝咸宁二年（276）。第2625页。
[2] 苏舆撰：《春秋繁露义证》，钟白点校，北京：中华书局，1992年版，王道第六，第114页。
[3] 周锡山编校：《王国维集》（第四册），北京：中国社会科学出版社，2008年版，第127页。
[4]《资治通鉴》，卷七十八，元帝咸熙元年（264）。第2571页。

还是由官都搞不清，恐怕公子王孙们还不至如此吧！对此，史家文绉绉地称之为："戆騃。"倒是胡三省注释得明白，"戆，愚也。騃，痴也"①。按现代医学推测，司马衷可能患有先天性智力障碍。

好事不出门，坏事传千里，东吴尚未灭掉，朝野便"咸知太子昏愚，不堪为嗣"②。待天下一统，新朝初立，各种矛盾纷纭交错，非强人不能镇抚之时，晋武帝自己却已"颇事游宴，怠于政事，掖庭殆将万人"③。天子虽为"龙体"，也扛不住极意声色的副作用，司马炎的身子很快就垮了。危机重重之际，朝野有识之士一想到继位的又是位痴儿，王朝前景着实令人忧愁，连开国元勋何曾也无奈地"指诸孙曰：'此属必及于难。'"④

可屋没倒、房没塌之前，总会有人冲出来补救一下，尚书和峤就曾"从容言于武帝曰：'皇太子有淳古之风，而末世多伪，恐不了陛下家事。'武帝默然"。和峤之谏极含蓄，给武帝留足面子，可默然的武帝并不死心，找来何勖等人旁敲侧击地暗示道：太子最近还是有些长进的，大家怎么看？这帮老狐狸加马屁精立刻"并称太子明识雅度"，唯有和峤仍不合时宜地答道："圣质如初。"闻听此语，"武帝不悦而起"。⑤

与和峤相比，曾任征北大将军、回朝后官拜尚书令的卫瓘说话，武帝便不能"不悦而起"了。可这个卫瓘官场城府太深，说话做事都太过小心，在陵云台皇家宴会上欲言又止，反复再三，

---

① 《资治通鉴》，卷八十三，惠帝元康九年（299）。第2713—2714页。
② 《资治通鉴》，卷八十，武帝咸宁四年（278）。第2634页。
③ 《资治通鉴》，卷八十一，武帝太康二年（281）。第2660页。
④ 《资治通鉴》，卷八十七，怀帝永嘉三年（309）。第2828页。
⑤ 《资治通鉴》，卷八十二，惠帝永熙元年（290）。第2687页。

最终"以手抚床曰:'此座可惜!'帝意悟,因谬曰:'公真大醉邪?'"①虽然之后卫瓘不复有言,可国家重臣对国本心存疑虑,司马炎不能靠顾左右言他的方式搪塞过去,总得有些正面回应才妥。

于是,武帝将东宫官属悉数召入宫中饮宴,然后"密封尚书疑事,令太子决之"。皇帝要考太子,这等于是把司马衷放到了热锅上。幸亏太子妃贾南风还在太子身边,真不愧是满腹阴谋诡计的贾充之女,马上就找到了替考者,即如今民间所说的"枪手",引经据典地应对。正欲交卷时,又跳出个给使张泓,对贾妃进言道:"太子不学,陛下所知,而答诏多引古义,必责作草主,更益谴负,不如直以意对。"贾南风大喜,"谓泓曰:'便为我好答,富贵与汝共之。'泓即具草,令太子自写,帝省之甚悦。先以示瓘,瓘大踧踖"。②

表面看来,这场皇家考试若无张泓及时出现,太子之位似乎危矣。然而,天子真要考太子,直接召到御前,当面作答即可,司马炎却兴师动众地把太子官属全部招进皇宫,留在东宫的太子既无任何监考,身边还留了个能干的太子妃,看似把太子放到了热锅上,可灶底下根本没放柴火。因而,交上来的若是"蠢才枪手"多引古义的卷子,武帝大概就当什么也没发生过;若是张泓之流"天才枪手"的答卷,东宫官属集体入宫赴宴的那番大动干戈的折腾,就成了太子独立作答的明证。司马炎处心积虑地导演这么一出戏,不过是为堵住以卫瓘为代表的一帮重臣的嘴而已。

---

① 《资治通鉴》,卷八十,武帝咸宁四年(278)。第2634页。
② 《资治通鉴》,卷八十,武帝咸宁四年(278)。第2634页。

太康四年总了断

　　为了太子未来能够顺利接班，晋武帝不惜疏远司马家族最忠诚的心腹，又费尽心机地消除朝堂重臣的重重疑虑，可当爹的再怎么努力，儿子的智力依旧没有提高的迹象，就连"天才枪手"张泓的"大作"，效力也仅限于抵挡一下重臣们意在废太子的议论。对于朝臣来说，既然另立接班人的方案行不通，仍有迂回的方式来抵补愚痴太子未来上台的不利影响，即主张德望日隆的齐王司马攸应俦于周公，赞助皇朝，与闻政事。

　　一提到自己的这位亲弟弟，司马炎心里不免"咯噔"一下。用周公辅成王故事来为齐王辅政张目，武帝的大儿子傻，武帝可不傻！周武王驾崩时，成王姬诵尚年幼，周公才临危受命，可卫瓘进谏那年司马衷已年过二十，继位时已三十一岁，因有"淳古之风"须齐王辅政，听上去就不对头。再者，周成王虽是古人，反倒没什么"淳古之风"，周公还政于成王后，成王听信谗言竟能把周公逼到当时还是遍地虫蛇、瘴疠弥漫的楚地去避难，倘若司马衷也有这两下子，齐王辅政也未尝不可，只可惜"戆騃"的毛病是与日俱增的！

　　鉴于魏室压制宗室，被人逼宫连个帮忙的亲族都找不到的前车之鉴，晋室初创时乃仿西汉初年之制，大封司马氏一族，各王在自己封地上皆掌军政实权。然而，郡县制已实行了近五百年，忽然回头搞封建制，权力虽大，诸王却不领情。咸宁三年（277），强令中央无官职的诸王就国时，"诸王公恋京师，皆涕泣而去"。① 到了太康三年（282），希望齐王辅政的呼声高涨，而与齐王有隙的荀勖、冯紞，还有外戚杨珧也加紧活动，终日撺掇着武帝赶走齐王。是年年底司马炎终于下定决心，解除齐王司空之职，诏命齐王之国。

齐王辅政是朝野对晋室能否长久的最后期望，这道诏令无疑引来强烈抵制，征东大将军王浑、扶风王司马骏、光禄大夫李憙、中护军羊琇、侍中王济、甄德皆上书切谏，王济、甄德还动员其妻常山公主和长广公主入宫，"稽颡涕泣，请帝留攸"。不谏还好，如此用力过猛的招数，反倒让武帝疑心更重，对侍中王戎发牢骚道："今出齐王，自是朕家事，而甄德、王济连遣妇来生哭人邪！"② 一气之下，把这二人全迁为外朝官，不再信任。

太康四年（283）伊始，心意已决的武帝"命太常议崇锡齐王之物"，既然将齐王从权力中心赶出去，总得在名利上予以些补偿，既安慰齐王，也向外界展示兄弟间亲情依旧。不想，太常博士庾旉、太叔广、刘暾、缪蔚、郭颐、秦秀、傅珍非但不按指示办事，反而联合上表，其中言道："今天下已定，六合为家，将数延三事（正德、利用、厚生），与论太平之基，而更出之，去王城二千里，违旧章矣。"时为博士祭酒的曹志（曹植之子）闻听此事，叹道："安有如此之才，如此之亲，不得树本助化，而远出海隅！晋室之隆，其殆矣乎！"③ 又独自上表，再添了把火。

---
① 《资治通鉴》，卷八十，武帝咸宁三年（277）。第2630页。
② 《资治通鉴》，卷八十，武帝太康三年（282）。第2666页。
③ 《资治通鉴》，卷八十，武帝太康四年（283）。第2667—2668页。

司马炎看到这些上表，着实气炸了，他怨愤曹志真是书呆子一个：难道不晓得当年你大伯缘何为难你亲爹吗？而诸博士答非所问，横造异论，更加可恶！火头上的武帝当即将曹志免官，其他人全部下有司问罪。不过这场官司最终却不了了之，虽说江山全归了司马家，可官场上仍有官场的规矩。几位博士虽迂阔，却都是清流名士，讲了朝野上下敢思而不敢言的话，谁对他们下手，谁以后都难容于朝堂百僚。最终，几位博士虽以"大不敬，当弃市"起诉，结果都以免官除名了事。

至于矛盾的焦点司马攸，虽然武帝另将济南郡划入齐国，又立齐王次子长乐亭侯司马寔为北海王，且给予齐王使用皇家器物的荣耀，仍无法安慰司马攸被踢出权力中枢的愤怨之心。司马攸曾经错失皇位，如今再失相位，大志也好，野心也罢，只能窝在心里，怨愤难名，内火攻心，陷入中国官场特有的魔境中，所谓：只要掌着大印，活蹦乱跳地不知能活多久，一旦没有权柄撑着，当下就不行了。司马攸在十二月遵诏命之国，仅到来年三月，便呕血而薨，时年三十七岁。

司马氏两亲兄弟间终于有了总了断，可二人毕竟同胞兄弟，闻听噩耗后司马炎颇为哀恸，冯𬘭在一旁劝解道："齐王名过其实，天下归之，今自薨殒，社稷之福也，陛下何哀之过！"司马炎转念一想，也对，立刻"收泪而止"。[①]

---

① 《资治通鉴》，卷八十，武帝太康四年（283）。第2669页。

武帝失算的后手

　　知子莫若父，司马衷是不是天子的料，司马炎心里最清楚，很早前他就与皇后杨艳私底下商量过立嗣之事。杨艳一本正经地搬出"立子以长不以贤，岂可动也"的古训劝导夫君，估计司马炎内心深处也不愿皇权从自己一脉正宗旁落偏系，否则，不问深明事理的国家重臣，偏找孩儿他妈商量，是何道理？杨艳临终时，唯恐正得宠幸的镇军大将军胡奋之女被立为后，"致太子不安，枕帝膝泣曰：'叔父骏女芷有德色，愿陛下以备六宫。'帝流涕许之"①。当妈的为保护儿子真是拼了！之后，晋武帝不仅接杨艳的堂妹杨芷入宫，两年后又立其为后，算是给司马衷的太子大位又上了道保险。

　　杨艳与丈夫临终诀别，执手相泣，又为保护智障的儿子今后不受欺负，能顺利继承家业，强忍病痛做了最后努力，这场景搁在平民百姓、匹夫匹妇家里，当是多么令人动容的一幕！可惜，晋武帝本非驾驭西晋政权的高手，国家乱相丛生，前途愈加坎坷，缰绳却要交到个痴儿手里；超阶提拔的外戚杨氏诸位又皆小器，不堪社稷之重。就算百姓命如草芥，可大难若至，玉石俱焚，晋武帝总得替司马氏集团的王子皇孙、达官显贵们想想吧，难道只是任由自己儿女情长，连个后手都不留吗？

　　司马炎到底是最高领袖，再怎么纠结于儿女私情，也得从全局考虑问题的严峻性，所以在把皇位留给智障的儿子时，还是

---

① 《资治通鉴》，卷八十，武帝泰始十年（274）。第2618页。

第二折 大乱

留了个后手,而这仿佛天赐的"希望之手",就是他的皇孙:司马遹。早先,晋武帝将自己后宫中的才人谢玖赐给太子,生皇孙司马遹,有一次宫中失火,司马炎领着才五岁的孙儿登楼观望,结果这小家伙"牵帝裾入暗中曰:'暮夜仓猝,宜备非常,不可令照见人主。'帝由是奇之。"小小年纪竟已提防着被人算计,果然有些他高祖司马懿的狡猾劲,所以"帝知太子不才,然恃遹明慧,故无废立之心"。①

这与清康熙传位于雍正是因乾隆之故的坊间传说颇有些相似,可承前启后的雍正本身就不差,即便如此,孙子辈的事情,康熙再圣明也无确定把握,弘历继位后是昏是贤终是靠撞大运的。可惜,司马氏一族的运势看来在篡位时就用尽了,司马衷继位后,被立为太子的司马遹已变得"不好学,惟与左右嬉戏,……东宫月俸钱五十万,太子常探取二月,用之犹不足"。中舍人杜锡每尽忠谏,"太子患之,置针著锡常坐毡中,刺之流血"。② 与此同时,皇后贾南风已借汝南王司马亮、楚王司马玮之乱,灭掉了太后杨氏一门。可这个不学无术、任性妄为的司马遹偏不买权倾一朝的贾家人的账。

皇后贾南风素来骄纵暴虐;其侄儿贾谧为侍中,嚣张于内朝,太子亦非省油的灯,这三人针尖对麦芒,关系越搞越僵。一想到司马衷若有个三长两短,上台的是这家伙,贾氏一方自然生出废太子之念。贾南风找人四处"宣扬太子之短,布于远近。又诈为有娠,内藁物、产具,取妹夫韩寿子慰祖养之,欲以代太

---

① 《资治通鉴》,卷八十二,武帝太康十年(289)。第2679页。
② 《资治通鉴》,卷八十三,惠帝元康九年(299)。第2716页。

子"。① 贾后之意已如当年司马昭之心，小时了了的司马遹竟毫无提防，一副我是太子我怕谁的蠢样，最终掉到贾后设的陷阱里，先被骗到宫中，又被强行灌得大醉，迷迷糊糊地照抄下潘岳提前拟好的大逆不道之语。这白纸黑字的罪状摆到群臣面前，不仅太子顺利被废，连其生母也被妒妇的贾南风顺手杀掉。

　　三个月后，在赵王司马伦与贾氏新一轮的宫斗中，赵王的谋士孙秀担心扳倒贾南风，"性刚"的司马遹还归东宫不好制约，便"使人行反间，言以殿中人欲废皇后，立太子，贾后数遣宫婢微服于民间听察，闻之甚惧"。于是，肆无忌惮的贾皇后矫诏派出宦官孙虑去毒杀司马遹。可被废后的太子竟然恢复了小时候的机灵劲儿，"恐被毒，常自煮食于前"。孙虑一看不好下手，求助于看守废太子的持书御史刘振，"振乃徙太子于小坊中，绝其食，宫人犹窃于墙上过食与之。虑逼太子以药，太子不肯服，虑以药杵杀之"。② 武帝处心积虑安排的这只不靠谱的后手，就这么被野心勃勃的儿媳妇给斩断了。

尾声

　　在儒家理想的大同社会中，权力的取得和传承按照"选贤与能，讲信修睦"的方式进行，从而"人不独亲其亲，不独子其子"。③ 理想虽丰满，现实却很骨感，江山在帝王将相眼里，根本

---

① 《资治通鉴》，卷八十三，惠帝元康九年（299）。第2718页。
② 《资治通鉴》，卷八十三，惠帝永康元年（300）。第2723页。
③ 《礼记·礼运第九》

上还是他们用武力、用阴谋，或抢、或骗、或偷而来的私产！因而，天下虽有百姓、千姓、万姓，朝廷里总是定于一个尊贵的姓氏，而这一"尊贵的姓氏"无论如何标榜为百姓操劳，对紧握在手的权柄，却只按照"独亲其亲，独子其子"的原则传承。

因而，西晋开国皇帝司马炎明知天下未定、太子"戆騃"，仍不顾天下苍生，不管国家安危，执意将一痴儿扶到帝国最高统治的宝座上。可等晋武帝驾崩后，招来的是自作聪明留下的"后手"被无情斩断，是杨氏、贾氏两大外戚集团先后专权与覆灭，是八王夺权、胡汉相争、民不聊生的大乱世！当皇座边上的王公重臣死了一批又一批，晋惠帝司马衷反而坚持到了光熙元年（306），才莫名其妙地因吃饼中毒而死。见证西晋王朝走向灭亡主要过程的，竟是一直痴痴傻傻待在皇位上的惠帝，无情的历史还真是有些黑色的幽默。

刘裕的典型性篡位

南朝宋武帝刘裕篡晋造宋，终结了两晋以来门阀士族对政权的绝对垄断，标志着南朝寒门庶族的崛起。刘裕篡位之所以能够成功，源于东晋末年以"北府军"为代表的庶族实力的积累，尤其是"北府人情"在纵向和水平层面上所起的决定性作用。而其篡位过程之曲折，又显现出旧士族的政治影响力依然不可忽视，从而导致双方的斗争既复杂又残酷。

北府势力

东晋义熙十一年（415），晋安帝司马德宗下诏，"加太尉裕太傅、扬州牧，剑履上殿，入朝不趋，赞拜不名"①。大臣上殿时不解佩剑、不脱鞋子，入朝时不用迈着小碎步慢跑，奏事时司仪亦不传报其姓名，为人臣子的能够享受如此"殊礼"，如柏杨所评："我们已听到篡夺列车进站时的鸣笛。"② 果不其然，五年后，刘裕篡晋造宋，在门阀士族一手遮天的时代凭借北府军的强力支撑，不仅足践帝祚，还根本上终结了两晋以来的士族统治，从此，"军事几乎全由王族与寒门出身的武人把持，而贵族则被疏远开来"③。

刘裕凭依的北府军，起源可上溯至永嘉之乱时，由于"山东省西南部陷入大混乱之中，高平金乡人郗鉴在乡里附近的邹山结集了数万之众自保。北府军的胚胎，便是以这支集团为核心建立的"。④ 这批主要来自北方的流民群体最终以京口（今江苏镇江）为根据地驻扎下来。东晋朝廷利用他们，尤其是作为其核心的军人，来制衡荆州一带的西府士族势力。初期北府兵独立性不强，属于依附门阀士族的武装力量。北府兵正式成形则是前秦压境后的结果，为抗北敌，谢玄坐镇广陵（今江苏扬州），多募劲勇，以谢氏豫州旧将刘建之子刘牢之为参军，"领精锐为前锋，百战

---

① 《资治通鉴》，卷一百一十七，安帝义熙十一年（415）。第3788页。
② 《统万碑文·自毁长城（柏杨白话版资治通鉴；15）》，第12页。
③ 《六朝贵族制社会研究》，第237页。
④ 《六朝贵族制社会研究》，第226页。

百胜，号为'北府兵'，敌人畏之"。①

谢玄虽招募、组织了北府兵，却没能够将处于半独立状态的江淮宿将和流民武装收编在谢氏门下。对于这支战力极强的部队，谢氏家族也仅是通过刘牢之为中介才能加以指挥，日本学者川胜义雄由此认为：北府兵"扮演的是贵族政府的佣兵这一角色，而刘牢之则可以用佣兵队长这一词语来形容"②。鉴于北府兵的自我身份认同和集团归属感日益加强，他们已不同于纯粹的士族武装，所谓"北府人情"不仅指底层军卒效忠于高级将领，再由他们输诚于豪门士族乃至东晋王室，更在于北府中的寒门庶族与低级军士之间更为复杂和紧密的利益与情感关系网。

北府独立性（也即武人与寒门庶族的政治独立性）渐渐加强之际，东晋顶层士族的统治却出了问题。在东晋渐次登台的琅邪王氏、高平郗氏、颍川庾氏、谯国桓氏、陈郡谢氏都曾涌现出具有高超政治才能的领导人物，其共同特点在于能够"细心维护各个势力之间的平衡，从中作出调整，……当贵族不能发挥这种调整者的作用，或是这种调和已不再能有效运作的时候，就会迎来贵族政治的重大危机"③。故而，会稽王司马道子掌权后，竟在实力不济的情况下一意孤行，急于扩张王权。而同时期兴起的太原王氏既无兵权也缺少有才略的政治人物，"只能是依附于而无力超越于皇帝（孝武帝）或相王（会稽王司马道子）的权威而起作

---

① （唐）房玄龄 等撰：《晋书》，北京：中华书局，1974年版。卷八十四，《刘牢之传》。第2188页。
② 《六朝贵族制社会研究》，第229页。
③ 《六朝贵族制社会研究》，第228页。

用"。① 至于把持西府的桓玄，唐突冒进，执意篡夺，一改其父桓温顾及时望、处大事谨慎的风格。三方处置皆大失水准，本来就脆弱的东晋政治平衡遭到了严重破坏，在这种情况下，北府兵便有了举足轻重的地位。

因而，当站在孝武帝一边的王恭统辖北府时大摆士族架子，"素以才地陵物，……仗刘牢之为爪牙而但以部曲将遇之"，导致"深怀耻恨"的刘牢之叛归会稽王的世子司马元显。北府兵一反手，王恭便被擒斩首。②刘牢之被司马元显任命为讨桓玄前锋后，桓玄派何穆之做说客，后者一见面就问道："自古戴震主之威，挟不赏之功而能自全者，谁邪？"③可惜，拥有强大军事实力的北府高层军官乍富不知新受用，刘牢之一叛再叛，却总停留在佣兵队长的层次，他没有意识到自己所拥有的力量对任何接纳他的一方来说，都有着取而代之的威胁，形势已使他不可能安心为臣了！

其实，对刘牢之所拥有的力量，之后的桓玄以及刘裕的大多数政治同伴们都未认识清楚。桓玄兼并北府后，只对北府高级将领进行清洗，以为杀光这些人，北府兵便能为己所有。桓玄的失误在于他却忽略了"北府人情"的影响力，从而没有发现北府内部中低级军士和寒门庶族作为形成中的独立政治力量的存在。正是借助这种力量，刘裕虽无达官显贵的奥援，仅凭劫后余生的中低级北府军士便能复兴北府，驱逐桓玄。同样，对于如刘毅、何无忌、魏咏之、檀凭之、孟昶、诸葛长民这些刘裕起家时的政治

---

① 田余庆：《东晋门阀政治》，北京：北京大学出版社，2012年版，第244页。
② 《资治通鉴》，卷一百一十，安帝隆安二年（398）。第3580—3581页
③ 《资治通鉴》，卷一百一十二，安帝元兴元年（402）。第3642页。

伙伴来说，其"志在兴复，情非造宋"①的初衷也显示出他们在政治上的幼稚与糊涂。

当然，自有清醒人，起于贫寒的刘裕在权力斗争中久经历练，又目睹了北府旧帅的前车之鉴，当他重振北府后，已明确意识到：拥有如此力量，若仅满足于追求人臣的巅峰之位，不能百尺竿头更进一步，结果难免身败名裂。在刘裕看来，篡位，那是必须的！

予让往复

当门阀士族在肆无忌惮的政坛恶斗中耗尽实力之后，当北府军士屡遭打压依然散而复聚、愈战愈强之时，东晋王朝再也无法维系王导、谢安时代那种建立在上等士族集团间势力均衡的政治秩序。不过，随着士族实力不断消减，士族风气却愈加浓厚，置身如此氛围中，寒门军士想当皇帝，除了兵强马壮，还得考虑很多其他条件。"所以刘裕在逐桓玄、灭卢循、'兴复'东晋以后，为了'造宋'，还必须建立对北敌的疆场功勋，求取信于朝野，并于其中物色可以随同'造宋'的人物，才可以逐步完成晋宋禅代的准备。"②

刘裕北伐奏出了六朝时代南人军事反攻的最强音，南燕、后秦先后灭国，慕容超、姚泓被押至建康（今南京）斩首，西蜀的谯纵也在国破时自杀。只叹北府兵实力超群，却无经略北地的远

---

① （梁）沈约：《宋书》，北京：中华书局，1974年版。卷一百，自序。第2467页。
② 《东晋门阀政治》，第285页。

志，士卒终日思归，兵心不稳，刘裕只能放弃一统江山的宏大抱负。不过以他所立之功，在南国篡个皇帝，已是绰绰有余。然而，若想顺利篡位，实力只是必要条件。"门阀士族让出了统治权力。他们在政治上、军事上失败了。但是在社会上、文化上，他们还有相当大的潜力和影响。次等士族胜利了，用军事力量巩固了自己的统治地位，但还要把门阀士族供奉在庙堂之上，以为自己张目。"① 于是，立下不世之功的寒门武夫完成了篡位的所有准备工作后，还得按照士族认可的套路才能合法地登上皇位。

贵族所以为"贵"，至少在形式上，其生活必须时时浸透在仪式中，尤其是没落贵族，充满繁文缛节的礼仪程序更成为他们最后的尊严所在。可在底层武夫看来，关键时刻这一大套折腾实在耽误时间，能省自然会省。唐末朱温篡位时，蒋玄晖与柳璨等议曰："以魏晋以来皆先封大国，加九锡、殊礼，然后受禅，当次第行之。乃先除全忠诸道元帅，以示有渐。"② 朱温闻听大怒，认为蒋玄晖故意为唐续命，群臣惶恐，后面果然精简许多，使得朱温快捷上位。朱温不在乎礼仪，是因为唐末士族势力已全部毁灭，纸面上那些旧规矩既无硬实力也无软实力托着，哪还有约束力可言。

刘裕篡位时，不仅立有大功，还手握强兵，自己阵营中不听话的刘毅、诸葛长民之流也已成了他的刀下鬼。司马氏中还有点活力的王爷们在江陵抵挡一番后，大都脚底抹油逃往后秦，后秦灭后又逃往北魏，东晋政治舞台上只留了个光杆儿皇帝与刘裕

---

① 《东晋门阀政治》，第311页。
② 《资治通鉴》，卷二百六十五，昭宣帝天祐二年（905）。第8881页。

对决。虎羊之战，虎爪一伸即可结束战斗。可惜，刘裕没遇到朱温所处的那个士族彻底没落、再无与军阀讨价还价余地的"好时代"，在四周余威犹存的门阀士族监督下，虎也好，羊也罢，都必须按套路推推搡搡，予让几番之后，虎才能合法地吃掉送到嘴边的羊。刘裕必须以极大的耐心，循规蹈矩地走好"合法篡位"的每一步。

义熙十一年（415），晋安帝诏加刘裕太傅、扬州牧及"殊礼"，刘裕立刻按标准化程序，"固辞太傅、州牧，其余受命"。① 辞官以示谦让，接受"殊礼"又公开表明地位之质变。次年伊始，刘裕又被加授为兖州刺史、都督南秦州，这样刘裕总计都督二十二州，南国大权尽入其彀中，这回刘裕没有"固辞"。是年十一月，在出征后秦期间，刘裕又"遣左长史王弘还建康，讽朝廷求九锡"。② 面上推让，底下又派人以暗示的方式（"讽"）主动要。"九锡"乃天子赐予立下非凡大功臣子的九类礼物，即车马、衣服、乐器、朱户、纳陛、虎贲百人、鈇钺、弓矢和秬鬯，一般而言，"'九锡'没有实质意义，但能造成一种与众不同的飞越形象。……所以当'九锡'出现之日，也就是旧王朝结束，新王朝登场之时"③。

既然刘裕主动要了，光杆皇帝岂有不予之理，一个月后便"诏以裕为相国，总百揆，扬州牧，封十郡为宋公，备九锡之礼，位在诸侯王上，领征西将军，司、豫、北徐、雍四州刺史如

---

① 《资治通鉴》，卷一百一十七，安帝义熙十一年（415）。第3790页。
② 《资治通鉴》，卷一百一十七，安帝义熙十二年（416）。第3806页。
③ 《昏君辈出·王莽篡夺（柏杨白话版资治通鉴；5）》，第191页。

故"。不过这份主动索要的大礼包到手时，刘裕又来了个"辞不受"。① 到义熙十三年（417），后秦覆灭，晋安帝大概觉得前面给少了，冬十月又"诏进宋公爵为王，增封十郡"，可刘裕依然"辞不受"。② 送礼都送不出去，晋安帝被可怜地晾在一边，直到第二年夏六月，刘裕才"始受相国、宋公、九锡之命"。③ 这般半推半就的套路，估计暗中观战的周遭士族名流们也会为之抃掌，大呼过瘾！

与粗糙的朱温相比，刘裕虽为下级军官起家，但身处士风浓厚的时代，不仅认同士族们的规矩，甚至还节外生枝地又自找些麻烦。鉴于当时流行的谶语中有言："昌明之后尚有二帝。"晋孝武帝司马曜别名"昌明"，如此算来，继司马曜之后的司马德宗就不该为亡国之君。于是，在义熙十四年十二月（419），刘裕派中书侍郎王韶之与帝左右密谋弑帝。王韶之结衣为绳，将年仅三十七岁的晋安帝吊死在东堂，刘裕旋即立琅邪王司马德文为帝，史称晋恭帝。这样，亡国之君也按天意造了出来。到恭帝元熙元年（419）秋七月，宋公刘裕始受进爵之命，变成了宋王。至此，刘裕离皇位只剩一步之遥了。

收官之战

　　刘裕篡晋不似之前的曹氏篡汉和司马氏篡魏，前两家本身都

---

① 《资治通鉴》，卷一百一十七，安帝义熙十二年（416）。第3806页。
② 《资治通鉴》，卷一百一十八，安帝义熙十三年（417）。第3823页。
③ 《资治通鉴》，卷一百一十八，安帝义熙十四年（418）。第3830页。

处在士族核心圈中，篡位不过是士族内部的火并，虽受到对立士族集团的压力，仍有不少上流士族站在曹氏、司马氏一边。很多不便大头目出面的事自有人去做，尤其最后时刻，胜负已定，对立士族集团的成员或毁或降，帮忙、帮闲的蜂拥而至。与之相比，军士出身的刘裕篡夺时，失掉军权的士族虽不至于拼死卫晋，但也不会自跌身价地奔走于寒门内外；至于刘裕的北府弟兄，很多以能厕身士族圈中便心满意足，哪有刘裕的凌云壮志，而且以他们的身份论，更是拿不出手。因而，刘裕寂寞前行，两边除了观战的士、庶看客，关键时刻真还拎不出几个用得上的棋子。

刘裕被封为王后，距离帝位仅一步之遥，到了这盘权力棋局的收官时刻，司马氏和刘氏都停了下来。刘裕当然不敢直接将皇帝拨拉开，一屁股坐到皇位上，否则之前扭捏之态全都白做，在世人——尤其是士族眼中，皇权便是他粗暴夺取，而非合法禅让所得的。晋恭帝同样不敢轻举妄动，若他沉不住气，受不了弥漫在宫廷中的那种恐怖气氛，捧着玉玺径直送到刘裕门前，反倒坐实了宋王篡夺的罪名，顺带让全体士族都下不来台。双方都在等一个主动出来穿针引线的角色，这般人物名望上须达到与双方都能说得上话的水平，在士族的清议中，人品亦不可太过低劣、为人不齿。刘裕回头看看自己那帮穷哥们，找不出这等人物；再张望下士族的队伍，倒是有不少，可都躲在一边瞻前顾后、徘徊不进。

如此僵持下去，难免夜长梦多，接受宋王爵位半年后，元熙二年（420）春正月，年已五十七岁的刘裕在寿阳（今安徽寿县）老巢集朝臣宴饮，席间从容言道："桓玄篡位，鼎命已移。我首唱大义，兴复帝室，南征北伐，平定四海，功成业著，遂荷九锡。今年将衰暮,崇极如此,物忌盛满,非可久安;今欲奉还爵位,归老京师。"对这套欲进先退的招数,"群臣惟盛称功德,莫谕其意。日晚,坐散"。中书令傅亮随着朝臣散出,宫门已闭才悟出其中真味,或许正是四顾无人的情境,才使得傅亮不再顾忌,转身回还,"叩扉请见,王即开门见之"。① 刘裕终于等来了他要找的人。

傅亮为名门之后,少有佳名,博学有文采,且是朝中三品大员,实为布置晋恭帝禅位事宜的合适人选。输诚于刘裕后,傅亮即刻赴建康运作。至夏四月,晋室征宋王入朝,刘裕安排妥后院,于夏六月至建康。此时傅亮已做好各项准备工作,甚至"具诏草呈帝,使书之"。晋恭帝登基前,曾亲历王韶之弑帝经过,被刘裕押上皇位后常感命悬一线,此刻看到傅亮早就拟好的禅位诏书,非但没有一丝沮丧惊恐之意,反而"欣然操笔,谓左右曰:'桓玄之时,晋氏已无天下,重为刘公所延,将二十载。今日之事,本所甘心。'遂书赤纸为诏"。② 万事俱备,东风也徐徐吹来,司马德文前脚退位于琅邪宫;刘裕后脚跟上,于南郊即皇帝位,造宋大业终于成了。

不过,在刘裕看来,这场收官之战到此只完成了明面上的一半,还有阴底下见不得人的另一半没做,即如何处理积极配合的逊位之君司马德文。表面上,刘裕继承了魏晋以来对前朝帝王的政治宽容政策,"奉晋恭帝为零陵王;优崇之礼,皆仿晋初故事,即宫于故秣陵县,使冠军将军刘遵考将兵防卫。降褚后为王

---

① 《资治通鉴》,卷一百一十九,武帝永初元年(420)。第3844页。
② 《资治通鉴》,卷一百一十九,武帝永初元年(420)。第3845页。

妃"①。可寒门出身的刘裕心里总是踏实不起来,尤其是秘书监徐广,在晋帝逊位时"流涕哀恸",新主登基时仍"悲感流涕",这类自命"晋室遗老"的士族名流朝中大有人在;另外北魏还有一群司马氏逃亡在外的王爷,一旦境随时变,软禁在秣陵(今南京江宁区南秣陵镇)的零陵王必为士族反扑的一面大旗。刘裕到底是北府出身,贵族那套规矩耽误不了他的大事,该出手时绝不会手软。

刘裕称帝后,没过多久,就找来前琅邪郎中令张伟,递过去一罂毒酒,叫他送给零陵王享用。可惜,这个张伟身上"狼性"不够,半道上拎着毒酒长叹曰:"鸩君以求生,不如死。"然后,"自饮而卒"。②张伟之弟张劭是刘裕帐下近臣,连张伟都出现这种情况,愈加坚定了刘裕迅速除掉零陵王的决心。好在极权周围最不缺卑鄙小人,零陵王的舅兄太常褚秀之、侍中褚淡之早已埋伏在倒霉的妹夫周围,只要他生下儿子,两人就按刘裕指示"方便杀之"。晋帝逊位后,与正妻褚灵媛"共处一室,自煮食于床前,饮食所资,皆出褚妃,故宋人莫得伺其隙"。如此拖到九月,刘裕令褚淡之和其兄右卫将军褚叔度以探视妹妹之名将褚灵媛骗出,然后"兵人逾垣而入,进药于王。王不肯饮,曰:'佛教,自杀者不复得人身。'兵人以被掩杀之"。③刘裕听到零陵王"自然死亡"的消息,甚是"痛心",亲率百官在朝堂哀悼了整整三天。

---

① 《资治通鉴》,卷一百一十九,武帝永初元年(420)。第3846页。
② 《资治通鉴》,卷一百一十九,武帝永初二年(421)。第3851页。
③ 《资治通鉴》,卷一百一十九,武帝永初二年(421)。第3851页。

至此，刘裕篡位的收官之战皆以假手于人的方式顺利完成，他终于可以安心地坐进那梦寐以求的龙椅中了。

迟来报应

当了皇帝的刘裕在构建新帝国时，"鉴于东晋政权由于门阀势盛，因此威权下移，所以中书省则任用寒人为中书舍人掌机要，而外藩则托付宗室。……诸王掌握了方镇的军队，还兼任当地的最高行政官，实际上形成半独立的政治。他们力量最强大的时候，往往要夺取中央政权"[①]。结果，在昏君、恶吏的肆意妄为及诸王内讧的混战中，刘宋王朝维持了不到六十个年头便轰然倒塌。尔后，南兰陵寒微士族中的豪家将种萧道成应势而起，趁机掌握刘宋的军政大权，开启了新一轮篡位进程。

因为刘裕的篡位经历实在典型，萧道成几乎是亦步亦趋地照着这位老前辈的道路重走了一遍。萧道成先任用王导五世孙王俭为己奔走，在朝臣中大造舆论，不断暗示皇家，先加官、加殊礼；再加官、封齐公、加九锡；然后又进封齐王，开始正式禅位。萧道成则一边固辞，一边接受，直到登基称帝，连最后的收官之战也相差不多。退位的宋顺帝表面上被封"为汝阴王，筑宫丹阳县故治，行宋正朔，车旗服色，一如故事，上书不为表，答表不称诏"[②]。可一月后，十二岁的汝阴王刘準就莫名其妙地死于非命，萧道成不但不予追究，没过两天，干脆下令"杀宋宗室阴安

[①] 王仲荦：《魏晋南北朝史》，上海：上海人民出版社，2016年版，第365页。
[②] （梁）萧子显：《南齐书》，北京：中华书局，2019年版。卷二，高帝本纪下。第34页。

公燮等，无少长皆死"①。

　　历史可谓是报复的轮回。不知刘裕篡位时是否想到过刘氏后人会有这么一天，只是这类口口声声为天下苍生计的人物哪怕是想到了，但在皇位面前，就算是自己的亲人后代，也统统顾不得了吧。

梁武帝的淮堰工程

　　梁武帝萧衍在对北魏进行的第一次北伐失败后，南北双方临淮河此攻彼守，陷入长期军事拉锯战中。在此种形势下，为北魏掌控的淮南重镇寿阳（今安徽寿县）成为威胁南梁安全的肘腋之患。梁武帝听信北魏降将王足之计，不惜人力物力，意图在淮河中段筑堰，水攻寿阳。然而，此计划一开始就被南梁的技术专家所否定，可梁武帝出于政治考虑，执意上马淮堰工程！

王足献计

　　梁武帝天监十三年（514），北魏降将王足向梁武帝萧衍献计，建议在淮河中段围堰筑堤，水淹久攻不下的淮南重镇寿阳。为了增加自己计策的分量，王足特别引用北方童谣曰："荆山为上格，浮山为下格，潼沱为激沟，并灌钜野泽。"萧衍对此计颇

---

① 《资治通鉴》，卷一百三十五，高帝建元元年（479）。第4361页。

感兴趣,但事关重大,慎重起见,他特意招来两位技术专家:水工陈承伯和材官将军祖暄,命他二人查视地形。经过一番考查,两位专家得出相同的结论,即"淮内沙土漂轻,不坚实,其功不可就"①。

技术上既然不能成立,堰淮之策按理就该到此为止,可原本行事小心的梁武帝却中邪般醉心于王足所言,竟将技术专家的报告撂在一边,执意筑堰。萧衍雅量非常,但也是篡位上台的开国皇帝,微微一颔间就有杀人的本事,他铁定要做的事谁敢阻挠?于是,举朝上下迅速行动起来,时任太子右卫率的康绚被派到钟离(今安徽凤阳东北)总督工程,同时征调二十万丁役和兵士在南起浮山(淮河南岸,今安徽明光市北)北至巉石(淮河北岸,今江苏泗洪县西南)一线开始了轰轰烈烈的围堰筑堤大业。

先找技术专家勘测地形,而后又置专家意见于不顾,将几十万人命和数不尽的财货押宝在童谣之上,梁武帝莫非头脑出了问题?称帝之前,萧衍曾为南齐竟陵王萧子良西邸文人圈中的所谓"八友"之一,乃是与沈约、谢朓等名士谈学论道的大知识分子;当上皇帝后,萧衍"虽万机多务,犹卷不辍手,燃烛侧光,常至戊夜"②。最高统帅绝非晋惠帝司马衷之流,他的头脑是正常的,其决策也经过深思熟虑,那么为何在淮堰工程上竟将技术因素抛在一边,知其不可为而强为之呢?大抵是因为在萧衍的御案上,铺展开的并不只有技术一本账,而账本一多,轻重主次便出现了微妙的变化。

---

① (唐)姚思廉撰:《梁书》,北京:中华书局,1973年版。卷十八,康绚列传,第291页。
② 《梁书》,卷三,武帝本纪下。第96页。

第二折　大乱

梁武帝在位期间数度北伐，可真正意欲统一全国的北伐只有天监四年（505）发起的第一次北伐。当时，萧衍在《北伐诏》中宣称：其六十四万兵力、十一路大军"百道并驱，同会洛邑……将令溥天之下，于斯大同"。并对北魏宣武帝元恪威胁道："若能率其徒属，舆榇军门者，中军府以时将送，当待以列侯之礼。"[①]然而，南军虽有百数十年未有之强势，却摊上一位怯懦无能的主帅萧宏，加之萧衍对北魏军事实力估计有误，致使大军在洛口溃败，之后虽取得邵阳洲大捷，使北魏在淮南重兵几近覆灭，可这也仅是扭转了大败局面，使北魏军队全线南下之势受到遏制而已，而淮南重镇寿阳仍控制在北魏手中。

天监七年（508）十月，梁武帝又"诏大举北伐"，但次年二月便宣布取消，双方息兵通好。这次有名无实的北伐"反映出梁武帝开始谋求通过非军事的方式达到有利结果的努力意图。实际上，通过两次北伐，梁武帝清醒地认识到，他原先确立的北伐目标是不现实的，北魏军事实力不能低估"[②]。摊在梁武帝面前的军事账着实不如人意，连带着的另一本更重要的政治账也变得难算起来。

王足恰在这个节骨眼上前来献计，如若童谣所云不虚，筑堰成功的话，军事上的死账立刻可以盘活，政治账也会越算越有赚头。从深陷困局到满盘皆活，中间只卡着一小点技术因素！梁武帝不再淡定，尤其是在他手中权力足以调动所需一切人财物力的情况下，万事俱备，技术的东风或许可以忽略不计，萧衍决定冒险一试。

[①]（清）严可均辑：《全梁文》，冯瑞生审订，北京：商务印书馆，1999年版，第18页。
[②]赵以武：《梁武帝及其时代》，南京：凤凰出版社，2006年版，第85—86页。

南风不竞

东晋以来,南朝政坛上的风云人物无论是为了巩固已有地位还是百尺竿头再进一步,北伐都是绕不过去的坎。当然,这副军事牌打得好,那政治牌的胜算就大;军事牌打得一塌糊涂,政治上便难逃败局。兹事体大,北伐大旗不再是谁都能扛的,当年东晋会稽王司马昱宁肯派个华而不实的殷浩领兵北伐,也要百般阻挠真有战力的桓温之师出征,就是怕桓温倚功做大。可惜,殷浩"连年北伐,师徒屡败,粮械都尽"①,搞得朝野咸怨,被桓温拿住了七寸,司马昱才不得已容许桓温挂帅。

司马昱的担心并非杞人忧天,桓温北伐一路奏凯,军至灞上却不动了,因为"桓温达到了增益声威的目的,不愿继续消耗实力,因此临灞水而不渡。前秦的王猛料定桓温意在江左而不在关中,是有识的"②。果不其然,之后,桓温凭借北伐之功,回马一枪险些夺了东晋江山。

而东晋之末,"刘裕在逐桓玄、灭卢循、'兴复'东晋以后,为了'造宋',还必须建立对北敌的疆场功勋,求取信于朝野,并于其中物色可以随同'造宋'的人物,才可以逐步完成晋宋禅代的准备"③。

这些前朝旧事近在眼前,学富五车的萧衍心知肚明,故而第一次北伐时偏不任名将韦叡为主帅,就是为避开军事大胜后重臣

---

① 《资治通鉴》,卷九十九,穆帝永和十年(354)。第3234页。
② 《东晋门阀政治》,第171页。
③ 《东晋门阀政治》,第285页。

第二折　大乱

功高震主的政治陷阱提前做准备，只叹他那个贪得无厌、胆怯无能的六弟萧宏虽让当哥的放心，却十足不争气，最终把萧衍拖进了更大的政治困局中。而两军相接，几次大战下来，萧衍也明白了之前北伐为何总是虎头蛇尾、不了了之：借北伐之功意在江左固然有之，可足登大宝后谁不想一统江山？实在是打不上去啊！

桓温第三次北伐时，前燕将军慕容宙面对东晋大军从容评价道："晋人轻剽，怯于陷敌，勇于乘退。"① 到了北魏末年大乱分裂之际，鲜卑军卒仍普遍轻视南朝军队，在北朝中也只有高敖曹所领一部汉军为鲜卑所惮。即便如此，高欢给他下任务时仍商量道："高都督所将皆汉兵，恐不足集事，欲割鲜卑兵千余人相杂用之，何如？"固然，兵都是练出来的，如高敖曹之部，"练习已久，前后格斗，不减鲜卑"，② 但当时南朝及北方汉兵的战力整体不足却是不争的事实。

兵卒战力不足，多少还有改善之方；但将士的心意变了，事情就真正难办起来。刘裕北伐时，斩将夺城，仗打得何等勇猛。灭后秦之初，刘裕打算迁都洛阳，谘议参军王仲德谏曰："非常之事，固非常人所及，必致骇动。今暴师日久，士卒思归，迁都之计，未可议也。"③ 这些在光复旗帜下北伐的将士，无不生于南朝，长于南朝，进入北地后终日思归，故国已然成了他乡，对他们而言，所谓北伐与北族南下抢一票就走的行径几无太大区别。大势如此，刘裕只能中止迁都计划。

---

① 《资治通鉴》，卷一百二，海西公太和四年（369）。第3313页。
② 《资治通鉴》，卷一百五十五，武帝中大通四年（532）。第4978页。
③ 《资治通鉴》，卷一百一十八，安帝义熙十三年（417）。第3822页。

南迁之北人已将他乡作故乡，而沦丧的北地百年来诸族杂居，同样不再是汉晋时成分单一的社会。刘裕灭后秦时，时任北魏博士祭酒的崔浩便预言他无法久据关中之地，因为"关中华戎杂错，风俗劲悍；裕欲以荆扬之化施之函、秦，此无异解衣包火，张罗捕虎；虽留兵守之，人情未洽，趋尚不同，适足为寇敌之资耳"。① 将士不恋故土，荆扬之化又不适关中风俗，军事上那点优势转瞬即逝，刘裕北伐最终揭示出的竟是南朝无力统一中华的事实。

对于这苦涩的结论，甚至萧衍这般聪明人也不能立刻接受，可天监四年（505）发起的北伐到底是击碎了他"将令溥天之下，于斯大同"的梦想。作为登基之初不失英武睿哲的政治家，萧衍开始调整北伐方略，既得接受南朝无力统一江山的事实，同时又必须小心维系着"北伐"这面政治正确的大旗坚挺不倒，这该如何是好呢？

临淮攻守

光复中原，对东晋及南朝的诸位帝王来说，既是梦想又是梦魇。他们有时会因这个梦想激动得挥泪北望，但更多时候则被这个梦魇压迫得喘不过气来。梁武帝萧衍于这两种感受可谓都有过深刻体验，只是随着飞光流转，梦想渐轻，梦魇愈沉！现实既使他认识到北伐成功之不可能，又令他意识到即便不成功，北伐也

---

① 《资治通鉴》，卷一百一十八，安帝义熙十三年（417）。第3817页。

第二折　大乱

断不可无。所以二次北伐未果之后，梁武帝真正忧虑的估计是如何才能做到"似伐而非伐"，从而断绝潜藏的政敌另树北伐旗帜以动摇他并不稳固的皇位，进而避免南北大战失利后可能引发的巨大政治危机。

回顾南梁之前的南北形势，宋、齐之际，北魏孝文帝元宏对内锐意改革，对外则"发动了三次南伐，夺得沔北，尽有淮北，占领淮南重镇寿阳，西击司州之'三关'（即平靖关、武阳关、黄岘关，为河南、湖北二省交界），东扫江北诸戍，整个淮南几近丧失殆尽，割江而治的前景摆在了江南王朝的面前"[①]。可改革总有代价，元宏死后，后继乏人，朝野上下曾为强君雄主压制的各种矛盾渐次爆发，北魏政局持续动荡。篡位上台的萧衍看准时机，意图趁乱一举收复中原，不想瘦死的骆驼比马大，北伐受阻。好在北魏到底是衰了，淮南之地才为南朝所复得，避免了划江而治的不利局势。

遗憾的是，淮南重镇寿阳仍在北魏控制中，南梁大军的数度攻击皆被北魏扬州刺史李崇击退，这座孤城如同北朝嵌入南梁的一颗狼牙，严重扰乱了梁武帝对北朝进行"似伐而非伐"的战略调整。试想，如南梁拿下寿阳，南北间以淮河为界，淮河两岸成为双方广阔的战略缓冲带。在任何一方都没有一统山河之志的前提下，秋冬枯水封冻时节，北军凭借骑兵优势南侵劫掠，南军于淮南步步退守时又固守寿阳，使来犯之敌终有腹背之忧，而不敢冒进；挨到春夏雨季，南军依舟楫之便驱逐北敌，甚至能越过淮河向北上攻，从而一扫之前退守之耻。

[①] 《梁武帝及其时代》，第79页。

南北大军沿淮的这种跷跷板游戏,既能满足那些仍保留着游牧传统的北魏王爷们南下打劫的欲求,也可以使南朝在防御过后还有反击之功,到时南朝帝王再将压箱底的北伐大旗找出来挥几下,便可赚足政治资本。然而,作为北魏战略桥头堡的寿阳一日不拔,坐在跷跷板一头的萧衍就随时有掉下来的危险,毕竟寿阳基地的作用若能充分发挥,北军秋冬南侵时就有可能重新占领淮南地区;而南军春夏的反攻由于背后有这颗狼牙咬着,一旦撤退的北军反戈一击,与寿阳守军形成前后夹击之势,南军反攻不成,倒可能铸成大败。

由此观之,寿阳在南北对峙中的军事地位极重要,它关系着南北均势能否形成,更决定着梁武帝对北"似伐而非伐"战略的成败。因此之故,当梁武帝面对久攻不下的寿阳重镇一筹莫展时,王足的计策无疑勾起了他新的希望,那首北地童谣更令他对堰淮工程生出莫名的信心。这件事如若做成了,在军事、政治的角斗场上,梁武帝都将先敌一步,从容应对来自内外的各种挑衅。

梁武帝想得倒是挺美好,但在政治活动中,期望只有根据现实不断调整甚至扭曲自身,才可能获得并不完全的实现。很多情况下,离目的地仅有一步之遥,却不得不转身再绕一大圈才能到达。如果于心不甘,偏要迈出那看似最短的一小步,结果不免重重跌倒,甚至与之永远错过。天监十三年(514)的梁武帝在他太过美妙的期望面前失去了政治家应有的现实感,而帝王想入非非结出的苦果却不只有他一人品味。

淮堰地狱

有志者事竟成，尤其帝王之志，寄着杀伐之威，以倾国之力为之，哪怕它淮水河床沙土漂轻不坚实，也会有见证奇迹的时刻出现。天监十五年（516）年四月，淮堰筑成，"其长九里，下阔一百四十丈，上广四十五丈，高二十丈，深十九丈九尺。夹之以堤，并树杞柳，军人安堵，列居其上。其水清洁，俯视居人坟墓，了然皆在其下"。① 仅两年时间便完成如此宏大气派的工程，堤堰之上又杞柳成行，仿佛南国一处风景名胜，而非军事工程，但在这阔气堤堰之下埋着的，却是南梁军民的累累白骨！

尽管在梁武帝那里，专家勘测的结论敌不过沙场莽夫的邀功妄言，甚至还不如童谣有分量，但淮水河床不坚实的事实却不因帝王心意而有所改变。天监十四年（515）二十万役人和兵士第一次筑堰时，眼看着江堰将要合拢，不料"淮水漂疾，辄复决溃"。在那个时代的科技条件下，人们按照神鬼的套路解释道："江、淮多有蛟，能乘风雨决坏崖岸，其性恶铁，因是引东西二冶铁器，大则釜鬵，小则锾锄，数千万斤，沉于堰所。犹不能合，乃伐树为井干，填以巨石，加土其上。缘淮百里内，冈陵木石，无巨细必尽，负担者肩上皆穿。夏日疾疫，死者相枕，蝇虫昼夜声相合。"②

梁武帝虽于天监十八年（519）躬身受佛戒，可早在天监十一年（512）已醉心于佛理，既蔬食，又断房室。可信佛终须

---
① 《梁书》，卷十八，康绚列传。第292页。
② 《梁书》，卷十八，康绚列传。第291页。

慈悲为怀，看着这么多人筑堰而亡，梁武帝不免大发恻隐之心，速派尚书右仆射袁昂、侍中谢举假节到堰淮工地慰劳，并宣布免除赋税。可惜，免税却不免役，数十万人仍被迫驻扎在堰堤上煎熬，天监十四年（515）的冬季又格外寒冷，以至于"淮、泗尽冻，士卒死者十七八"。萧衍再次善心大发，对那没冻死的十之二三，"复遣赐以衣裤"。① 不知堰上侥幸余生的役人兵士们拿到天子赏赐的衣裤时，还能不能哆哆嗦嗦地呼喊出"万岁"二字？

尽管堰淮工程代价惨重，但淮堰筑成后若真能水淹寿阳，使得南梁收复淮南之地，也算对付出巨大牺牲的南国军民有个交代吧。然而，淮堰在军事上非但没有实现王足之计，反倒将南梁军队拖入愈加尴尬之境。以前淮南梁军主要目标就是攻夺寿阳，如今又加上另一项任务：保卫淮堰。淮堰未成之时，北魏就派出平南将军杨大眼督镇荆山（今安徽怀远县西南）；又派出镇东将军萧宝寅，扬声决堰，害得康绚一边监督筑堰，一边调兵遣将与敌军周旋。同时，北魏军队夺回了南梁左游击将军赵祖悦攻克的硖石（今安徽凤台县西南），致使南梁合围寿阳计划流产。所幸北魏诸将不和，不然聚兵再攻浮山，淮堰就险了。

淮堰筑成后，有人向康绚进言："四渎，天所以节宣其气，不可久塞。若凿湫东注，则游波宽缓，堰不得坏。"康绚是个明白人，晓得淮堰底基不实，塞久必溃，便同意开湫东注，同时纵反间于北魏，曰："梁人所惧开湫，不畏野战。"北魏军队果然上当，立刻帮着在北面开湫泄水，以缓解淮堰压力。如此一来，淮堰安全了，可积水不足，则无法起到水漫寿阳的军事作用，况且

---

① 《梁书》，卷十八，康绚列传。第292页。

"水日夜分流，湫犹不减"，最终搞得"水之所及，夹淮方数百里地"，① 人为造成一片泽国，百姓只能依岗垄而居。

《坛经》中记有一段著名公案，据说梁武帝接见达摩大师，"帝问达摩：'朕一生已来，造寺、布施、供养，有功德否？'达摩答曰：'并无功德。'"② 萧衍忙活的那些事，在达摩大师眼中竟不值一提，究竟是何道理，佛理高深，常人实难参透。不过，仅从常人角度来看，他不顾实情，一意孤行地将淮河南北打造成人间地狱，仅此一事，再怎么造寺、布施、供养，也无功德可言了！

尾声

南梁大张旗鼓地构筑淮堰，一开始着实吓住了北魏统治者，甚至谋划着以任城王元澄为大将军、大都督南讨诸军事，率领十万大军去攻击淮堰。当然，北魏也不乏明白人，尚书右仆射李平就认为："不假兵力，终当自坏。"果然，北魏大兵未发，康绚已被梁武帝调离淮堰，继任的徐州刺史张豹子不复修淮堰，据《资治通鉴》记载，天监十五年（516）九月，"淮水暴涨，堰坏，其声如雷，闻三百里，缘淮城戍村落十余万口皆漂入海"③。

堰淮工程的失败影响巨大，在不到三年期间，"因疾疫、寒冻和溃堤，军民死亡数约计有三十五万之众。……其恶果，从近

---

① 《梁书》，卷十八，康绚列传。第292页。
② （唐）慧能：《坛经校释》，郭朋校释，北京：中华书局，1983年版，第64页。
③ 《资治通鉴》，卷一百四十八，武帝天监十五年（516）。第4776页。

期来看，由于徐、扬二州人口锐减，淮北的生态遭受严重破坏，因此长江南北的农业生产已造成无法弥补的损伤，流民问题遂随之出现。……从长远来看，梁王朝因此元气大伤，政治开始走下坡路，军事无法振作，且每况愈下，梁武帝本人对国事的兴趣也越来越淡漠"①。

　　南梁堰淮工程在更深层面上亦反映出：在专制体制内，若君王大权独揽、一意孤行，技术专家的专业见解是何等的无力！不过，大自然不会买萧衍的账，物理规律面前，君王手中那点权力又是何等脆弱！可叹的是，君王一己犯下的错误却要百姓来承受，正如柏杨所评："历史上无数'淮河大坝'事件，多少人在权力就是知识的颠顶决定下受辱受苦，丧失生命。这一观念如不能改变，人类还要继续付出代价。"②

　　当然，对梁武帝萧衍而言，哪怕大自然扇他一记响亮的耳光，仍无法使他承认知识就是力量，在他心目中，权力才是永恒的力量。可终日吃斋念佛的梁武帝到底没修到四大皆空的境界，仍不免憋着一肚子火气。于是，当《梁书》中记载堰坏之后又特别加了一句："祖暅坐下狱。"③ 作为最先就给出正确意见的技术专家，最终竟成了堰坏的"替罪羊"。

---

① 《梁武帝及其时代》，第90页。
② 《洛阳暴动·河阴屠杀（柏杨白话版资治通鉴；18）》，第131页。
③ 《梁书》，卷十八，康绚列传。第292页。

齐显祖恃功暴虐

北齐开国皇帝齐显祖高洋可谓暴君里的翘楚，在其统治后期，帝国上下皆遭其殃，首都邺城（今河北省临漳县西南）的大街小巷更是笼罩在他的魔影之下，上自王公大臣，下到市井小民，无不从早到晚胆战心惊地挨过一天算一天。可恰是这样一位人间魔鬼，在其掌权之初，不仅在为人处事上口碑颇佳，还很有些文治武功的不凡成就。然而，正是这些越积越多的成就，最终推动着高洋完成了从人向魔的变形。

委曲求全

高洋乃是东魏权臣高欢的次子，本没有资格接他老子的班，从而也就没有机会进一步篡位成为北齐的开国皇帝，能够坐上龙椅纯属运气好。高欢死后，高洋的大哥高澄执掌东魏朝政，高洋被东魏朝廷任命为尚书令、中书监和京畿大都督。虽然名高位显，他却无时无刻不活在高澄的阴影里。自古无情最是帝王家，在高澄眼中，自家兄弟同样会成为碍着他当皇帝的潜在敌人，尤其对有点能耐的胞弟高洋，他更是意常忌之。高洋也清楚身边四伏的杀机，于是这位日后的人间恶魔在当时竟活得格外规矩老实。

据史书记载，在高澄当国的那段时间，高洋"深自晦匿，言不出口，常自贬退，与澄言，无不顺从"。退朝之后，径直回家，"闭阁静坐，虽对妻子，能竟日不言。或时祖跣奔跃，夫人问其故,洋曰:'为尔漫戏。'"这番韬光养晦的表演多少让高澄放了点心,既然为弟的如此恭顺,当哥的便越加不客气起来,每当高洋之妻李氏搞到点别致的服饰器玩,高澄看到便如自家东西般拿走。李氏气不过,抓着不给,高洋赶快在一旁劝解道:"此物犹应可求,兄须何容吝惜!"①

　　如果高澄不死,日后又能坐稳皇位,恐怕高洋再怎么刻意委曲,也未必能求全。高洋若不想坐以待毙,那在邺城里联络交通、另起炉灶,有无人愿意拎着脑袋入伙倒在其次,首先高澄就不是好糊弄的主儿,一旦走漏风声,死得只会更快一点。因而,自东魏武定五年至七年间(547—549),小心翼翼的高洋无论怎么自贬、习劳,活得仍像是砧板上的一块鱼肉。幸亏世事无常,横行霸道的高澄欺负人惯了,不料手下一个名叫兰京的"膳奴"居然敢奋起反抗、手刃仇敌。高洋因祸得福,总算松了口气。

　　高洋刚松了一口气,旋即又紧张起来。当年,高欢效法曹操,毕恭毕敬地在东魏孝静帝面前扮忠臣,实则是要让东魏元氏感念其再造之功,从而造出禅位给高氏后人的"自然效果"。如今,高澄虽然死于非命,但这皇位高家还是坐定了,作为高氏集团第二号人物的高洋立刻被推到前台。可篡位毕竟是件难事,高洋感到压到他肩上的担子一点儿都不轻。

　　北魏自孝文帝以来,为了从部落联盟式的低级国家形态中摆脱出来,一直进行着向当时先进文明学习的"汉化"变革,到了孝文帝时期,力度更大,其"汉化政策的中心,是在使鲜卑贵族

---

① 《资治通鉴》,卷一百六十二,武帝太清三年(549)。第5193页。

向汉人士族转化"①。当首都洛阳的鲜卑贵族逐渐士族化后，曾经敲锣打鼓被欢送去驻边六镇（怀朔、武川、抚冥、柔玄、怀荒、沃野）的另一波依然保持鲜卑旧俗的贵族却被边缘化，甚至跌落到贱民境地，由此引发六镇叛乱，高氏、宇文氏顺势崛起，最终造成东西魏分裂的局面。

在东魏一方，基本上仍以鲜卑为兵，汉族为农，高欢每号令军士，常令丞相府助理官员鲜卑人张华原宣旨，"其语鲜卑则曰：'汉民是汝奴，夫为汝耕，妇为汝织，输汝粟帛，令汝温饱，汝何为陵之？'其语华人则曰：'鲜卑是汝作客，得汝一斛粟、一匹绢，为汝击贼，令汝安宁，汝何为疾之？'"史家因此评高欢"杂用夷、夏，有抚御之术"。②这套统治术很有点两头骗的嫌疑，但也显露出东魏政权的两大支柱，一为鲜卑军事贵族，二是未随晋室南下的中原汉族豪门世族，只有得到两边的鼎力支持，东魏政权才会稳固。

高欢的先辈，"累世北边，故习其俗，遂同鲜卑"③。但高欢及其世子高澄掌权时，却重用汉人崔暹、崔季舒等人，经常对鲜卑勋贵的贪腐行径予以制裁，这些人虽然有气，但慑于高氏父子的权势，谁也不敢造次。高澄一死，高洋的声威不比父兄，又与中原士族情趣不投，"他想做皇帝，对鲜卑权贵不得不极尽拉拢之能事，以求获得他们的支持，乃把崔暹、崔季舒各鞭二百，充军北边"④。鲜卑勋贵们觉得出了气，高洋才算得到鲜卑部族实力派的

---

① 《陈寅恪魏晋南北朝史讲演录》，第217页。
② 《资治通鉴》，卷一百五十七，武帝大同三年（537）。第5043页。
③ （唐）李延寿：《北史》，北京：中华书局,1974年版。卷六，高祖神武帝高欢。第209页。
④ 《魏晋南北朝史》，第562页。

支持，瓮中之鳖的东魏孝静帝只得乖乖地表演禅让大戏。北齐天保元年（550）五月，高洋顺利登基称帝，成为北齐的开国之君。

尽管在东魏孝静帝的配合下，禅让大戏圆满完成，可朝野上下都清楚，这皇位是高家颇不地道地从元氏手里抢来的。再者，既是以禅让形式改朝换代，对前朝的遗老遗少们就没法立刻下黑手，暂时受到打压的中原士族也难免怨愤之情。新朝初创之际，朝堂内外暗潮奔涌，皇位四周充斥着不安因素。作为"备胎"上位的皇帝，高洋只能继续仰仗鲜卑勋贵元老的支持。那些扶他登基的老臣宿将们便不免居功自傲，对这位开国之君多有轻视之意。

高洋以前只在长兄高澄一人面前装孙子，如今当了皇帝，居然还要在一群父兄的旧臣面前继续委屈自己，坐在龙椅里头假装客气的滋味实在难熬！可为了坐稳皇位，再难熬也得熬，高洋只得"推诚接下，务从宽厚，事有不便者咸蠲省焉，群情始服"[①]。当然，要让大家真正服气，光靠客气换不来福气，说到底还得有文治武功的政绩才行！

文治武功

中原豪门世族作为北齐统治基础的两大支柱之一，不仅在经济上支撑着北齐政权，更重要的是从这些大家族中走出来的士大夫阶层，成为了北方政权上层建筑高级化进程中不可或缺的推

---

① 《北史》，卷七，显祖文宣帝高洋。第244页。

手,没有他们在制度文化等方面的建构工作,北朝建立的政权就很难摆脱原始、松散的部落联盟状态。正因如此,习俗上早已鲜卑化的高欢才会刻意打压鲜卑贵族势力;至于高澄则承孝文以来风气,特别喜爱南朝风度。与父兄相比,高洋在情感上偏爱鲜卑旧俗,"对在汉人官僚中特别持贵族式生活态度的一群人怀有很强的反感和不满"①。

不过,高洋厌恶的只是南朝士族那类着意于"容止酝籍"的华而不实之风气,他虽不尚清言、好玄风,却"特明吏事,留心政术"②。正如当时北周的宇文氏,表面上对中原文化分外仇恨,甚至将文臣武将的姓氏全都改为鲜卑姓氏,另一方面竟又依照着《周礼》设置职官,无怪乎史家发问:"后周宇文氏,以其起于夷虏,故变夏为夷,以夷为贵也。然官制一遵三代,姓氏用夷虏。何相反如是?"③其实,谁都不傻,感情上可以依恋鲜卑旧俗,但制度上若放弃儒家礼教,帝国难免瓦解之危!

因此,高洋刚当上皇帝,便"诏改封崇圣侯孔长为恭圣侯,邑一百户,以奉孔子祀,并下鲁郡,以时修葺庙宇",又"各为分遣使人致祭于五岳、四渎,其尧祠、舜庙下及孔父、老君等载于祀典者,咸秩罔遗"④。不久,崔暹、崔季舒亦被赦免,重新召回中央。天保三年(552),高洋任命吏部尚书杨愔为尚书右仆射;天保八年(557)又任命杨愔为尚书左仆射;天保九年(558),

---

① (日)吉川忠夫:《六朝精神史研究》,王启发译,南京:江苏人民出版社,2012年版,第229页。
② 《北史》,卷七,《显祖文宣帝高洋》。第259页。
③ (宋)郑樵编撰:《通志》,北京:中华书局,1987年版。卷三十,氏族略,"变于夷条"。第484页。
④ 《北史》,卷七,《显祖文宣帝高洋》。第245—246页。

升杨愔为尚书令，执掌宰相大权。以杨愔为代表的中原世族入仕北齐，既加固了高氏集团中鲜卑系军事贵族与河北豪族间的联合，又推动了北齐的汉化进程。所以，高洋在情感上虽偏于鲜卑旧俗，但于国家制度建设上，鲜卑旧俗反被抛在一边。

天保元年（550）五月，登基伊始的高洋宣布复给百官俸禄。北魏孝文帝太和八年（484）前，在北魏做官皆无俸可领，"河阴之变"[①]后百官停薪，虽在东魏天平二年（535）再度发薪，可此次复发俸禄只是临时政策，所以直到高洋上台，官员才算有了稳定俸禄。当官无俸是部落联盟式政权的特点，诸小部落在大酋长带领下四处征战，到了瓜分战利品时才牵涉财政问题；部落联盟向中央集权的帝国升级时，出现了既从属于部落又服务于帝国的官员。为帝国服务，按理朝廷应当支俸，可这类刚脱胎于部落的帝国，或没有建立起复杂的财税制度，或还无发俸之意识，为国家做官遂成为义务劳动。于是，在北朝若要服侍君主，须有大群牛马、千顷良田，无此家底，官是当不起的！

可随着国家职能的升级，政事愈加复杂，官僚队伍持续扩大，许多当不起官的也掌起了官印。朝廷不支俸禄，官手里又有或大或小鱼肉百姓的特权，贪腐就成了北朝官场痼疾。东魏行台郎中杜弼曾请高欢制止勋贵掠夺百姓，高欢却"使军士皆张弓注矢，举刀，按矟，夹道罗列，命弼冒出其间，弼战栗流汗。高欢乃徐谕之曰：'矢虽注不射，刀虽举不击，矟虽按不刺，尔犹亡

[①]　北魏武泰元年（528），通过镇压六镇叛乱掌握北魏大权的北秀容契胡族酋长尔朱荣在陶渚发动政变，溺死胡太后与幼帝元钊，并纵兵围杀王公百官，一日之间就杀掉二千余人，基本上把士族化鲜卑贵族和出仕北魏的汉人士族消灭殆尽。由于陶渚位于洛阳郊外之河阴（今河南省洛阳市孟津县），故这次事件史称河阴之变。

魄失胆，诸勋人身犯锋镝，百死一生，虽或贪鄙，所取者大，岂可同之常人也！'弼乃顿首谢不及"①。既叫马儿跑得快，又不给马儿草，当政者自知理亏，吏治上只能睁一眼、闭一眼。当然，朝廷为百官发放俸禄未必根治得了贪腐，但此举乃官僚队伍国家化、正规化的标志，无形中加强了中央对官员的控制力。

同年八月，高洋又"诏郡国修立黉序，广延髦俊，敦述儒风。其国子学生，亦依旧铨补。……又诏求直言正谏之士，待以不次；命牧人之官，广劝农桑"。同月又下诏曰："魏世议定《麟趾格》，遂为通制，官司施用，犹未尽善。群官可更讨论新令。未成之间，仍以旧格从事。"②重定律法工作直到北齐河清二年（563）年方告完成，新律即著名的《北齐律》，共十二篇，九百四十九条，总结了自李悝《法经》以来历代立法经验，清约严整，成为两晋南北朝时期成就最高的一部法典。天保二年（551），高洋还"新耕藉田"③，以励农桑。天保四年（553）正月，又鉴于"自魏末用'永安钱'，又有数品，皆轻滥，己丑，铸新钱，文曰常平五铢"④。此举进一步稳定了北齐的金融秩序。

在帝国安全方面，高洋初登大宝，西魏宇文泰想趁乱袭取北齐，行至建州，看到高洋麾下大军军容严盛，说了句"高欢不死矣！"⑤就班师了。之后两边维持均势，再无大战，北边大敌柔然已为新崛起的突厥所灭，南朝被侯景搅得一片大乱，四境看似

---

① 《资治通鉴》，卷一百五十七，武帝大同三年（537）。第5043页。
② 《北史》，卷七，显祖文宣帝高洋。第247页。
③ 《北史》，卷七，显祖文宣帝高洋。第248页。
④ 《北史》，卷七，显祖文宣帝高洋。第250页。
⑤ 《北史》，卷七，显祖文宣帝高洋。第248页。

平安。不过，突厥日渐强大，又成为北边隐患，来降的柔然部落也不消停，反叛接连不断，山胡、契丹与隋时称为"奚"的库莫奚部更是劫掠无止。当内政渐趋正轨，高洋立刻腾出手来解决边境问题。自天保三年至六年（552—555），高洋数次亲征库莫奚、山胡、契丹、柔然叛部，皆大破之。

对于高洋的武功，吕思勉评价说："当时之茹茹（柔然）、突厥及奚、契丹，兵力皆不甚强；史于文宣武功，又不免铺张扬厉；实亦无甚足称也。"① 的确，高洋打的都是些小胜仗，不过考虑到突厥汗国在木杆可汗治下已是"西破嚈哒，东走契丹，北并契骨，威服塞外诸国。其地东自辽海，西至西海，长万里，南自沙漠以北五六千里皆属焉"，② 高洋连年用兵，积聚小胜，一方面除去了肘腋之患，另一方面也对北方强邻有所震慑，再配合以天保三年（552）和天保六年（555）两次修建总长达一千三百里的长城，这些武功在保境安民方面并非无甚足称。

上尊儒术，下励农桑，规范官制，重修律法，稳定币制，屡破边患，修筑长城，在高洋统治的前半段，通过其不懈的努力，自北魏末年起，朝廷失柄、部落势力抬头的趋势基本被遏止住了，以农耕为经济基础的中央集权式君主制国家政权渐趋稳固，当时的形势正如王仲荦所评："高洋在位时期，是北齐国力鼎盛的时期。"③

---

① 吕思勉：《两晋南北朝史》，上海：上海古籍出版社，2005年版，第631页。
② 《资治通鉴》，卷一百六十六，敬帝绍泰元年（555）。第5312页。
③ 《魏晋南北朝史》，第556页。

纵酒猖狂

　　高洋的统治以北齐天保六年（555）为界，在此之前，高洋"留心政术，务存简靖，坦于任使，人得尽力。又能以法驭下，或有违犯，不容勋戚，内外莫不肃然。至于军国机策，独决怀抱，每临事行阵，亲当矢石，所向有功"[1]。在此之后，高洋情性大变，如《北齐书》所云："其后纵酒肆欲，事极猖狂，昏邪残暴，近世未有。飨国弗永，实由斯疾，胤嗣殄绝，固亦余殃者也。"[2]

　　天保七年（556），高洋"发丁匠三十余万修广三台宫殿"[3]。就在邺城之中大兴土木之时，酗酒成瘾的高洋举止亦愈加奇绝，他"或身自歌舞，尽日通宵；或散发胡服，杂衣锦彩；或裸露形体，涂傅粉黛；或乘驴、牛、橐驼、白象，不施鞍勒；或令崔季舒、刘桃枝负之而行，担胡鼓拍之；勋戚之弟，朝夕临幸，游行市里，街坐巷宿；或盛夏日中暴身，或隆冬去衣驰走"。尤其在三台工地上，"构木高二十七丈，两栋相距二百余尺，工匠危怯，皆系绳自防，帝登脊疾走，殊无怖畏；时复雅舞，折旋中节，傍人见者莫不寒心"。[4]

　　酒鬼皇帝客串杂耍艺人，听上去颇具喜感，可高洋的荒唐放浪决非人畜无害。当时他微服于道上问一妇人："天子何如？"妇

---

[1] 《资治通鉴》，卷一百六十六，敬帝太平元年（556）。第5319页。
[2] （唐）李百药：《北齐书》，北京：中华书局，1972年版。卷四，文宣高洋。第69页。
[3] 《资治通鉴》，卷一百六十六，敬帝太平元年（556）。第5319页。三台为曹操所建的铜雀台、金虎台和冰井台，此番修扩至天保九年（558）才完工，改三台名为：金凤台、圣应台、崇光台。
[4] 《资治通鉴》，卷一百六十六，敬帝太平元年（556）。第5319—5320页。

人答道:"颠颠痴痴,何成天子!"高洋听后便斩之。某次,高洋偶尔走进故仆射崔暹的宅第,"谓暹妻李曰:'颇忆暹不?'李曰:'结发义深,实怀追忆。'帝曰:'若忆时,自往看也。'亲自斩之,弃头墙外"。对于宠幸有加的薛嫔,高洋偶然想起她曾是昭武王高岳的女人,醋意大发,先斩其首,再将人头藏于怀袖中参加东山宴会,"劝酬始合,忽探出头,投于柈上。支解其尸,弄其髀为琵琶。一座惊怖,莫不丧胆。帝方收取,对之流泪云:'佳人难再得,甚可惜也。'载尸以出,被发步哭而随之"[1]。

这些莫名其妙的残暴行径不仅针对自家嫔妃、他人妻女,连朝中达官显贵也不能幸免。杨愔贵为宰相,高洋却"以其体肥,呼为杨大肚,马鞭鞭其背,流血浃袍。以刀子劙其腹",幸亏被崔季舒及时拉开,之后"又置愔于棺中,载以辒车,几下钉者数四"[2]。高洋又曾跨马持槊,在左丞相斛律金的胸前连刺三下,"金立不动,乃赐帛千段"[3]。此类危险玩笑难免有开过头的时候,某次高洋上三台游玩,"戏以槊刺都督尉子辉,应手而毙"[4]。甚至有时连玩笑也不开,"于众中召都督韩哲,无罪,斩之"[5]。

同时,高洋的疑心也越来越重,永安王高浚为青州刺史时,"聪明矜恕,吏民悦之"。这么能干的王爷,被干掉多少得怪他自己。而上党王高涣,因"齐有术士言:'亡高者黑衣。'故高祖(高

---

[1] 《北史》,卷七,显祖文宣帝高洋。第260—262页。
[2] 《北史》,卷七,显祖文宣帝高洋。第261页。
[3] 《资治通鉴》,卷一百六十六,敬帝太平元年(556)。第5320页。
[4] 《资治通鉴》,卷一百六十七,武帝永定二年(558)。第5352页。
[5] 《资治通鉴》,卷一百六十六,敬帝太平元年(556)。第5321页。

第二折 大乱

欢）每出，不欲见沙门（沙门着黑衣）。显祖在晋阳，问左右："何物最黑？"对曰："无过于漆。"帝以上党王涣于兄弟第七"，"七"与"漆"谐音，高涣躺着也中了枪。这两人被"置于北城地牢，饮食溲秽，共在一所"。① 人不如狗地关了一年后，天保九年（558）十二月，高洋决意处决他们时还亲自上手，"乃自刺涣，又使壮士刘桃枝就笼乱刺，槊每下，浚、涣辄以手拉折之，号哭呼天，于是薪火乱投，烧杀之，填以土石。后出之，皮发皆尽，尸色如炭，远近为之痛愤"②。

早在天保二年（551），禅位的东魏孝静帝就已被高洋秘密处死；天保十年（559），酒色伤体的高洋自觉死期将近，对元氏遗族格外不放心起来。据《北史》记载，是年五月，"诛始平公元世、东平公元景式等二十五家，禁止特进元韶等十九家。寻并诛之，男子无少长皆斩，所杀三千人，并投漳水"③。《资治通鉴》对此补充修正道："或祖父为王，或身尝贵显，皆斩于东市，其婴儿投于空中，承之以槊。前后死者七百二十一人，悉弃尸漳水，剖鱼者往往得人爪甲，邺下为之久不食鱼。"受难人数虽大幅减少，杀戮手段之残忍却令人触目惊心。之后，高洋下诏："民间或有父祖冒姓元氏，或假托携养者，不问世数远近，悉听改复本性。"④ 此番清洗后，东魏元氏基本上从北齐政治舞台上消失了。

在政务方面，高洋的处置方式更令人不安。天保七年（556）

---

① 《资治通鉴》，卷一百六十七，武帝永定元年（557）。第5345—5346页。
② 《资治通鉴》，卷一百六十七，武帝永定二年（558）。第5356页。
③ 《北史》，卷七，显祖文宣帝高洋。第256页。
④ 《资治通鉴》，卷一百六十七，武帝永定三年（559）。第5363—5364页。

高洋西巡,"百官辞于紫陌,帝使稍骑围之,曰:'我举鞭,即杀之。'日晏,帝醉不能起。黄门郎是连子畅曰:'陛下如此,群臣不胜恐怖。'帝曰:'大怖邪!若然,勿杀。'遂如晋阳"①。高洋此举或是想威慑百官,但喝得醉醺醺的皇帝无意识间真的举起鞭子,难免弄出第二个"河阴之变"!失控的情况不是没有,曾劝高欢诛贪腐的杜弼,在高洋受禅时,他谏止之;高洋当了皇帝问他:"治国当用何人?"他答曰:"鲜卑车马客,会须用中国人。"高洋以为是在讽刺他,十分不快。天保十年(559)夏,高洋"因饮酒,积其愆失,遣使就州杀之;既而悔之,驿追不及"②。

上有所好,下必甚之,皇帝纵酒猖狂、嗜杀成性,北齐官吏也变得凶残无比。天保六年(555)征民夫修建长城,达一百八十万之众,虽然意在守御北方,但劳民太重,逼迫甚急,百姓苦之。天保七年(556),又强迫征调山东(崤山以东)二千六百名寡妇嫁给单身军士,官吏横行,"有夫而滥夺者十二三"③。至于"有司讯囚,莫不严酷,或烧犁耳,使立其上,或烧车釭,使以臂贯之,既不胜苦,皆至诬伏"。高洋晚年时又大起宫殿及游豫园,修广三台,加之"赐与无节,府藏之积,不足以供,乃减百官之禄,撤军人常廪,并省州郡镇戍之职,以节费用焉"④。之前励精图治赚来的那点儿成就,到天保末年已败得差不多了。

---

① 《资治通鉴》,卷一百六十六,敬帝太平元年(556)。第5325页。
② 《资治通鉴》,卷一百六十七,武帝永定三年(559)。第5358页。
③ 《资治通鉴》,卷一百六十六,敬帝太平元年(556)。第5326页。
④ 《资治通鉴》,卷一百六十七,武帝永定二年(558)。第5354—5355页。

功业护体

　　高洋在位十年，前后风格大异，好似开国明君与亡国暴君的合体，这种变化的原因何在？在《北齐书》《北史》和《资治通鉴》中都用同样一句话来解释，即"以功业自矜"①。高洋上台时，虽与中原士族间情趣不投，但他颁布的一系列政令在制度层面上继续推进了"汉化"进程，中原士族的经济地位得到保障，官场大门也向他们推开了一条缝，士大夫的怨愤之情很快便化作了一片歌功颂德之声。高洋的武功尽管都是些小胜仗，可他冲锋陷阵、亲当矢石的作风赢得了鲜卑勋贵们的赞赏，不断亲征的另一个结果就是军权被高洋越攥越紧，北族酋长们再也没人敢倚老卖老地轻视这位敢打敢拼的后生了。高洋自打记事起，在长兄面前，在老臣面前，一直委屈着自己，随着功业日积，高洋越来越任性地伸展起手脚来。

　　这种任性先从酗酒开始，进而高洋借着酒力毫无顾忌地放纵其乱伦癖好，"高氏妇女，不问亲疏，多与之乱，或以赐左右，又多方苦辱之"。同时，"每醉，辄手杀人，以为戏乐。所杀者多令支解，或焚之于火，或投之于水。杨愔乃简邺下死囚，置之仗内，谓之供御囚，帝欲杀人，辄执以应命，三月不杀，则宥之"。② 虽然这都是丧尽天良的兽行，可醉鬼皇帝只要待在后宫与他们高家女人淫乱，杀些命如蝼蚁的囚犯，北齐的达官显贵们尚

---

① 《北齐书》，卷四，文宣高洋。第67页。《北史》，卷七，显祖文宣帝高洋。第259页。《资治通鉴》卷一百六十六，敬帝太平元年（556）。第5319页。
② 《资治通鉴》，卷一百六十六，敬帝太平元年（556）。第5321页。

可容忍。可高洋坏了"规矩",竟随意闯进王公贵族家里淫人妻女,拿高官大臣的小命乱开玩笑,甚至连关乎国家的大政也不当回事,奢靡放纵,杀伐无度!特权集团的"上流人"谁也逃不脱这莫测的侮辱与杀戮,举朝陷入惊惧之中。

更令人绝望的情形是:面对这样一位沉溺酒色、喜怒无常、惨无人道的魔头,整个北齐统治集团却只能任由他胡闹下去。当然,办法总是有些的,不过用在一位有着文治武功的皇帝身上,基本没什么效力。首先,处置不称职的帝王,最有效之法是废掉他,另择新君。此法自西汉霍光用过后,后代权臣多无霍光的高风亮节,又往往迫于形势所逼,每行废立之事后,篡逆的程序也随即启动,随即而至的是更大动荡。且废旧立新,君须昏弱,臣亦得有实权,可高洋一直大权在握,统治前期功勋卓著,后期虽凶暴无常,搞得"天下骚然,内外憯憯,各怀怨毒",但他仍能"严断临下,加之默识强记,百僚战栗,不敢为非"。[①] 面对这般暴君,举朝官吏无不战战兢兢,还妄谈什么废立之策。

其次,废立如若不成,在迷信鬼神的时代,群臣还可以搬出天象灾异之说来吓唬乱来的君王。只可惜这招从来收效甚微,如唐敬宗时,十六岁的皇帝耽于玩乐,不理朝政,某次他计划着去骊山温泉游玩,大臣们搬出历朝历代皇帝去了骊山不得好报的典故,苦口婆心、磕破脑袋地劝阻,唐敬宗听了却说:"骊山若此之凶邪?我宜一往以验彼言。"等他大摇大摆地游玩回来,对左右曰:"彼叩头者之言,安足信哉!"[②] 连个昏聩无能的半大小子

[①] 《北史》,卷七,显祖文宣帝高洋。第262页。
[②] 《资治通鉴》,卷二百四十三,敬宗宝历元年(825)。第8070页。

第二折　大乱

都吓不住，更别说在那个佛教盛行的时代里杀人如麻、连半丝因果报应的担心都没有的高洋了，这样的狠主儿根本不会把天象灾异当回事。

既然神鬼靠不牢，还得人力为之，于是就有了第三个办法：进谏。高洋残暴异常，却也有个把硬骨头会冒死规劝，比如典御丞李集，竟敢当面指责高洋桀纣不如。高洋对他也不客气，"令缚置流中，沈没久之，复令引出，谓曰：'吾何如桀纣？'集曰：'向来弥不及矣。'帝又令沈之，引出更问，如此数四，集对如初。帝大笑曰：'天下有如此痴汉！方知龙逄、比干，非是俊物。'遂解放之"。过程虽残忍，但高洋仿佛是听进去意见的样子，孰料当李集再被召见，"似有所谏，帝令将出腰斩"。[1]看来之前的宽大，不过一时兴起罢了。

其实，莫说高洋，就是勇于纳谏的唐太宗，到了贞观中后期，也倚着丰功伟业渐渐听不进意见了。贞观十四年（640）唐灭高昌，魏徵认为："宜抚其百姓，存其社稷，复立其子，则威德被于遐荒"，若并为州县，镇守维持徒耗国力，"终不得高昌撮粟尺帛以佐中国"。[2]唐太宗不听，以其地为西州，次年西突厥入寇，才略有悔意。贞观十九年（645），唐太宗亲征高丽，被阻于安市城下，无功而返；贞观二十一年（647）后，无论房玄龄等如何规劝，依然一意孤行地对高丽连续用兵，又下令剑南百姓造舟舰，搞得"民至卖田宅、鬻子女不能供，谷价踊贵，剑外骚

---

[1] 《北史》，卷七，显祖文宣帝高洋。第262页。
[2] 《资治通鉴》，卷一百九十五，太宗贞观十四年（640）。第6352页。

然"。① 建功立业后，贤君、暴君皆不免自我膨胀，仗着功业的本钱，君王不仅势压老臣宿将，其日益神化的形象更令后来之辈拜服畏惧，哪还有胆子谏诤。

到了这个份上，便只剩下君王或能自我反省这最后一个不是办法的办法了。就高洋来说，虽然残暴到了禽兽不如的境地，但偶尔也会忏悔。某次，高洋发酒疯将亲娘娄太后摔倒在地，"既醒，大惭恨，使积柴炽火，欲入其中"。挨了摔的娄太后反过来苦苦相劝，高洋才不再寻死，又令平秦王高归彦执杖狠抽自己，且言："杖不出血，当斩汝。"娄太后又一番苦劝，才以打五十下脚板作罢。"然后衣冠拜谢，悲不自胜。因是戒酒，一旬，又复如初。"② 几年后，高洋又在胞弟常山王高演面前"大悲，抵杯于地曰：'汝似嫌我如是，自今敢进酒者斩之！'因取所御杯尽坏弃。未几，沉湎益甚"。③

痛心反省又坚决不改的喜剧演了一出又一出，大家也算是看明白了，指望高洋反省这最后一招根本没用。北齐举朝此时能做的，也只能是苦苦等待，等待着这个魔头寿终正寝。

尾声

古希腊时期，雅典的执政官阿里斯提德为雅典立下汗马功劳，功勋卓著难免招来政敌的妒忌和人民的不安，于是对他施以

---
① 《资治通鉴》，卷一百九十九，太宗贞观二十二年（648）。第6462页。
② 《资治通鉴》，卷一百六十六，敬帝太平元年（556）。第5320页。
③ 《资治通鉴》，卷一百六十七，武帝永定二年（558）。第5352页。

贝壳放逐的惩罚。据说在投票当天,"一个不识字的粗鲁汉子把他的贝壳递给阿里斯提德,认为他是一个普通百姓,叫他在贝壳上写下阿里斯提德的名字。阿里斯提德惊呆了,问这个人阿里斯提德什么地方错待了他。'什么也没有,'这个人回答说,'我甚至还不认识这个人,但是到处都称呼他为"正义",我实在听烦了。'听到这里阿里斯提德不声不吭,只在贝壳上写上自己的名字,并把它还给他"①。

阿里斯提德最终被判离开雅典,有功于城邦之人竟遭如此报应,实在令人感慨不已。不过,若能用"贝壳放逐"来对付天保六年(555)时的齐显祖高洋,于国于民于邺城里的那些个王公大臣们,都不啻一件天大的好事,即便对高洋来说,也只是受一时委屈,历史上却能留个好名声,真乃诸方共赢的好法子。可惜,他山之石,未必能用,毕竟皇帝是打出来的,是生出来的,偏偏不是选出来的。有着与万民异质的"优质基因"的天子,再配上文治武功的光环,莫说百姓,就连士族勋贵们都只能胆战心惊、三拜九叩地伺候着,什么"贝壳放逐",真是想都不敢想啊!

晋王杨广夺宗阴事

"阴事"者,秘密之事也,行之于暗处,见不得阳光,故谓之"阴"。在《隋书》高祖(隋文帝)本纪、开皇二十年(600

---

① (古希腊)普鲁塔克:《希腊罗马名人传(上册)》,陆永庭 吴彭鹏等译,北京:商务印书馆,1990年版,第320页。

冬十月乙丑（九日）处，记有一语曰："皇太子勇及诸子并废为庶人。"① 太子杨勇何以被废几乎无迹可寻，不过史家自有些忠于事实的手腕，南北朝时期往往"讳之于本纪，而散见其事于列传"②，而"《隋书》书法承历代相沿旧例"③。依此线索寻觅，废太子事件中，晋王杨广的身影逐渐呈现出来。到了司马光编撰《资治通鉴》时，又将这些散漫于列传的记载集到一起，晋王夺宗的阴事才得以完整暴露。

太子失宠

"孙子曰：昔之善战者，先为不可胜，以待敌之可胜。不可胜在己，可胜在敌。"④ 即是说斗争成败取决于博弈双方的情况，尤其势均力敌时，若对手没有可乘之隙，己方则无取胜之机。隋文帝杨坚的嫡长子杨勇于开皇元年（581）被立为太子，当时还是十来岁的少年，没出青春期就一人之下、万人之上，要让他谨小慎微、处事毫无破绽，真是大悖于人情。

事实上，太子活得颇正常，《隋书》中描述杨勇品性时，说他"性宽仁和厚，率意任情，无矫饰之行"⑤。译成民间俗语大概就是：太子本质上不坏，就是太任性，缺心眼儿。王爷府里的公子哥儿们普遍有此品性，但作为储君，处在政治斗争的中心，时

---

① （唐）魏徵 等撰：《隋书》，北京：中华书局，2019年版。卷二，高祖下。第49页。
② 《廿二史劄记校证》，第190页。
③ 《廿二史劄记校证》，第289页。
④ 《孙子兵法·形篇》
⑤ 《隋书》，卷四十五，文四子。第1388页。

刻战战兢兢都不免躺着中枪，还敢肆意任性，无异于盲人骑瞎马，夜半临深池！结果并无意外，太子杨勇不经意间就趟进了他父皇的火雷阵中。

作为隋帝国的开国者，隋文帝杨坚有着创业之君克勤克俭的品质，史家称他"每旦听朝，日昃忘倦，居处服玩，务存节俭"，皇帝亲为表率，世风为之引领，"开皇、仁寿之间，丈夫不衣绫绮，而无金玉之饰，常服率多布帛，装带不过以铜铁骨角而已"。① 可含着金勺出生的太子哪受得了这种苦，私底下奢侈些也就算了，居然穿着蜀人精雕细琢制成的铠甲大模大样地四处招摇。文帝见到很不高兴，诫之曰："我闻天道无亲，唯德是与，历观前代帝王，未有奢华而得长久者。汝当储后，若不上称天心，下合人意，何以承宗庙之重，居兆民之上？"② 一通教训还不够，杨坚又找来几件太子当年在北周作"上士"的旧物，要他时时察看，忆苦思甜，不得忘本。

太子若是有心人，此次小失足便会震得他心惊胆战，再不敢造次。可惜，太平时代的朝堂中，打天下那会儿强臣悍将的刚猛之风越来越不合时宜，投机取巧、阿谀奉承之徒则越来越吃香，太子被东宫内外大批马屁精围在中间，要风得风，要雨得雨，陷在世上最大的甜蜜窝里，少不更事的青春期少男岂能心如古井，无动于衷？置身此境，依人之常情，很快就好了伤疤忘了痛，杨勇本质上不过一常人，没多久又忘乎所以起来。

隋文帝虽为开国之君，可其皇位一半是打出来的，另一半却

---

① 《隋书》，卷二，高祖下。第58页。
② 《隋书》，卷四十五，文四子。第1388页。

是从北周宇文氏那里窃来的，篡位者难免多疑。唐朝的史臣不客气地评价隋文帝道："素无术学，不能尽下，无宽仁之度，有刻薄之资，暨乎暮年，此风逾扇。"① 杨坚以己度人，疑神疑鬼，太子本该愈加谨慎，可被马屁熏得神魂颠倒，行事依旧大大咧咧。蜀铠事件后不久，时逢冬至，百官到东宫朝见太子，杨勇"张乐受贺"。杨坚闻讯极为不快，觉得自己还没死，东宫那边已有些等不及的架势，立刻下诏指责道："礼有等差，君臣不杂，爰自近代，圣教渐亏，俯仰逐情，因循成俗。皇太子虽居上嗣，义兼臣子，而诸方岳牧，正冬朝贺，任土作贡，别上东宫。事非典则，宜悉停断。"②

一波未平，一波又起，杨坚欲从各府宿卫中选一些强干者侍卫皇宫，太子的亲家，被视为杨坚一朝"真宰相"的高颎不知犯了什么糊涂，竟"奏称，若尽取强者，恐东宫宿卫太劣"。杨坚一听就火了，骂道："太子毓德东宫，左右何须强武？此极敝法，甚非我意。"③ 自己手下重臣和太子搞在一起，亲密得不得了，还欲在东宫留一支特种部队，到底想干什么？旧账、新账聚到一起，自此父子间渐生疑阻，恩宠始衰。

太子若是只得罪了父皇，母后那头儿照顾得好些，事情或有转机，可任性的太子却连亲娘独孤皇后也一并得罪到底。独孤乃鲜卑姓氏，独孤皇后是北周大司马、河内公独孤信的女儿。虽说当时朝堂中汉族势力正重新崛起，可北魏的影响却是深远的，无

---

① 《隋书》，卷二，高祖下。第60页。
② 《隋书》，卷四十五，文四子。第1388—1389页。
③ 《隋书》，卷四十五，文四子。第1389页。

论北朝中的汉人为臣子还是当皇帝，他们与汉化鲜卑贵族间都有着你中有我、我中有你的密切关系，这种民族大融合不仅出现在权力体系内，更是渗透进了寻常百姓的风俗人情里。

当年，南朝的颜之推流落至北齐，发现"邺下风俗，专以妇持门户"，并认为此乃"恒、代之遗风"，而"为《颜氏家训》写了注释的清代赵曦明引述阎若璩的《潜邱札记》卷三之说，讲到所谓'恒、代之遗风'就是'魏氏旧俗'。如果进一步换言之，其大概就是指鲜卑的旧俗"。① 至于何以有此旧俗，东魏临淮王元孝友在其奏表中曾解释道：此风由来已久，因"将相多尚公主，王侯娶后族，故无妾媵，习以为常"。由于"王公犹自一心，已下何敢二意"，结果"举朝既是无妾，天下殆皆一妻"。② 隋统一天下后，一夫一妻之风依然存在，尤其独孤皇后，把自己的皇帝老公管得死死的！

对于这位特立独行的皇后，柏杨评道："独孤女士应是中国历史上最早的一位女权运动悍将，……可惜独孤女士没有建立一个理论基础，在那个大男人沙文主义的中古时代，她的主张只能产生压力，不能产生说服力，受惩罚的人不知道犯了什么罪，独孤女士除了自己生闷气外，徒制造笑料。"③ 正因如此，独孤皇后对一夫一妻的坚守被男权社会中的老爷们贴上"奇妒"的标签，其"妒"有多奇，从一则隋文帝后院起火事件便能知其大概。

独孤皇后执掌后宫时，"后宫莫敢进御。尉迟迥女孙有美色，

---

① 《六朝精神史研究》，第218—219页。
② 《北齐书》，卷二十八，元孝友。第385页。
③ 《突厥可汗·南北统一（柏杨白话版资治通鉴；21）》，第268—269页。

先在宫中。上于仁寿宫见而悦之,因此得幸。后伺上听朝,阴杀之。上由是大怒,单骑从苑中而出,不由径路,入山谷间二十余里。高颎、杨素等追及上,扣马苦谏。上太息曰:'吾贵为天子,而不得自由!'"此事在两位心腹重臣的劝解和自觉做得过火的独孤皇后的"流涕拜谢"中不了了之,但皇帝被气得离家出走,事后皇后又毫发未损,北朝鲜卑贵族女家长顶门立户的威风可见一斑。独孤皇后不仅在后宫管紧自家老公,连亲王、大臣的家事也颇热心,惧内的皇帝则"每事唯后言是用。后见诸王及朝士有妾孕者,必劝上斥之"①。

孔子曰:"君子有三戒:少之时,血气未定,戒之在色;及其壮也,血气方刚,戒之在斗;及其老也,血气既衰,戒之在得。"②对于率性任情的年轻太子来说,等不到后两戒的年龄,就已栽在第一戒上了。杨勇对母后悉心为他挑选的王妃,有着高贵北魏皇族血统的元氏毫无感觉,倒是对没什么来头的"昭训云氏,尤称嬖幸,匹敌于嫡"③。除云氏外,他宠爱的小老婆还有高良娣、王良媛、成姬……她们为他生了一大堆小王爷,仅此一点足以招来独孤皇后的愤愤不平。

不多久,东宫后院事态进一步恶化,元氏"尝遇心疾,二日而薨"。皇后怀疑云氏害之,因而"甚责望勇"。事已至此,杨勇对母后的不满甚至愤怒竟没有引起足够的重视,东宫之中"自是云昭训专擅内政,后弥不平,颇遗人伺察,求勇罪过"。母亲已

---

① 《隋书》,卷三十六,后妃,文献独孤皇后。第1261—1262页。
② 《论语·季氏》
③ 《隋书》,卷四十五,文四子。第1389页。

然对大儿子翻脸，故而当晋王杨广还归本藩扬州之前向母后辞行时，久生闷气的独孤皇后向二儿子大倒苦水，骂道："每思东宫竟无正嫡，至尊千秋万岁之后，遣汝等兄弟向阿云儿前再拜问讯，此是几许大苦痛邪！"①

太子得罪于父皇，又惹得母后不快，同时失爱于双亲，父亲怀疑他，母亲愤恨他，礼法规矩再大，也架不住权力核心处不断发酵的这双重不安情绪。此刻，与独孤皇后辞行时"哽咽流涕，伏不能兴"②的晋王杨广却是心花怒放。对手露出偌大的破绽，真是皇天不负苦心人，机会终于给等来了！

两面王爷

被独孤皇后管得服帖的隋文帝应当觉得后宫之主"奇妒"也不是完全没有好处，因为他在群臣面前就曾从容言道："前世皇王，溺于嬖幸，废立之所由生。朕傍无姬侍，五子同母，可谓真兄弟也。岂若前代多诸内宠，孽子忿诤，为亡国之道邪！"③对于那张龙椅的诱惑力，杨坚还是太过大意。普通人家同胞兄弟姐妹间为了些许遗产争到恩断义绝、对簿公堂境地的犹不乏其人，更何况能够呼风唤雨的王位？伯夷、叔齐那般的君子固然有，但对大部分人而言，同胞亲情在皇权魅惑面前着实是件易碎品。

进而，皇权传承的标准模式一遇乱世，尤其自南北朝至初唐

---

① 《隋书》，卷四十五，文四子。第1389—1390页。
② 《隋书》，卷四十五，文四子。第1389页。
③ 《隋书》，卷四十五，文四子。第1388页。

的大混乱时期，往往由于内在机理的缺陷而屡致祸端。依常则，嫡长子被立为太子后，须安居首府、端守东宫，尽量保证在上岗之前安全无虞。这一时期，太子只要待人平和，行止不过于荒唐任性，自有大批文人将他吹捧成天生仁德的圣君苗子，静等着父皇驾崩就能顺利上位，其他闲待着的皇子们唯有干瞪眼看着的份。但在乱世，形势有了变化，众皇子们的胃口也因此给吊了起来。

天下纷扰，四境军情不断，皇帝派大臣掌兵出征本就有些不放心，若得了胜利，臣子功劳渐大，又令皇帝更不放心。于是，皇帝想出个制衡之术，即以皇子挂衔主帅，大臣取胜了，功劳是皇家的；失败了，大臣自家担着。这法子看似聪明，副作用同样不小，虽然大部分皇子没人家秦王李世民的本事，但看着功劳簿上写满自己名字时，不免对手无寸功却被重点保护在东宫的"国本"生出几许不敬，毕竟权力得有实力托着，光生得好有啥用？

隋朝也未能跳出这个怪圈，开皇八年（588）大举伐陈时，十九岁的晋王被任命为行军元帅，节度诸部五十一万大军；至于狠仗嘛，多是另一位行军元帅杨素打的。开皇二十年（600）突厥寇边，杨广又被任命为行军元帅，率领着大军出灵武晃了一圈便回来了，连敌人的影子都没看到，真正将兵从别道追杀突厥达头可汗并斩首千余级的是受晋王节度的秦州行军总管长孙晟。事虽如此，晋王南征北战的履历已十分漂亮，杨素与长孙晟的军功也不过是给晋王争了光而已。

史称杨广"美姿仪，少敏慧，高祖及后于诸子中特所钟爱"。杨广十二岁时被封为晋王，文帝选派最优秀的老师教导他。小王爷很好学，写得一手好文章，气质"沉深严重，朝野属望"。据

第二折 大乱

说文帝曾让精于相术的来和给诸子看相,来和说:"晋王眉上双骨隆起,贵不可言。"① 父母偏爱,气质深沉,命相金贵,又立有平定天下的大功,再配上那个败招不断的大哥,杨广生出夺宗的贼心实属正常。

古罗马历史作家苏维托尼乌斯对罗马皇帝的记载在史学严肃性上远不及同时代的塔西陀,但透过大量奇文轶事也能呈现出专制制度内帝王们的一些共同品性。除去自始至终大英雄本色的恺撒和差强人意的屋大维外,罗马帝国其后的独裁者基本上人前、人后各一套,上台前后两种人。最典型的莫过于暴君尼禄,上台伊始,地位不稳,"他不放过显示自己慷慨、仁慈和善良的任何机会。……他能无需提醒不假思索地向各个阶层的人士致意"②。可一待握紧大权,尼禄立刻变得既不慷慨、也不仁慈、更不善良,把各阶层人士毫无顾忌地统统踩在脚下!当耗尽国库建造的华丽宫殿"金屋"落成时,尼禄感叹道:"我终于开始像人一样地生活了!"③

除去打天下的本色英雄,专制体制中后继的帝王们无分东西,多有此种两面人格,而隋炀帝杨广更是与尼禄不相上下的东方典型!大业元年(605)杨广刚登基为帝,便以不恤生民死活的手段开通大运河,并乘着高四十五尺、长二百丈,装金饰玉、极尽奢华的四层龙舟巡幸江都(今江苏扬州),随行的数千艘艇舸"舳舻相接二百余里,照耀川陆,骑兵翊两岸而行,旌旗蔽

---

① 《隋书》,卷三,炀帝上。第67页。
② (古罗马)苏维托尼乌斯:《罗马十二帝王传》,张竹明 王乃新 蒋平等译,北京:商务印书馆,1995年版。第227页。
③ 《罗马十二帝王传》,第242页。

野。所过州县，五百里内皆令献食，多者一州至百轝，极水陆珍奇；后宫厌饫，将发之际，多弃埋之"①。

开运河确是有功于后世，但正如吕思勉所评："开运河，用不着'坐龙舟'游玩。……以如此'劳费'，致如此'效果'，总是极不经济的。"②更不幸的是，这极不经济的铺张行径并非登基之初的偶然放纵，炀帝败家的生意这才刚开张。然而，当年杨广还在为夺宗谋划算计时，则是另一副模样，他知道父皇崇尚俭朴，厌恶玩乐，便故作清心。杨坚驾临晋王府时只看到"乐器弦多断绝，又有尘埃，若不用者，以为不好声妓，善之"③。

杨广刚上台就建东京、开运河、造龙船、置离宫，工期之紧，使得"东京官吏督役严急，役丁死者什四五，所司以车载死丁，东至城皋，北至河阳，相望于道"④。这同样是炀帝不恤生民、趋百姓于汤火的开始。可曾几何时，作为晋王的杨广"尝观猎遇雨，左右进油衣，上曰：'士卒皆沾湿，我独衣此乎！'乃令持去"⑤。好一个体恤士卒的王爷，不过这事必定发生在他父皇视野所及范围之内，八成惹得杨坚感叹此子要是接了班，百姓何其幸也！

独孤皇后死后，松了绑的文帝急不迭地将陈宣帝之女陈氏进位为贵人，临死前又遗诏拜为宣华夫人。不过这位"专房擅宠，主断内事，六宫莫与为比"的文帝新宠竟是晋王埋在后宫的一条

---

① 《资治通鉴》，卷一百八十，炀帝大业元年（605）。第5805页。
② 《白话本国史》，第300页。
③ 《隋书》，卷三，炀帝上。第67页。
④ 《资治通鉴》，卷一百八十（605）。第5803页。炀帝大业元年。城皋为今河南荥阳市汜水镇西，河阳为今河南孟州市。
⑤ 《隋书》，卷三，炀帝上。油衣即雨衣。第67—68页。

第二折　大乱

内线。陈氏收了杨广送的金蛇、金驼等物，只想为自己以后当皇太后提前准备，哪想色胆包天的杨广是要她接着当皇妃！杨坚在仁寿宫还没咽气，杨广就差点就强奸了自己的小娘，一待杨坚驾崩，立刻送去同心结，管她答应不答应，其夜就跟宣华夫人同房了。同时，杨坚后宫中"参断宫掖之务，与陈氏相亚"的容华夫人蔡氏，"亦为炀帝所烝"。①

连父皇的宠妃都不放过，在好色方面杨广比他大哥杨勇实在有过之而无不及，只是杨勇率意任情，杨广在当晋王那会儿，则遮掩得滴水不漏，他知道母后的脾气，故而"唯与萧妃居处，后庭有子皆不育"②。所谓"不育"，柏杨解释说："后宫美女怀孕，一律堕胎，发觉太晚不能堕胎时，则生下后扼死。"③依杨广后来的做派，倒是干得出这人伦丧尽之事。更为戏剧性的是，每当父皇、母后驾临晋王府，杨广"悉屏匿美姬于别室，唯留老丑者，衣以缦彩，给事左右"。④没想到晋王府里还藏有这么一支穿着寒碜、又老又丑的"特种部队"！

大业十二年（616），天下复乱，炀帝不管不顾，依然打算乘着新造的龙舟第三次巡幸江都，"朝臣皆不欲行，帝意甚坚，无敢谏者。建节尉任宗上书极谏，即日于朝堂杖杀之"。临行之际，"奉信郎崔民象以盗贼充斥，于建国门上表谏；帝大怒，先解其颐，然后斩之"。⑤恰恰又是这个残暴的杨广，为晋王时，父皇

---

① 《隋书》，卷三十六，后妃。第1262—1263页。晚辈与长辈通奸为烝。
② 《资治通鉴》，卷一百七十九，文帝开皇二十年（600）。第5757页。
③ 《突厥可汗·南北统一（柏杨白话版资治通鉴；21）》，第269页。
④ 《资治通鉴》，卷一百七十九，文帝开皇二十年（600）。第5757页。
⑤ 《资治通鉴》，卷一百八十三，炀帝大业十二年（616）。第5892—5893页。

与母后"遣左右至广所,无贵贱,广必与萧妃迎门接引,为设美馔,申以厚礼;婢仆往来者,无不称其仁孝"①。那时站在门口连婢仆都热情接待的杨广是多么客气、多么温厚、多么平易近人,没想到屁股一沾龙椅就变形成了魔!

对比为帝与为晋王的杨广,前后判若两人,或许杨广登基后乘着龙舟一下江都巡幸之际,看着眼前恢宏华丽的景象,会生出与尼禄一样的感叹:"我终于开始像人一样地生活了!"不过杨广也好,尼禄也罢,怕是谁也没有真正像个人一样地生活过,在追求权力的苦斗中,他们活得如羊一般顺从,似狗一样卑微,一旦大权到手,又与残暴的狼没有区别。当这只狼披着羊皮演得惟妙惟肖之际,虽是他们自觉活得最憋屈的岁月,在常人眼里倒也是他们最像个人的时候。

重臣之忧

太平时代,从权变通地办事可没那么容易,尤其涉及"国本"问题,功勋卓著、朝野属望的杨广纵有贼心,也没有明抢的贼胆,他面前早已横亘着两大保守势力挡道了。首先,无事之际,宫廷最易腐败,趋炎附势之风盛行,势利鬼们大多围着既成势力转,所以才有冬至时百官赴东宫朝拜太子的那出闹剧。此种人只拜已坐在太子位上的主儿,至于杨广这支潜力股,在暴涨之前,他们才没空看上一眼。因而,晋王唯有入主东宫,这群短视

---

① 《资治通鉴》,卷一百七十九,文帝开皇二十年(600)。第5757页。

第二折　大乱

的投机分子才有点用处，即抢着去当收拾前太子势力的帮凶，在此之前，他们只是夺宗的巨大障碍。

朝中还有另一类人，如官拜上仪同三司的韦鼎，动了易太子之念的文帝曾问他："诸儿谁得嗣？"他答曰："至尊、皇后所最爱者，即当与之，非臣敢预知也。"①这个老滑头对东宫争斗躲得远远的，无论谁上谁下，都既不奔走相助，也不落井下石，安守本职，准备效忠于任何一位最终赢家。在杨广看来，这类自命君子、稳作壁上观的朝臣还不如趋炎附势的小人，因为即便夺宗胜利，他们也不会跳出来为自己去做那些见不得人的脏活儿。

以上两类人构成了朝臣在"国本"问题上的大多数，尽管清浊不同，却都天然倾向于既有的权力传承秩序。当然，保守势力看似庞大，可数量并不一定具有决定意义，如果找准了宫廷内外的阿基米德点，仍有扭转乾坤的可能。以杨广的聪明劲，他早就在皇宫中窥探到了父皇与母后这两个关键的支点，不过要想夺宗成功，他还需要第三个关键支点，即朝中重臣的支持，倚此奥援才可能撬动稳若磐石的礼法规矩。

当时，杨坚麾下两大重臣一为高颎，一为杨素。高颎之子娶太子杨勇之女后，高颎便将一门兴衰与现任东宫之主紧密捆绑在一起。当隋文帝对太子杨勇失望，潜有废立之意时，"谓颎曰：'晋王妃有神凭之，言王必有天下，若之何？'颎长跪曰：'长幼有序，其可废乎！'上默然而止"②。高颎用礼法规矩堵回了文帝的试探，也彻底断了晋王杨广拉拢他的念头。好在天无绝人之

---

① 《隋书》，卷七十八，艺术，韦鼎。第1991页。
② 《隋书》，卷四十一，高颎。第1338页。

路，高颎这座独木桥过不去，杨素那条阳关道却宽得很！之所以如此，皆因杨素正处于国之重臣特有的焦虑忧惧中。

若用一个词来概括杨素，大抵是：能干。杨素既有文才，又备武略，从初出茅庐被北周大冢宰宇文护引为中外记室开始，靠着真本事在王朝交替中随机应变、择主而事，并在灭北齐、伐南陈、平定江南叛乱、征讨漠北突厥的南征北战中立下卓著功勋，到隋文帝开皇十二年（592），文帝"以内史令杨素为尚书右仆射，与高颎专掌朝政"[1]，成为隋开国后与高颎并列的实质性宰相。不过成也萧何、败也萧何，杨素的焦虑忧惧恰又来自他的能干。

能干的杨素首先招来的是兵民怨恨，且不说镇压江南民变时的铁腕无情，就是整治自家军队也是手段非常。史称杨素治军严整，"有犯军令者，立斩之，无所宽贷。每将临寇，辄求人过失而斩之，多者百余人，少不下十数。流血盈前，言笑自若。及其对阵，先令一二百人赴敌，陷阵则已，如不能陷阵而还者，无问多少，悉斩之。又令三二百人复进，还如向法。将士股栗，有必死之心，由是战无不胜，称为名将"。杨素虽残忍，但作为隋文帝的红人，"从素征伐者，微功必录"，而跟着其他将领的，功劳再大也难免为朝臣挑剔指责，所以"素虽严忍，士亦以此愿从焉"。[2]

乱世混战不已，大军临敌，从来都是勇者生、怯者死，从士卒战场生存率上看，杨素掌军不慈也有些道理。可四海平定之后，文帝令杨素监督仁寿宫建设，杨素仍用兵营里那套行事，

---

[1] 《资治通鉴》，卷一百七十八，文帝开皇十二年（592）。第5719页。
[2] 《隋书》，卷四十八，杨素。第1450页。

结果"役使严急，丁夫多死，疲顿颠仆，推填坑坎，覆以土石，因而筑为平地，死者以万数"①。对此，《隋书》记载得更邪乎，工程完工后，"宫侧时闻鬼哭之声"，杨坚派高颎调查，高颎"奏称颇伤绮丽，大损人丁，高祖不悦"。杨素闻讯"忧惧，计无所出"。②

唐贞观年间，见识了隋末农民大起义威力的唐太宗常把荀子"君舟民水"的格言挂在口头，训诫太子时亦云："舟所以比人君，水所以比黎庶，水能载舟，亦能覆舟。尔方为人主，可不畏惧！"③可舟与水终为异物，唐太宗心中绝无"人民"这个词，只有逆来顺受的"百姓"，其高觉悟仅是：对水好一点，不然掀起浪来会把船给整翻的。唐太宗尚如此，隋文帝能好到哪去？当忧惧不安的杨素找到独孤太后求情，以为"今天下太平，造此一宫，何足损费！"，皇后再一吹枕边风，听老婆话的文帝觉得有理，整个天下都是他的，累死区区万数百姓还能翻了天？赏了杨素点辛苦费，这事就算过去了。④

在权力自上而下的专制体系里，百姓疾苦看来是远远不及顶头上司的喜怒重要的；只有君上将百姓疾苦当回事时，官吏们才以施恩大老爷的身份应付小民，核心仍是为君主服务！杨素得罪于兵民，只要上面不追究，甚至还觉得他干得漂亮，杨素就能高枕无忧。与此忧相比，杨素的另一重忧虑则更具杀伤力，即同

---

① 《资治通鉴》，卷一百七十八，文帝开皇十三年（593）。第5721页。
② 《隋书》，卷四十八，杨素。第1449页。
③ （唐）吴兢：《贞观政要》，葛景春 张弦生注译，郑州：中州古籍出版社，2008年版。卷四，教戒太子诸王第十一。第164页。
④ 《隋书》，卷四十八，杨素。第1449页。

僚的怨恨。一般说来，能干又八面玲珑实难两全，往往奴才好用却没有用，人才有用而不好用。杨素能干，难免狂妄，史家称他"性疏而辩，高下在心，朝臣之内，颇推高颎，敬牛弘，厚接薛道衡，视苏威蔑如也。自余朝贵，多被陵轹"①。

一朝之中杨素只敬三人，处物平当、识度深广的高颎对杨素有推举之恩，牛弘、薛道衡是有大学问的知识分子。至于苏威，曾是与广平王杨雄、高颎、虞庆则并列的隋初"四贵"之一，其权虽颓但其势犹存，而杨素狂到不把他当回事，其他朝贵的待遇可想而知。当然，只要文帝宠爱不变，被杨素陵轹的朝贵们也唯有忍着。可无论寒门庶族的小官吏，还是豪门士族的大老爷，都不是命如蝼蚁的百姓，他们面上不得不对杨素笑脸相迎，背后却都盼他早点倒台再踩上一脚。这种围在杨素周遭若隐若现的敌意，比疾苦百姓的怨恨可要厉害得多，因为它们可不是君王说一句没事就真没事的。

最让杨素焦虑忧惧的还是皇上与太子。杨素这种从乱世过来的强臣，见识过皇帝东家当了西家当的乱局，君主神圣的政治意识远不如和平时代的臣子强烈，加之性疏而辩，嘴上难免没把门。杨素之妻郑氏也是性悍，外面骄横跋扈的杨素回到家和夫人仅能斗个平分秋色，开皇初年一场家庭内战后，杨素愤然骂道："我若作天子，卿定不堪为皇后。"坑夫的郑氏一昏头跑去皇帝那儿告状，杨素"由是坐免"。② 当然，天下未定，事还得能臣做，杨素很快又官拜信州总管，准备起伐陈大业，但本就多疑的文帝

---

① 《隋书》，卷四十八，杨素。第1449页。
② 《隋书》，卷四十八，杨素。第1446页。

心中的芥蒂却是去不掉了。

功成名就之后，杨素非但没有自损羽翼、委曲求全，反倒一人得意，全族升天，"诸子无汗马之劳，位至柱国、刺史"。加之生活又格外奢侈，"家僮数千，后庭妓妾曳绮罗者以千数。第宅华侈，制拟宫禁"。更让圣上不安的是其"亲旧故吏，布列清显，素之贵盛，近古未闻"。因而，至仁寿年间，文帝对他已是"外示优崇，实夺之权"。①实际上，早在晋王动贼心之时，杨素已感到背后这座大靠山的松动，杨素不怕百姓，不惧朝臣，凭的就是背后这巍巍昆仑般的大靠山，没了它杨素可就什么都完了。

更糟的是一仆难侍二主，杨素的一切是靠将现任主子服侍满意得到的，可权力有朝一日还是要交到太子手里，任性的杨勇又时有违背圣意之举，到底该顾哪头呢？杨素没有高颎那种面面俱到的本事。在杨素看来，事情做得让当今圣上不舒服，立刻就有现世报伺候着，至于太子，就顾不得那么远了。因而，当晋王的说客宇文述抛出"储后以所欲不行，每切齿于执政"②的撒手锏时，杨素闻听必定浑身一震，思量未来，背后不仅无山可靠，结怨的新君再挟裹着压抑已久的兵民之怨、朝臣之恨，泰山压顶般盖向他杨氏一门，前景黯淡恐怖，杨素岂有不焦虑忧惧之理？

阴事铸就

在开皇二十年（600）秋高气爽日的太平景象中，晋王杨广

---

① 《隋书》，卷四十八，杨素。第1452页。
② 《隋书》，卷四十八，杨约。第1457页。

却躲在阴森的府邸内策划着一场暗黑版的赤壁之战。如果将现任太子杨勇比作江对岸的曹操，那么他杨广便是与曹操势不两立的刘备。太子失爱于父皇、母后，无疑让本无夺宗希望的晋王撞上了天时地利的大运，而被焦虑忧惧包围的杨氏一门又如同岌岌可危的东吴政权。此时此刻，杨广需要能够穿针引线的人物，促使两股势力结成利害攸关的同盟；他还须在杨氏阵营里找到合适人物，如东风般将杨素这艘火舟推向对岸。两件事若能做好，大业也就成了。

关键时分，杨广一直以来屈尊降贵、广为交结的努力有了回报，相比于拥向东宫的那批马屁精，敢于在晋王这支潜力股长久盘底时重仓买进的才有些真本事，哪怕这本事用到了阴事上。杨广帐下，摇着鹅毛扇、决胜帷幄的谋主为张衡，此人很早就追随晋王，"王甚亲任之。衡亦竭虑尽诚事之，夺宗之计，多衡所建也"。至于所建何言，竟无一字透露。大业末年自恃功高、颇自骄贵的张衡得罪于炀帝，被除名为民，后来又被赐死家中，临死前张衡"大言曰：'我为人作何物事，而望久活！'监刑者塞耳，促令杀之"。[①] 监刑官吓得捂住耳朵，张衡是否说出了些夺宗秘事，就不得而知了。

既有人在后面出谋划策，还得有人在皇城里联络交通、冲锋陷阵，这种人才居然也被杨广交结着了，他就是宇文述。宇文述有个儿子在历史上比他爹名气大，即大业十四年（618）在江都弑炀帝，而后又篡位登基的宇文化及。相比多少还有些硬气的张衡，时刻观望帝意行事的宇文述一直是炀帝身边的红人，甚至将

[①] 《隋书》，卷五十六，张衡。第1568—1569页。

征高丽的三十万五千人带成了二千七百人也仅被除名为民，一年后"复述官爵，待之如初"①。当然，宇文述虽精于拍马屁的功夫，但奴才毕竟也得有点真才，尤其夺宗之战时，宇文述的歪才得以大放异彩。

据史家记载，宇文述向晋王贡献了夺宗的整体战略，并点出关键节点所在，即"皇太子失爱已久，令德不闻于天下。大王仁孝著称，才能盖世，数经将领，深有大功。主上之与内宫，咸所钟爱，四海之望，实归于大王。然废立者，国家大事，处人父子骨肉之间，诚非易谋也。然能移主上者，唯杨素耳。素之谋者，唯其弟约。述雅知约，请朝京师，与约相见，共图废立"②。可以推送火舟的东风终于有了，更加让杨广欣喜的是：宇文述不仅雅知杨约，还主动请缨，要亲自去皇城去借这阵东风。

杨约是杨素的异母弟，当时官拜大理少卿，因其"性如沉静，内多谲诈，好学强记。素友爱之，凡有所为，必先筹于约而后行之"③。要拉拢这么一只老狐狸，绝非易事，不过宇文述自有办法。对君子而言，以义相交，以道相合，往来清淡明澈如水，直接讲理即可；对小人则不然，开门见山地说正经话反会引起怀疑，难免搞得不欢而散，欲勾结在一起，往往得从吃喝嫖赌的聚会开始才行。于是，深谙名利场上这套厚黑套路的宇文述，在皇城根下进行了一场教科书级别的公关操作。

拉拢的第一步，必须引蛇出洞才方便下手。如果猎物如三国

---

① 《隋书》，卷六十一，宇文述。第1645页。
② 《隋书》，卷六十一，宇文述。第1642—1643页。
③ 《隋书》，卷四十八，杨约。第1457页。

时的华歆那样"休沐出府，则归家阖门"①，像这类离开衙门径直进家门的家伙，宇文述怕是钻不到空子。幸亏官场上的华歆只是凤毛麟角的异类，杨约那类才是大多数，别看其城府深重，却是个到处是缝的蛋。宇文述自称"雅知"杨约，并非吹牛，尤其当他装备了晋王资助的大把财物后，在皇城里每次邀杨约玩乐，杨约都会欣然前往。离了自己的府第，多少成了客，而设局的宇文述却无形中拥有了主人的优势，拉拢的第一步成功了。

拉拢的第二步，赂之以金宝美色，只要对方收授，事情便成了大半。杨约"在童儿时，尝登树堕地，为查所伤，由是竟为宦者"②。宇文述因此省下找美色的麻烦，直接以金宝攻之，不过把钱如何塞到对方袖子里却大有讲究，一味硬塞，薄了对方面子，反而欲速则不达。这方面宇文述是高手，他每次约杨约出来玩乐，必"盛陈器玩，与之酣畅，因而共博，每佯不胜，所赍金宝尽输之"③。孔夫子列举过三种有损品质的娱乐："乐骄乐，乐佚游，乐宴乐。"朱熹注曰："宴乐，则淫溺而狎小人。"④此言不虚，拉拉扯扯的饭局酒场上，平时的架子没了，警惕心也被酒精麻醉过去，再玩几把赌博的游戏，自然而然就将金宝揣入怀中了。

拉拢的第三步，聚也聚了，金宝亦收授了，也就该摊牌了。于君子而言，始于讲理，志同则道合，道不同则不相与谋，交绝而不出恶声。宇文述不是君子，到了他讲理的时候，听进去还则

---

① （晋）陈寿撰，（南朝宋）裴松之注：《三国志》，北京：中华书局，1982年版。卷十三，华歆。第401页。
② 《隋书》，卷四十八，杨约。第1457页。
③ 《隋书》，卷六十一，宇文述。第1643页。
④ （宋）朱熹：《四书章句集注》，北京：中华书局，1983年版，第172页。(《论语·季氏》)

罢了,若听不进去的话,揣到怀里的金宝、宴席上一口闷出来的深情厚谊,都将成为谋害东宫、图谋不轨的罪证!因此,当酒足饭饱又一个劲赢钱的杨约终于觉出不太对劲时,宇文述才平静地告诉他:"此晋王之赐,令述与公为欢乐耳。"杨约闻听,大惊失色,老狐狸终于清醒过来,小心翼翼地问道:"何为者?"①

奴才之才虽歪却不低,宇文述讲的理着实打动了杨约。首先,宇文述从哲理的高度立论,所谓:"夫守正履道,固人臣之常致,反经合义,亦达者之令图。自古贤人君子,莫不与时消息,以避祸患。"然后,宇文述点明杨氏危境,"公之兄弟,功名盖世,当涂用事,有年岁矣。朝臣为足下家所屈辱者,可胜数哉!又储宫以所欲不行,每切齿于执政。公虽自结于人主,而欲危公者,固亦多矣。主上一旦弃群臣,公亦何以取庇?"最后,再指出条明路,便是:"今皇太子失爱于皇后,主上素有废黜之心,此公所知也。今若请立晋王,在贤兄之口耳。诚能因此时建大功,王必镌铭于骨髓,斯则去累卵之危,成太山之安也。"②

吃人嘴软,拿人手短,又听进去人家道理的杨约不仅上了贼船、走到了江心,更决定入伙一起做贼,便忙不迭地赶回杨府,把宇文述的这番道理向老哥一讲。正受着焦虑惊惧折磨而计无所出的杨素"闻之大喜,乃抚掌而对曰:'吾之智思,殊不及此,赖汝起予。'"③与此同时,晋王府里也在弹冠相庆,夺宗的阴事已

---

① 《隋书》,卷六十一,宇文述。第1643页。
② 《隋书》,卷四十八,杨约。第1457—1458页。
③ 《隋书》,卷四十八,杨约。第1458页。

然铸就，下面就看杨素明刀明枪地上阵了，兴奋异常的杨广也向着冥冥中为他准备的那个"炀"字全力冲刺而去！

后患难消

当夺嫡成功的杨广终于坐上皇位后，干的第一件大事就是伪造文帝敕书，将久遭囚禁的废太子杨勇以庶人身份赐死，尔后才亲自出面颇有风度地追封自己这位背时的老哥为"房陵王"，但又不给他立嗣。杨勇膝下的十个儿子，长子杨俨为云昭训所生，六岁时封为长宁郡王，有敏慧之资，杨勇事败后连坐被废，待"炀帝践极，俨常从行，卒于道，实鸩之也"。其他几位也都"分徙岭外，仍敕在所皆杀焉"①。废太子的血脉就这么被干脆利落地连根拔除，杨广似乎可以专心于他的大业了。

可惜，既行阴事，总免不了一些医不好的后患，尽管狡黠之徒晓得如何躲开那华丽龙袍下裹着的隐痛，但自恃功高位显的浅碟子们得意忘形之际难免触到炀帝的霉头，炀帝最早的谋主张衡便属此类。行阴事时亲自上阵，将两手搞得最脏的杨素，虽于大业元年（605）被升作尚书令，又拜为太子太师，次年拜司徒，改封"楚公"，食邑两千五百户，可他"特为帝所猜忌，外示殊礼，内情甚薄。"甚至"楚公"之封也是想借楚与隋在天象上属同一分野，挡一挡预言中隋家的坏运气罢了。幸亏杨素死得早，不然以其张扬做派，真不知会如何收场，就在他弥留之际，"帝每

---

① 《隋书》，卷四十五，《文四子》。第1397页。

令名医诊候,赐以上药。然密问医人,恒恐不死"①。

杨素死后,炀帝对杨氏一门的猜忌并未消失。夺宗之战中宇文述借来的那股"东风"——杨约,在文帝驾崩的动荡时刻,亲自指挥缢杀杨勇,又陈兵集众,为炀帝站台,功劳不可谓不大。然而,后来当他奉命办差时,"行至华阴,见其兄墓,遂枉道拜哭,为宪司所劾。坐是免官"②。尽管炀帝念其废立之功,不久复召其入朝,但仅仅因他耽误了些许并不紧迫的公干时间,在杨素墓前哭了一场,就对他不留情面地严厉惩戒,还是颇让人浮想联翩。至于杨素之子,那个连累得杨家被诛及九族的杨玄感,其所以造反,亦是因"朝纲渐紊,帝又猜忌日甚,内不自安"③之故。

算来算去,唯有泥鳅般的宇文述逃过了炀帝的魔掌,能达到这般境地绝非容易,不仅仅因为他"善于供奉,俯仰折旋,容止便辟,宿卫者咸取则焉。又有巧思,凡有所装饰,皆出人意表。数以奇服异物进献宫掖,由是帝弥悦焉"④。如果仅靠马屁拍得好,将征高丽的大军带得全军覆没,恐怕脑袋还是很难保得住,毕竟炀帝绝非纯粹昏君。其实,在征高丽之前,宇文述就曾领兵大破吐谷浑,为炀帝西巡扫清阻碍,并一路随身护卫;在征高丽之后,又率军击溃杨玄感的叛军,斩玄感首级送至炀帝处。看来,这条通体圆滑的泥鳅欲修个善终,也得豁出命去为主子在刀尖上走上不知多少个来回才行啊!

可人算不如天算,炀帝麾下最恭顺、乖巧、有能力的奴才,

---

① 《隋书》,卷四十八,《杨素》。第1456—1457页。
② 《隋书》,卷四十八,《杨约》。第1458页。
③ 《隋书》,卷七十,《杨玄感》。第1813—1814页。
④ 《隋书》,卷六十一,《宇文述》。第1644页。

居然养出了个最为凶险顽劣的儿子,临了竟要了炀帝的老命!待到夺宗之战的最大主角也得了报应,那场阴事遗留的后患,终于在历史的血与火的洗刷下给消干净了。

第三折

加固

　　自贞观朝至天宝末年的一个多世纪里,脱胎于北周的唐王朝不仅一统江山,还将帝国推进到前所未有的繁盛状态,虽然这期间长安城中经历了不止一次剧烈的政治地震,但总有明君英主最终胜出,从谦逊小心的太宗到张扬浮华的武皇,直至恣意任性的玄宗,"皇权本体"随着他们功业的积累而不断得到强化,甚至连他们自己有时也难以挣脱其束缚。这种"功业"的影响是深远的,而其中内含的破坏性,则要等到中唐以降天下复乱后,才会慢慢显现出来。

第三折　加固

保卫隋炀帝

隋炀帝作为隋王朝覆灭的主要责任者，在唐贞观年间受到了极为猛烈的批判。然而，当司马光编撰《资治通鉴》时，虽然对于隋炀帝的评价未发生根本变化，却在相关历史人物的字词拿捏上有了些微妙调整，这些调整看似不关大局，却蕴含着后世史家的良苦用心。

贞观君臣的愤恨

唐贞观时代的君臣们对于隋炀帝总有种近乎偏执的愤恨，一般而言，贬低前朝，丑化末代之君，本是后继者惯用的政治手腕，但贞观一朝的君臣们所做的远不止此，他们看来是动了真性情！当君臣每谈起炀帝旧事时，不经意间就流露出大难初平、惊魂未定的惶恐之感；进而，必会悲愤交集地痛斥炀帝荒淫，比之桀纣尤嫌不足；最终，面对前朝覆车之鉴，又不禁上下互勉一番，俨然携手临深履薄，分外战战兢兢。

在贞观一朝，指责隋炀帝最多的非唐太宗莫属，贞观之初，他对侍臣们说道："恣情放逸，劳役无度，信任群小，疏远忠正，有一于此，岂不灭亡？隋炀帝奢侈自贤，身死匹夫之手，亦为可笑。"① 贞观六年（632），唐太宗在侍臣面前言及炀帝，依然叹曰："隋主残暴，身死匹夫之手，率土苍生，罕闻嗟痛。"② 甚至到了贞观十三年（639），在政通人和的大好形势下，唐太宗仍不忘告诫魏徵等大臣道："隋炀帝承文帝余业，海内殷阜，若能常处关中，岂有倾败？遂不顾百姓，行幸无期，径往江都，不纳董纯、崔象等谏诤，身戮国灭，为天下笑。虽复帝祚长短，委以玄天，而福善祸淫，亦由人事。"③

有了帝王带头，且圣训又非官样套话，时以情真意切的亲历亲闻作补充，自然上行下效，群臣无不叹息痛恨于炀帝也。其中，贞观十一年（637）魏徵的上疏可谓批得最狠，他指责炀帝"恃其富强，不虞后患。驱天下以从欲，罄万物而自奉，采域中之子女，求远方之奇异。宫苑是饰，台榭是崇，徭役无时，干戈不戢。外示严重，内多险忌，谗邪必受其福，忠正者莫保其生。上下相蒙，君臣道隔，民不堪命，率土分崩。遂以四海之尊，殒于匹夫之手，子孙殄绝，为天下笑，可不痛哉！"④。

置身这般氛围中，甚至唐太宗偶尔想为炀帝讲几句软话，大臣竟也未必会买账。如贞观十一年唐太宗视察洛阳宫时，叹道："隋氏倾覆者，岂惟其君无道，亦由股肱无良。如宇文述、虞世基、裴蕴之徒，居高官，食厚禄，受人委任，惟行谄佞，蔽塞聪

---

① 《贞观政要》，卷六，论贪鄙第二十六。第273页。
② 《贞观政要》，卷一，论政体第二。第34页。
③ 《贞观政要》，卷十，论行幸第三十七。第357页。
④ 《贞观政要》，卷一，论君道第一。第19页。

明，欲令其国无危，不可得也。"话音未落，司空长孙无忌便奏言："隋氏之亡，其君则杜塞忠谠之言，臣则苟欲自全，左右有过，初不纠举，寇盗滋蔓，亦不实陈。据此，即不惟天道，实由君臣不相匡弼。"[1] 长孙无忌的话看似奉承天子，实则并未顺着佞臣祸主的路子发挥，所谓"股肱无良""君臣不相匡弼"，造衅开端仍在于炀帝杜塞忠谠之言。

大势如此，贞观三年（629）唐廷重修五朝史（梁、陈、北齐、北周、隋），任命魏徵"总知其务"，并主编《隋书》。隋炀帝的本纪果不其然地写成了罗列其暴政的罪行录！尤其在"史臣曰"的评论中，更是严厉指责炀帝"负其富强之资，思逞无厌之欲，狭殷、周之制度，尚秦、汉之规摹。恃才矜己，傲狠明德，内怀险躁，外示凝简，盛冠服以饰其奸，除谏官以掩其过。淫荒无度，法令滋章，教绝四维，刑参五虐，锄诛骨肉，屠剿忠良，受赏者莫见其功，为戮者不知其罪。骄怒之兵屡动，土木之功不息，频出朔方，三驾辽左，旌旗万里，征税百端，猾吏侵渔，人不堪命。乃急令暴条以扰之，严刑峻法以临之，甲兵威武以董之，自是海内骚然，无聊生矣。"从"史臣"盖棺之论中可见，皆因炀帝无道，才使得"普天之下，莫匪仇雠，左右之人，皆为敌国"。[2]

后世史家的微调

贞观时代的君臣之所以不能原谅隋炀帝，大概如李延寿所

---

[1] 《贞观政要》，卷十，论行幸第三十七。第356页。
[2] 《隋书》，卷四，炀帝下。第106页。

云，当"南平吴会，北却匈奴，昆弟之中，独著声绩"的杨广初登大宝之际，隋王朝的国运如日中天，其"地广三代，威振八纮。单于顿颡，越常重译。赤仄之泉，流溢于都内；红腐之粟，充积于塞下"。然而，为帝国上下寄予厚望的隋炀帝仅仅用了十四年，便搞得"社稷颠陨，本枝殄绝。自肇有书契，以迄于兹，宇宙崩离，生灵涂炭，丧身灭国，未有若斯之甚也"。① 沧海桑田般的大变故竟然发生于一代之中，对于亲历了前隋辉煌与崩毁的贞观朝君臣来说，真真切切地眼见他起高楼，又眼见他楼塌了，其感受到的震撼之强，可想而知。于是，他们执政时虽然勤勉有加，对待历史问题却少了一分超脱。

到了北宋司马光编修完成《资治通鉴》的元丰七年（1086），其间与贞观时代已悠悠相隔有四百余年，时过境迁，史家心态迥异，再论旧事，必然会有诸多不同之处，可对于隋炀帝，司马光仍基本上维持了贞观史家对这位亡国之君的历史原判。不过，隋末之乱虽致生灵涂炭，可隋帝国覆灭后却没有再现西晋王朝崩溃后历时数百年的大混乱局面。平心而论，隋帝国在北朝基础上通过不到四十年的经营，建构起统一帝国所需的绝大部分软硬件装备，从而使后继的唐王朝不仅没有退守关陇一隅，反而直接登上一个贯通南北、横跨东西的宏阔舞台，其根基之固，足以紧接着上演辉煌百年的盛世大业。

可惜，《资治通鉴》对于这些深层巨变的记录有些惜墨如金，它更多停留在对表层政治事件的编年记事上。但是，就在看似平淡的叙述中，却藏有某种与贞观史家不同的态度。当写到隋炀

---

① 《北史》，卷十二，隋本纪下。第475—476页。

帝被一介校尉用练巾勒死在江都寝殿中时，经常出现在《资治通鉴》中的那著名的"臣光曰"却没有出现，按理说，祸国之君落了个如此凄惨的下场，司马光总该说些什么。但就在这个本该大评特评的历史节点上，他却一字未评，直接叙述起接下来发生的事情，仿佛死了个无足轻重的匹夫。鉴于这反常之举，若再琢磨一番《资治通鉴》中叙述隋炀帝暴行时措辞的微妙调整，便会发现许多看似不起眼的只言片语，着实反映出史家失声的苦心所在。

后晋时编撰的《唐书》（即《旧唐书》），有一人之传颇有些意思，即贞观朝官拜尚书右仆射的封伦（字德彝）。此公死后，唐太宗深为哀悼，专门为他"废朝三日，册赠司空，谥曰明"。数年后，唐太宗才发现当年自己与兄长李建成相争时，封伦虽然"数进忠款"，其实"潜持两端，阴附建成。时高祖将行废立，犹豫未决，谋之于伦，伦固谏而止。然所为秘隐，时人莫知"。真相大白，太宗极为恼怒，"于是改谥缪，黜其赠官，削所食实封"。[1]

得罪了伟大的唐太宗，哪怕改朝换代，李氏江山不再，后果依然很严重！后晋史家将封伦在前隋的旧事全给挖了出来，其中一条写道："大业中，伦见虞世基幸于炀帝而不闲吏务，每有承受，多失事机。伦又托附之，密为指画，宣行诏命，谄顺主心；外有表疏忤意者，皆寝而不奏；决断刑法，多峻文深诬；策勋行赏，必抑削之。故世基之宠日隆，而隋政日坏，皆伦所为也。"[2]

---

[1] （后晋）刘昫 等撰：《旧唐书》，北京：中华书局，1975年版。卷六十三，封伦。第2397—2398页。
[2] 《旧唐书》，卷六十三，封伦。第2396页。

北宋重修唐史时，将这段改写为："虞世基得幸炀帝，然不悉吏事，处可失宜。伦阴为裁画，内以谄承主意，百官章奏若忤旨，则寝不闻；外以峻文绳天下，有功当赏，辄抑不行。由是世基之宠日隆，而隋政日坏矣。"①估计北宋著史者认为时任内史舍人（正六品）的封伦哪有若大本事，不过一小帮凶尔，便将"皆伦所为也"删去，觉得这样更合实情。

可到了《资治通鉴》中，这段又被写作："内史舍人封德彝托附世基，以世基不闲吏务，密为指画，宣行诏命，谄顺帝意，群臣表疏忤旨者，皆屏而不奏。鞫狱用法，多峻文深诋，论功行赏，则抑削就薄。故世基之宠日隆而隋政益坏，皆德彝所为也。"②"皆德彝所为也"一句被专门补了回去，看来"世基之宠日隆而隋政益坏"的锅是非要封伦背不行了。进而，另一位更大牌的人物也被拉扯进来，他便是虞世基。

史书中三个"皆"字

提起虞世基，不能不提及他的弟弟，贞观名臣虞世南。虞世南入唐之初，被秦王李世民引为秦府参军，秦王登基后对这朵南朝残存的世族之花格外垂青，"尝称世南有五绝：一曰德行，二曰忠直，三曰博学，四曰文辞，五曰书翰"。贞观十二年（638）虞世南"表请致仕，优制许之，仍授银青光禄大夫、弘文馆学士，禄赐、防阁并同京官职事。寻卒，年八十一。太宗举哀于别

---

① （宋）欧阳修 等撰：《新唐书》，北京：中华书局，1975年版。卷一百，封伦。第3929页。
② 《资治通鉴》，卷第一百八十三，恭帝义宁元年（617）。第5915—5916页。

次，哭之甚恸。赐东园秘器，陪葬昭陵，赠礼部尚书，谥曰'文懿'"①。如此一生，真是生享富贵，死备哀荣。

与自家这位老弟相比，虞世基虽然在南陈和前隋时的名气更大一些，但在德行和忠直上却是差之千里！炀帝曾对入隋后官拜秘书郎的虞世南从容言道："我性不喜人谏，若位望通显而谏以求名，弥所不耐。至于卑贱之士，虽少宽假，然卒不置之地上。汝其知之！"②这话对于容貌懦懦却志性刚烈的虞世南来说，估计根本听不进去，可虞世基却是心领神会。结果兄弟俩一个平步青云、志得意满；一个则被晾到一边，生闷气去了。

世事难料，虞世基风光一时，却在隋王朝土崩瓦解中为宇文化及所杀；虞世南倒运一时，反而挺过了血雨腥风的乱世，幸遇明主，得以在新王朝大放异彩。《隋书》于贞观十年（636）修成，虽有刚直的魏徵主编，编修者亦是饱学之士，但虞世南尤在任上，又被唐太宗公开表彰道："群臣若世南，天下何忧不治？"③因而，为虞世基作传，难免考虑下他这位极负盛名的弟弟，加之当时以检讨炀帝为主，笔锋所向主要也不在世基。

《隋书》中言及虞世基为炀帝选中，专典机密，参掌朝政，"于时天下多事，四方表奏日有百数。帝方凝重，事不庭决，入阁之后，始召世基口授节度。世基至省，方为敕书，日且百纸，无所遗谬。其精审如是"，充分肯定了虞世基的办事能力。写到虞世基从幸雁门，遭突厥围困，战士多败一节时，又点明是虞世

---

① 《旧唐书》卷七十二，虞世南。第2570页。
② 《资治通鉴》，卷第一百八十二，炀帝大业九年（613）。第5869—5870页。
③ 《贞观政要》，卷二，论任贤第三。第58页。

基"劝帝重为赏格,亲自抚循,又下诏停辽东之事。帝从之,师乃复振"。至于解围之后,"勋格不行,又下伐辽之诏。由是言其诈众,朝野离心"。① 这显然非虞世基所能为,他不过是替炀帝挡箭罢了。

天下大乱后,炀帝滞留江都不欲北归,"世基以盗贼日盛,请发兵屯洛口仓,以备不虞。帝不从,但答云:'卿是书生,定犹恇怯。'于时天下大乱,世基知帝不可谏止,又以高颎、张衡相继诛戮,惧祸及己,虽居近侍,唯诺取容,不敢忤意"。这段记载颇呼应了长孙无忌"其君则杜塞忠谠之言,臣则苟欲自全"之说,虞世基不是不想进谏,只是刚一张嘴便被炀帝以"书生恇怯"封了口,加之前有高颎、张衡之鉴,世基又没有世南的硬脏腑,之后"世基知帝恶数闻之,后有告败者,乃抑损表状,不以实闻"。便显得合乎情理,正因为君臣不相匡弼,才使得"是后外间有变,帝弗之知也"。②

然而,这段内容到了《资治通鉴》中,却没有虞世基欲谏不成的铺垫,直接写道:"内史侍郎虞世基以帝恶闻贼盗,诸将及郡县有告败求教者,世基皆抑损表状,不以实闻,但云:'鼠窃狗盗,郡县捕逐,行当殄尽,愿陛下勿以介怀!'帝良以为然,或杖其使者,以为妄言,由是盗贼遍海内,陷没郡县,帝皆弗之知也。"③ 如此一写,便看不出虞世基的丝毫无奈,仿佛他天生诏媚祸主。

---

① 《隋书》,卷六十七,虞世基。第1764—1765页。
② 《隋书》卷六十七,虞世基。第1765页。
③ 《资治通鉴》,卷第一百八十三,炀帝大业十二年(616)。第5902页。

同时，在此段文字中，"乃抑损表状"改为"皆抑损表状"，"帝弗之知也"改为"帝皆弗之知也"，再加上前文所列的"皆德彝所为也"，当时封伦只是虞世基助手，因而这个"皆"字的最终责任还得虞世基来负。结果，字里行间加入三个"皆"字，无形中使得隋室覆灭的不少责任便从炀帝肩头卸到了虞世基的身上！

"硬核"与"保护带"

贞观二年（628），不知唐太宗是真糊涂还是装糊涂地问道："隋炀帝好自矜夸，护短拒谏，诚亦实难犯忤。虞世基不敢直言，或恐未为深罪。昔箕子佯狂自全，孔子亦称其仁。及炀帝被杀，世基合同死否？"杜如晦立刻对曰："虞世基位居宰辅，在得言之地，竟无一言谏诤，诚亦合死。"①对于这个回应，太宗听后深以为然，司马光更会深以为然！在炀帝问题上，司马光清醒地意识到贞观一朝对炀帝的批判有些过火了，因而《资治通鉴》在描写虞世基时文字上的细微调整并非随意为之。

司马光编撰《资治通鉴》时，有着他那个时代君臣特有的恐慌感，即有宋一朝"承百王之弊，接五代之乱，寓悬分裂，干戈日寻，藩臣骄恣，元元憔悴"②。这种因君权旁落引发天下大乱的恐慌感与贞观君臣因隋炀帝独断专行、恣意妄为导致身殒国亡的恐惧感截然不同！司马光晓得隋唐革命仅是李氏代替了杨氏，世袭君主专制政体并无改变，之后五代乱世，新来的无论贵族、蛮

---

① 《贞观政要》，卷二，论求谏第四。第66页。
② （宋）司马光：《稽古录》，北京：中华书局，1991年版，卷十六，第173页。

夷还是雇佣兵，无不坐到龙椅上接着当皇帝，国体不曾大动，制度仅做微调。在这种格局中，莫说是对前朝末代之君，但凡是火力对准了之前任何一位皇帝，都有可能连带性地伤害到本朝之君，可以说，所有君主都是一根绳上的蚂蚱。

不过炀帝毕竟太过无道，表面上继承了贞观史家对炀帝原判的司马光以其沉稳保守的品性，自然不敢冒天下之大不韪去给炀帝翻案，只能另辟蹊径，在关键处通过对只言片语的拿捏来传递些新信息。司马光这么做绝非玩弄文字游戏的雕虫小技，其中自有深意在。而此中深意仔细看来，倒也有趣，因为它竟和二十世纪西方科学哲学中的主要理论颇有相合之处，不知这是否可以给那些"洋人所有，吾早已有之"的国粹迷们带来些莫名兴奋。

现代科学哲学"历史学派"的主要代表之一，英籍匈牙利哲学家伊姆雷·拉卡托斯，建构了一个判定科学理论发展的复杂模型，称之为精致的方法论证伪主义。在拉卡托斯看来，一个科学理论体系之所以是科学的，不仅可为实验所证实，而且至少在理论上存在着被证伪的可能。但证伪一个科学理论并非波普尔认为的那样，仅仅借助孤立的经验反例便能宣布一个理论的终结，事实上任何一个真正的科学体系都有着极强的刚性。

拉卡托斯指出：如果我们身处一个科学体系之中，那么科学研究纲领的"反面启示法禁止我们将否定后件式对准这一'硬核'，相反，我们必须运用我们的独创性来阐明，甚至发明'辅助假说'，这些辅助假说围绕该核形成了一个保护带，而我们必须把否定后件式转向这些辅助假说。正是这一辅助假说保护带，必须在检验中首当其冲，调整、再调整，甚至全部被替换，以保卫因而硬化了的内核"①。

对此，拉卡托斯举了个著名的例子：牛顿物理学体系中的"硬核"是牛顿动力学的三定律和万有引力定律，经验证伪活动（否定后件式）不容许直接指向这一硬核。假如爱因斯坦时代以前的物理学家发现某颗行星P运行不正常，首先会设想出一颗迄今不为人知的行星P'，认定是它扰乱了P的轨道，然后根据牛顿物理学计算出P'的具体位置。要是天文观测却没有发现P'，则继续设想有一团宇宙尘埃挡住了P'，并再次计算出这团尘埃的位置和性质。若这团尘埃依然没被观测到，就继续设想在宇宙的这一区域存有磁场干扰了观测。但这个磁场仍未被发现，硬核会受到损害吗，不！只要在牛顿物理学体系内，就总能够设计出另一个更加巧妙的辅助假说，来保护硬核不受伤害。②

虽然司马光没有在九百年前明确提出这样的科学哲学学说，但他确已在那个久远的时代里应用了这种理论，只不过不在科学领域罢了。在司马光的政治理论体系中，帝王是硬核存在，凡是否定这一硬核合理性的证据，基本上首先被引向各种各样的辅助假说性保护带，比如乱臣贼子。因而，如果说隋炀帝是异动的行星P，虞世基就是那颗行星P'、那团宇宙尘埃、那干扰性磁场……

---

① （英）伊姆雷·拉卡托斯：《科学研究纲领方法论》，兰征译，上海：上海译文出版社，2005年版，第56页。
② 《科学研究纲领方法论》，第13—14页。

保卫"硬核"之难

司马光并非应用此种"保护带"理论的第一人,早他八百年前,诸葛亮已在《出师表》里写道:"亲贤臣,远小人,此先汉所以兴隆也;亲小人,远贤臣,此后汉所以倾颓也。"[1]诸葛孔明当然也非这一理论的原创者,估计早在三代时禅让就成了大家心照不宣的神话,王位不论是兄传弟、还是父传子,只要在一姓世系中倒来倒去时,这种理论即便没被明面上系统提出,在政治实践中却是早就普及应用了。

可缘何帝王必然要成为君主专制政体中不可侵犯的"硬核"?如果说皇帝是选举出来的,下一任由谁来当,哪怕本届帝王意见再重要,也得按选贤与能的标准遴选完成,如此帝王恐怕很难成为"硬核"。不过,由于古典时代未能"建立一种制度(如选举制)来决定公认的'贤人'。假如让皇帝自己来决定下届皇帝应该归谁,那么其结果只会造成地方统治阶级内部的纷争和混乱,而纷争混乱又是全体地主所极不欢迎的事"[2]。所以,君权的血缘世袭似乎是止争的最佳方式,而要让一姓世系长久占据最高权力中心,统治集团基于现实治乱的精明算计是无法摆在明面上的,君王世系神圣高贵的政治神话因而应运而生。

在这种政治神话中,帝王作为国家最高统治者,其权力源于冥冥上天,他们乃是天选的,而非通过人间选举方式登上皇位,

---

[1] (梁)萧统编;(唐)李善注:《文选》,卷第三十七,出师表。上海:上海古籍出版社,1986年版。第1672页。
[2] 胡绳:《二千年间》,北京:北京出版社,2015年版,第23页。

故而生来与众不同，超然人类之上。因此，作为官方正史的《汉书》会承袭《史记》中关于刘邦出生的传说，称其"母媪尝自大泽之陂，梦与神遇。是时雷电晦冥，父大公往视，侧见交龙于上。已而有娠，遂产高祖"①。这种装神弄鬼的故事讲了又讲，千年不厌，到清朝修《明史》时，说到太祖出生依然是："母陈氏。方娠，梦神仙授药一丸，置掌中有光，吞之寤，口余香气。及产，红光满堂。"②

人间的选举总是强中更有强中手，天选下派的则不存在比较问题，作为天子龙种的开国之君传下去的血统同样异于凡人，如此半人半神的超人家族，尤其继承神圣血统最多的嫡长子，要是当不上最高领袖，天理何存！虽说皇族世系基本上难逃持续退化的宿命，可再扶不上墙的昏君，仍有着神圣的血统，对于这类昏君不加节制地批判，势必会伤害到他骨子里的那点"神性"，同样以此"神性"相标榜的后继者只要是清醒的，便不愿此种情况发生。

因此，为了维护帝王世系的神圣性，必须将帝国衰落中帝王的直接责任从帝王身上引开。神是不会犯错误的，神永远英明伟大，错误出在围绕在神周遭的凡人身上。这样，天子身边便布置着一圈又一圈由嫔妃、外戚、太监、佞臣、伶人……构成的保护带，成了事皆因天子圣明，坏了事就得由这些人来背锅。所以，司马光写到隋炀帝那一段时，"特见亲爱"的虞世基自然难逃成为炀帝"保护带"的幸与不幸。

---

① 《汉书》，卷一上，高祖上。第1页。
② 《明史》，卷一，太祖一。第1页。

可惜，世上没有十全十美的好事，尽管司马光煞费苦心地欲将祸国的大半责任卸到虞世基身上，可历史写作毕竟不能等同于文学创作，很多历史记录更无法随意改动，即便有选择史料的自由，不同史料间又未必相容，结果历史叙事总是漏洞百出。一方面，隋炀帝成了被佞臣骗得团团转的蠢蛋，可另一方面，按杨广自己的话说："天下皆谓朕承借绪余而有四海，设令朕与士大夫高选，亦当为天子矣。"① 当然，炀帝想考第一，还须先将薛道衡、王胄杀掉才行，不过考第三也很厉害了。

如此聪明的皇帝不可能看不到大业十二年（616）春正月朝集时，有二十余郡的特使因乱未到的事实。同年四月，大业殿西院失火时，"帝以为盗起，惊走，入西苑，匿草间，火定乃还"。且自大业八年（612）后，炀帝"每夜眠恒惊悸，云有贼，令数妇人摇抚，乃得眠"。② 如果不知形势几何，岂能惊恐不安到如此狼狈的地步？虞世基能把这样的皇帝蒙在鼓里，玩弄于股掌之间，只凭史书中那几句顾此失彼的谎话，实在不能让人信服。

历史终不是任人打扮的小姑娘，她倒更像是位老得不能再老的老太太，无论良苦用心的史家如何装扮，刚在左脸上补好妆，右脸上的粉已经挂不住了，假发还没戴牢，一张嘴假牙又掉了出来……看来，要想保卫那颗"硬核"，总得它自身足够硬才行啊。

---

① 《资治通鉴》，卷第一百八十二，炀帝大业九年（613）。第5869页。
② 《资治通鉴》，卷第一百八十三，炀帝大业十二年（616）。第5890页。

第三折　加固

段志冲上封事事件中的唐太宗

唐太宗素以虚心纳谏闻名于世，直到晚年，在处理段志冲上封事事件中仍展现出虚怀若谷般的大度。然而，于此光环之下，一般朝臣的进谏早在贞观中期就已变得不易起来，怪只怪君主专制制度的内在机理，它总会促使进谏和纳谏成为艰难之事。对此，唐太宗尽管颇有体悟，但随着王朝运行渐入正轨，连他自己在纳谏方面也变得越来越没法虚心了。

段志冲上封事

贞观二十一年（647），唐太宗收到一份来自民间的封事（密封奏章），上封事者为齐州（今山东济南）人段志冲，拆开一看，太宗本人连带着满朝文武都吓了一跳，里面居然奏请当今天子"致政于皇太子"！虽说两年后唐太宗还真就龙驭归天去了，可此刻正值半百之年的"天可汗"干劲还大得很；再说，即便圣上垂垂老矣，退休与否，当朝一品都不敢妄议，没来头的小民岂有发言资格？一时间，阴谋论四起，人人自危，尤其太子李治，吓得"忧形于色，发言流涕"。太宗不愧贤君，不仅没生气，反而在《答长孙无忌请诛段志冲手诏》中说道："五岳陵霄，四海亘地，纳污藏疾，无损高深。志冲欲以匹夫解位天子，朕若有罪，是其直也，若其无罪，是其狂也。譬如尺雾障天，不亏于大；寸云点日，何损于明！"①

段志冲在史书中仅此一面而过，别无事迹，看来确是没啥大背景的齐州一匹夫尔。如此之人上的封事竟也能摆到天子案前，这还得归功于唐太宗勇于纳谏的好作风，就在段志冲上封事的前一年，太宗曾下《求直言手诏》，其中有言曰："惟昔魏徵，每显余过，自其逝也，虽有莫彰。岂可独非于往时，而皆是于兹日？故亦庶僚苟顺，难触龙鳞者欤？所以虚己外求，披衷内省，言而不用，朕所甘心，用而不言，谁之责也？自斯已后，各悉乃诚，若有是非，直言无隐。"②或许是受到这份诏书的感染，不知朝堂险恶的民间愣头青们才什么话都敢说，而从太宗的反应看，倒也有应对"无隐直言"的心理准备。

当然，上面让说，下面就敢讲，绝非一份诏书之功，唐太宗听得进意见且主动要求人们提意见的声名可是日积月累得来的。早在贞观三年（629）六月，他就颁布过《祈雨求直言诏》，其中明言："文武百辟，宜各上封事，极言朕过，勿有所隐。"③同样的话，在贞观十一年（637）七月颁布的《大水求直言诏》和《求方正直谏诏》中又被反复强调。为了杜绝官场上的阿顺之风，贞观四年（630）七月还特别颁布了《官吏不得阿顺令》，要求诸司对于政令"有未稳者必须执奏，不得顺旨便即施行"④。唐太宗晚年撰《帝范》十二篇赐太子，在"纳谏"一篇中专门叮嘱太子道：对

---

① 《资治通鉴》，卷一百九十八，太宗贞观二十一年（647）。第6448页。
② 吴云，冀宇校注：《唐太宗全集校注》，天津：天津古籍出版社，2004年版，第543—544页。
③ 《唐太宗全集校注》，第262页。
④ 《唐太宗全集校注》，第274页。

于直言进谏者,"其议可观,不责其辨;其理可用,不责其文"①。

天子虚怀若谷,诚心纳谏,才引得臣民各尽其言,可泱泱大国也不能全靠皇帝一人的气量来撑持,所幸唐之谏议制度较前朝亦有了长足进步。"唐代设中书省、门下省、尚书省,实行三省制度。门下省为专职谏议机构,但谏官分属门下省和中书省。其中隶属门下省的有给事中、起居郎、左散骑常侍、左谏议大夫、左补阙、左拾遗;隶属中书省的有右散骑常侍、右谏议大夫、右补阙、右拾遗。"②其中除了补阙、拾遗创置于武则天垂拱元年(685)外,其他职位在唐高祖时皆已齐备,并在承袭前朝制度的基础上一改谏官多为加官、有职无权之旧风,"使谏官均为实职,即使是荣誉性的散骑常侍,也以实职待之"。进而,各级谏官的责权"也渗透到了朝政的各个层面,而每个层面上的谏职互有侧重,相互配合,构成了一个分工明确的责权体系"。③

天子圣明,制度又在不断的完善中,大唐的朝堂上气象一新。史书中一面而过的段志冲,恰似这个轰轰烈烈大时代里溅起的一滴小水花,其上书言事尽管唐突冒失,却也映现出贞观时代政清人和的政坛风光。

太宗已不能无稍厌

就在唐太宗连颁两道求直言诏的贞观十一年(637),皇家到

---
① 《唐太宗全集校注》,第606页。
② 晁中辰主编:《中国谏议制度史》,北京:中华书局,2015年版,第256页。
③ 《中国谏议制度史》,第260页。

怀州（今河南沁阳）田猎，当地官员上封事指责天子扰民无已，实乃骄逸之主！挨了基层官吏的骂，窝了一肚子气的太宗对身边侍臣大为光火地抱怨道："四时搜田，既是帝王常礼。今日怀州，秋毫不干于百姓。凡上书谏正，自有常准，臣贵有词，主贵能改。如斯诋毁，有似咒诅。"侍中魏徵赶快从旁劝解：既开言路，"所以侥幸之士得肆其丑。臣谏其君，甚须折衷，从容讽谏"①。听了这话，太宗才算消了气，觉得还是魏征懂得进谏的正确方式。

贞观之末，"勋业日隆，治平日久，即太宗已不能无稍厌"②。不过，无论太宗如何志得意满，对于齐州匹夫段志冲的胡言妄语，犹有雅量容之；可还在锐意进取的贞观中叶，太宗却已对手下官员们的无隐直言颇有些忍受不住了，这又是何故？或许，帝王的高姿态只是用在人微言轻的匹夫身上，换作等级森严的官僚体系中的任何一级官吏，出言不慎，都会惹得龙颜不悦。然而，略读几段魏徵在贞观十一年（637）前后的上疏和进言，又会发现太宗对于朝臣的态度有段时期还是相当温和的。

贞观十年（636），魏徵上疏道："昔贞观之始，乃闻善惊叹，暨八九年间，犹悦以从谏。自兹厥后，渐恶直言，虽或勉强有所容，非复曩时之豁如。"③贞观十一年，魏征复上长疏，又言道："昔在贞观之初，侧身励行，谦以受物。盖闻善必改，时有小过，引纳忠规，每听直言，喜形颜色。故凡在忠烈，咸竭其辞。自顷年海内无虞，远夷慑服，志意盈满，事异厥初。高谈疾邪，而喜

---

① 《贞观政要》，卷十，论畋猎第三十八，第360页。
② 《廿二史劄记校证》，第420页。
③ 《贞观政要》，卷五，论诚信第十七，第236页。

闻顺旨之说；空论忠谠，而不悦逆耳之言。"①贞观十二年（638），魏徵再向太宗进言曰："贞观之初，恐人不言，导之使谏。三年已后，见人谏，悦而从之。一二年来，不悦人谏，虽黾勉听受，而意终不平，谅有难色。"②

看来，贞观初期的头三年，唐太宗对待朝臣，尤其是谏官，确实是非常客气，几乎到了闻谏则喜、恨不激切的地步。但之后这份客气越来越少，贞观十年（636）之后，唐太宗虽然对谏诤之言还能听进去些，脸色却难看起来。为何贞观中叶的太宗会在纳谏态度上发生变化，这还得从外在形势和太宗品性两个方面来探究。

大唐立国之初，"高祖武德期间（618—626）只二百多万户，太宗贞观（627—649）初还不满三百万户，较隋之八百九十万户不及三分之一"③。而高祖当年为夺天下，不惜向气焰正炽的突厥称臣，北边强邻压境。尤其武德九年（626）八月，长安城中政治地震余波未了，颉利可汗就合兵十余万来趁火打劫，所幸勤王诸军及时赶到，唐太宗与颉利可汗斩白马盟于便桥之上，赂以金帛，才算避过一劫。另外，玄武门事变后不过十数天，幽州大都督庐江王李瑗便欲谋反，但为亲信王君廓所卖，被缢杀之；贞观元年（627），与秦府有过节的天节将军燕郡王李艺内不自安，据泾州反叛，旋即为官军平定；隋炀帝之妻萧皇后仍藏身于突厥处，国人常有潜通书启于萧后……

---

① 《贞观政要》，卷五，论公平第十六。第231页。
② 《贞观政要》，卷二，直言谏争附。第102页。
③ 杨志玖：《隋唐五代史纲要（外三种）》，北京：中华书局，2015年版，第33页。

问题重重，麻烦不断，贞观之初唐太宗的日子甚是难过，好在一朝君臣都是些横空出世的豪雄，上马治军，下马治民，左突右挡，才扛过这段艰难岁月。贞观四年（630），李靖大破突厥，生擒颉利可汗，炀帝之妻萧皇后亦为唐所得。同年，据《资治通鉴》记载，"天下大稔，流散者咸归乡里，米斗不过三、四钱，终岁断死刑才二十九人。东至于海，南极五岭，皆外户不闭，行旅不赍粮，取给于道路焉"①。到了贞观九年（635）五月，上皇驾崩，压在太宗背上的最后一件政治包袱也随之卸去。

贞观十年（636）时，新朝初立时的内忧外患已悉数解除，形势大为改观，坐了十年龙椅的太宗尽管干劲不减当年，却再也没法自然而然地达到贞观二年（628）时太宗对君臣所述的那种精神状态，即"上畏皇天之临临，下惮君臣之瞻仰，兢兢业业，犹恐不合天意，未副人望"②之后，再闻谏诤之言，脸色变得难看起来，也是人之常情吧。

"气不守中"的太宗

北宋史学家范祖禹对唐太宗评价道："太宗以武拨乱，以仁胜残，其材略优于汉高，而规模不及也。恭俭不若孝文，而功烈过之矣。迹其性本强悍，勇不顾亲，而能畏义而好贤，屈己以从谏，刻厉矫揉，力于为善，此所以致贞观之治也。"③太宗能够建

---

① 《资治通鉴》，卷一百九十三，太宗贞观四年（630）。第6277—6278页。
② 《资治通鉴》，卷一百九十二，太宗贞观二年（628）。第6241页。
③ （宋）范祖禹：《唐鉴》，刘韶军　田军　黄河译注，北京：中华书局，2008年版，第142页。

立非常之功，确有治国安邦之才，但人无完人，太宗的品性里还有着强悍、凶残、骄横的一面，只不过他能够努力约束、克制自己的负面冲动，才得以长久维系住贤君形象。

当然，"屈己""矫揉"便少不了勉强的成分，与"恭俭仁恕，出于天性"①的宋仁宗比起来，一直费力绷着实在是件辛苦事，尤其外压消除后，这份勉强就愈加强烈起来。进而，皇帝里"文治"与"武功"兼得者凤毛麟角，其一原因便是此二者气质殊异，文治之君多宽柔，而建立武功者难免霸道，尤其唐太宗，范祖禹说他"北擒颉利，西灭高昌，兵威无所不加，四夷震慑，而玩武不已"②。没有叱咤风云的品质，焉能立下这多大功？可一转面还得谦和客气地听那些袖手旁观的文官数落，怕是唯有大圣人才能这样文韬武略吧。

可惜，唐太宗毕竟没有达到圣人境界，明末大儒王夫之隔着千年为唐太宗观气时，说他"聪明溢于闻见，而气不守中，以动而见长者也。其外侈，其中枵，其气散，其神瞀，其精竭，其心驰，追乎彝伦之攸斁，至德之已亏，佞幸外荧，利欲内迫，而固无以自守，及其衰年而益以泛滥，所必然矣"③。将这通装神弄鬼的话往通俗处讲，便是太宗聪明外显，擅于建功立业，内在品质却有问题，功高位稳后，内心就难于自守，终是绷持不住的。

帝王品性如何，本身就是政治中的偶然因素，善则善矣，一旦"气不守中"，制度上能否通过系统的谏议机构来进行有效制

---

① （元）脱脱 等撰：《宋史》，北京：中华书局，1986年版。卷十二，仁宗四。第250页。
② 《唐鉴》，第122页。
③ （明）王夫之：《读通鉴论》，长沙：岳麓书社，2010年版，第761页。

约呢？对此，散骑常侍刘洎在贞观十六年（642）的上书中有段话颇值得琢磨，其言曰："帝王之与凡庶，圣哲之与庸愚，上下相悬，拟伦斯绝。是知以至愚而对至圣，以极卑而对极尊，徒思自强，不可得也。"① 刘洎本意是希望太宗听取臣下意见时能降低身段、平易近人，可此番言论也显露出古典政治核心理念的强大力量，它在君臣间制造出"至愚"与"至圣"、"极卑"与"极尊"的心理落差！

君权受之于天，天子超异于凡人，由之延续的神圣后裔理所当然地世代为主，这是古典时代的政治神话，只要国家治平，举国君臣百姓便都生活在这样的神话里。如此之国，若有律法，根本上也是天子自上而下颁布给芸芸众生遵守的，至于天子本人，手握生杀予夺的大权，又能以敕令之类的形式随时法外行刑、施恩。有这样一道"极强"与"极弱"的绝对落差背景，纵有制度支撑，臣子进谏仍不免险象环生，唐太宗就坦言道："人臣欲说忤旨，动及刑诛，与夫蹈汤火冒白刃者亦何异哉！"②

在帝王的行列里，唐太宗算是虚心纳谏的典范，可他也承认："朕又闻龙可扰而驯，然喉下有逆鳞。"③ 加之"太宗威容俨肃，百僚进见者，皆失其举措"。④ 太宗对此都不免感叹："比见人来奏事者，多有怖慴，言语致失次第。寻常奏事，情犹如此，况欲谏诤，必当畏犯逆鳞。"⑤ 因而，历数那些敢逆龙鳞的贞观名

---

① 《贞观政要》，卷六，慎言语第二十二。第257页。
② 《资治通鉴》，卷一百九十六，太宗贞观十五年（641）。第6370页。
③ 《贞观政要》，卷二，论求谏第四。第69页。
④ 《贞观政要》，卷二，论求谏第四。第64页。
⑤ 《贞观政要》，卷二，论求谏第四。第71页。

臣,也就房玄龄、杜如晦、魏徵、王珪、虞世南、马周、褚遂良等十数人,他们大都与太宗关系密切,了解其处事风格,方敢直言犯谏。

即便是这些骨鲠忠正之臣,进谏时也没有忘记横亘在君臣之间的那条不可逾越的尊卑红线,恰如魏徵所云,对皇帝提意见,一定要做到"甚须折衷,从容讽谏"。所以,纵有制度支撑,进谏依然是极高危的工作,它要求从业者既要有识,更须有胆,还得深谙交流的艺术才行,也只有魏徵拿捏得最为得体。唐太宗曾半玩笑、半认真地说:"人言魏徵举止疏慢,我视之更觉妩媚。"[①]这"妩媚"二字真是令人回味无穷啊!

贞观中叶以后,功业日隆的太宗刻意辞色温和都掩盖不住日渐增长的凌人霸气,而敢于并擅于进言的旧臣们又相继作古,未经乱世历练、循规蹈矩的新官员站在颇有些绷不住的太宗面前,连正常汇报工作都吓得说不清话,哪还敢批评与自己上下悬如霄壤的天子!可叹大唐谏议体系虽然完备,但激活这一制度的核心仍系于帝王一身,古典政治体系实际运行的逻辑诚如大理卿刘德威所云:"人主好宽则宽,好急则急。"[②] 正因如此,当文治武功的太宗不再那么"宽"时,贞观之初高效运转的谏议机制也就随之慢了下来。

[①] 《资治通鉴》,卷一百九十四,太宗贞观六年(632)。第6292页。
[②] 《资治通鉴》,卷一百九十四,太宗贞观十一年(637)。第6321页。

段志冲事件之了结

  贞观之末的唐太宗虽然放松了对自己的约束，但作为不世出的贤君，就是再绷不住也比之后一蟹不如一蟹的不肖子孙们强。闻听谏言，脸色虽难看，但有道理的意见还是能听进去些，至于遇到段志冲这样不知深浅的齐州匹夫，反而愈加展现出其五岳四海般博大的胸怀。不过，司马光编撰《资治通鉴》讲到这件事时，为了维护太宗虚怀若谷的明主形象，并未全文引用太宗的手诏，实际上太宗仅仅否决了长孙无忌等人诛斩段志冲的请求，后面又补充道："今卿等皆欲致以极刑，意所不忍，可更详议，任流远方。"①

  对于安土重迁的中国人来说，"人们通过宗族共同体，表示对先世祖宗的敬仰；同时，又在观念上将自己与宗族共同体的所有成员——包括现世的和已死去的——融为一体"。所以，太宗建议的"流刑"，在古典时代实在是"作为仅次于'死刑'的最严厉的刑罚"！② 这么看来，段志冲的冒失言语到底是让越来越霸道的太宗内心非常不快，诏书里的话虽然说得漂亮，但太宗拦下的只是物质世界中的刀斧，而那俨然就是命令的建议，明白地宣布了段志冲在精神世界中的死刑！

  当历史舞台上这出小插曲结束之际，那位帮闲不得、因言获罪的段志冲凄凉地离开故土，踏上远流边关的不归之路，从这滴

---

① 《唐太宗全集校注》，第560—561页。
② （美）D·布迪，C·莫里斯：《中华帝国的法律》，朱勇译，南京：江苏人民出版社，2004年版，第62页。

历史洪流里溅起的可有可无的水花映现出来的，再也不是贞观时代政清人和的朝堂风景，而是那轰轰烈烈时代落幕时分投下的一道阴影。

唐太宗的疑心病

莎翁笔下的亨利四世曾在暗夜中独自感叹道："戴王冠的头是不能安于他的枕席的。"① 如果这是系生民休戚、关国家兴衰的不安，该是多么令人感动的情景！可惜，真正令君王们夜不能寐、披衣徘徊的，却是头上那顶王冠能否戴牢在自己以及自己子孙头上这件事，由此生出无穷猜忌，以至于他们的主要精力都用在与现实或想象中的敌人的恶斗之中。作为帝王楷模的唐太宗也难免这种职业病的折磨，坐在皇位上，以疑心始，以疑心终。

长安城中的大敌

贞观六年（632）冬十月，唐太宗"侍上皇宴于大安宫，帝与皇后更献饮膳及服御之物，夜久乃罢。帝亲为上皇捧舆至殿门，上皇不许，命太子代之"②。在一片和睦、温馨的氛围中，大安宫皇室私宴举办得极为成功，尤其宴后唐太宗竟欲亲为太上皇"捧舆至殿门"，孝顺之举堪为天下表率。然而，六年前，在玄武

---
① 《莎士比亚全集》（三），第273页。
② 《资治通鉴》，卷一百九十四，太宗贞观六年（632）。第6293页。

门前大开杀戒的李世民派尉迟敬德擐甲持矛闯到正泛舟海池的李渊处时，幸亏这位开国皇帝交权交得利落，不然谁知道会发生何种情况。如今尘埃落定，为父的彻底认输，得胜的儿子亦展现出赢家风度，多年来父子间的紧张关系仿佛松弛了下来。

两年后，唐太宗"屡请上皇避暑九成宫，上皇以隋文帝终于彼，恶之"。九成宫即隋时的仁寿宫，关于隋文帝杨坚之死，正史《隋书》遮遮掩掩、语焉不详，但赵毅的《大业略记》与马总的《通历》中都明确记载是太子杨广指使手下弑帝。李渊此时身体情况也如当年杨坚般枯木朽株，只需外力轻轻一触就会垮掉，上皇所恶因此变得微妙起来，父子间看似缓和的关系中依然深藏着挥之不散的提防与恐惧！不过，这次上皇真是想多了，唐太宗毕竟不是隋炀帝，他立刻另建大明宫，以为上皇清暑之所，只可惜"未成而上皇寝疾，不果居"。[1]

上皇小心翼翼并非庸人自扰，南北朝及前隋宫廷中至亲相残的故事比比皆是，要让这根绷紧的神经松懈下来谈何容易。而在唐太宗方面，喋血玄武门、逼宫夺权的事实无论之后编出多少冠冕堂皇的理由，其皇位在儒家正统派眼里始终缺乏充分的合法性支撑，到了继承"道统"的宋人那里，更是厉声指责道："必若为子不孝，为弟不弟，悖天理，灭人伦，而有天下，不若亡之愈也。"[2]虽说唐初儒家还未有如此汹汹之势，可毕竟也占据着主流意识形态的位置，虽不明言，唐太宗却能切地感到这隐隐中的不安气息！

---

[1] 《资治通鉴》，卷一百九十四，太宗贞观八年（634）。第6301页。
[2] 《唐鉴》，第19页。

第三折 加固

上皇虽失权柄，但退休皇帝的厉害唐太宗格外清楚。早在武德九年（626）八月，长安城中政治地震余波未了，东突厥颉利可汗就合兵十余万来趁火打劫，所幸勤王诸军及时赶到，唐太宗终与颉利可汗斩白马盟于便桥之上，啗以金帛，才算避过一劫。事后，唐太宗回答左仆射萧瑀缘何不战之问时却说："吾观突厥之众虽多而不整，君臣之志唯贿是求，当其请和之时，可汗独在水西，达官皆来谒我，我若醉而缚之，因袭击其众，势如拉朽。又命长孙无忌、李靖伏兵于豳州以待之，虏若奔归，伏兵邀其前，大军摄其后，覆之如反掌耳。"和而不战，只因"即位日浅，国家未安，百姓未富，且当静以抚之。一与虏战，所损甚多；虏结怨既深惧而修备，则吾未可以得志矣"。① 唐太宗久经战阵，对军事的判断或非妄论，只是不战之因少说了一条，即自己政变上台，勤王军中如若相互串通或与敌勾结，临阵倒戈，以讨逆反正之名杀进皇城，则大势去矣！

那骤然间汇集到长安城下勤王的千军万马，在唐太宗眼中，反不如抢一票就走的突厥部众，皇宫里的上皇则是比渭水对面的颉利可汗更加危险的敌人！然而，这个敌人却绝不能再去触击，如果李渊不在玄武门事变后第三天就授予秦王皇太子身份，如果两个月后李渊不主动配合传位给太子，唐太宗便坐实了篡位之名，以后所能依持的就唯有强权暴力，而非尽管残缺却聊胜于无的大义名分。于是，李渊成了个矛盾混合体，作为上皇，对儿子上台的支持和政绩的肯定，无不夯实着贞观政权的合法性基础；但作为被迫下台的旧君，不管李渊愿意与否，随时可能成为潜在

---

① 《资治通鉴》，卷一百九十一，高祖武德九年（626）。第6213页。

政治势力反对新君的一面旗帜。儿子既要利用老子的余热，又得防范老子的威胁，父子间充斥着算计与猜忌。

奉侍上皇之心机

唐太宗刚一登基，就下诏曰："宫女众多，幽闭可愍，宜简出之，各归亲戚，任其适人。"①贞观二年（628），又命尚书左丞戴胄、给事中杜正伦于掖庭西门拣选宫女，前后释放回家三千余人。表面看，这都是皇室节用惠民之善举，不过直到贞观三年（629）四月，上皇方"徙居弘义宫，更名大安宫。上始御太极殿"②。也就是说，唐太宗在太子宫显德殿登基三年后，上皇才正式搬出皇宫。因而，释放宫女之举，既是节用爱人，亦是对上皇庞大后宫的肢解。毕竟有宫女，便有太监、杂役之类身边大大小小的佣仆，此辈身份低贱、人数众多而难于监控，偷偷摸摸地在京城中串联大臣、交结豪强，鬼知道能掀起多大浪来，实为上皇手里最后的棋子儿，只有以光鲜名头把这些人遣散掉，才能削弱上皇在京城中的活动能力。

至于上皇所居大安宫的情况，从监察御史马周贞观六年（632）的上疏中可略知大概，即"制度比于宸居，尚为卑小，于四方观听，有所不足"③。上皇的庭殿连唐太宗的寝宫规模都比不上，格局简陋狭小，四方观感逼仄。从孝道上讲，这般对待老父

---

① 《资治通鉴》，卷一百九十一，高祖武德九年（626）。第6211页。
② 《资治通鉴》，卷一百九十三，太宗贞观三年（629）。第6257页。
③ 《资治通鉴》，卷一百九十四，太宗贞观六年（632）。第6288—6299页。

第三折　加固

亲着实不厚道，可从软禁政敌的角度看，如此安置真是再合适不过。然而，将潜在竞争对手困在大安宫内只为治标之法，做得过火很容易引发人们对上皇的同情，进而翻作对今上的不满。因而，须有治本套路配合，即揭露出上皇当政时的污点，打掉其威信，最好再对比显现出今上的光辉。在处理东突厥事务时，唐太宗实现了这一箭双雕之策。

贞观三年（629），东突厥内讧，突利可汗来降，唐太宗对侍臣公开说："往者太上皇以百姓之故，称臣于突厥，朕常痛心。今单于稽颡，庶几可雪前耻。"[①] 隋末中国丧乱，突厥势头正盛，"控弦之士数十万。割据北边的人，都称臣于突厥。唐高祖初起，也卑辞厚礼，想得他的助力。然而却没得到他多少助力"[②]。当然，作为开国之君，李渊哪会天真到靠借他人之兵去夺天下，卑辞厚礼结好突厥的主要意图无非是确保自己逐鹿中原时颉利可汗不会从后面捅上一刀。可称臣于突厥毕竟是件屈辱的事，所以武德八年（625）李渊与突厥翻脸时，史书记载："先是，上与突厥书用敌国体礼，秋，七月，甲辰（十二日），上谓侍臣曰：'突厥贪婪无厌，朕将征之，自今勿复为书，皆用诏敕。'"[③]

连后世史家都谨慎地说李渊与东突厥交往曾用对等的"敌国体"，唐太宗竟无所避讳，加了个"以百姓之故"的前缀，就直接道出多少人讳莫如深的开国往事。旧事重提越让太上皇灰头土脸，唐太宗顶上的胜利光环则愈加耀眼！贞观四年（630），李

---

① 《资治通鉴》，卷一百九十三，太宗贞观三年（629）。第6260页。
② 《白话本国史》，第303页。
③ 《资治通鉴》，卷一百九十一，高祖武德八年（625）。第6189页。

靖大破东突厥,生擒颉利可汗,消息传来,上皇第一时间表态:"汉高祖困白登,不能报;今我子能灭突厥,吾托付得人,复何忧哉!"上皇对儿子的肯定,等于承认了自己当年之失措。接着,"上皇召上与贵臣十余人及诸王、妃、主置酒凌烟阁,酒酣,上皇自弹琵琶,上起舞,公卿迭起为寿,逮夜而罢"。① 凌烟阁之宴中既有国家强盛、君臣由衷欢欣的一面,也有上皇败局已定、无可奈何的另一面,既然"托付得人",之后唯能安心养老了。

  正因前期工作做得细致,马周为上皇待遇鸣不平时,唐太宗虚心接受、坚决不改,马周亦无如之何。不过唐太宗仍有大意的时候,贞观九年(635)五月,上皇驾崩,葬于献陵,做儿子的须守"三年之丧"(实为27个月),可在群臣连篇累牍上书恳请下,到贞观十年(636)春正月,唐太宗就御常服、临正殿,仿佛上皇这篇已翻过去了。这一年,长孙皇后逝世,葬于昭陵,唐太宗"念后不已,于苑中作层观,以望昭陵"。某次,唐太宗与魏徵同上层观,魏徵佯装不见昭陵,唐太宗为之指示,魏徵乘机进言:"臣以为陛下望献陵,若昭陵,则臣固见之矣。"唐太宗是聪明人,立刻意识到:上皇虽崩,其阴影仍笼罩着自己,若要证明他老人家"托付得人",岂能"念后"甚于"忆父"!于是流着眼泪,"为之毁观"。②

---

① 《资治通鉴》,卷一百九十三,太宗贞观四年(630)。第6268页。
② 《资治通鉴》,卷一百九十四,太宗贞观十年(636)。第6317页。

"反复有常"的父皇

贞观十六年（642），唐太宗询问侍臣"当今国家何事最急？"，尚书右仆射高士廉认为"养百姓最急"，黄门侍郎刘洎认为"抚四夷最急"，中书侍郎岑文本则说"礼义为急"。只有谏议大夫褚遂良参透了圣上心意，最后发言："即日四方仰德，不敢为非，但太子、诸王，须有定分，陛下宜为万代法以遗子孙，此最当今日之急。"唐太宗听后甚是满意，表扬褚遂良讲到了点子了。① 褚遂良晓得"国家"根本上只是"李家"，圣上在位日久，该考虑皇位继承问题了，而唐太宗每忆起当年上位时惊心动魄的往事，就更觉得皇位能否和平传承才是国家（李家）第一急务！

冒烟的地方不免有火，唐太宗看似平常一问，却显露出他的忧心所在，果然到了第二年，东宫便出了大事。太子李承乾奢靡荒诞，害怕被废，欲效老爹楷模，政变夺权，可惜心毒手拙，还没动手就被一网打尽，躺着中枪的还有个曾经颇得父皇偏爱且雅好文学、交通诸侯的魏王李泰。或许这一轮父子相残触痛了唐太宗最敏感的神经，使他觉得"承乾悖逆，泰亦凶险"，只有平庸却孝顺的晋王李治最可靠，在对侍臣解释为何放弃李泰时，唐太宗言道："我若立泰，则是太子之位可经营而得。自今太子失道，藩王窥伺者，皆两弃之，传诸子孙，永为后法。"② 唐太宗讲的固然有理，但其太子之位不就是当年亲自上阵经营而得的吗？从结果上看，多亏经营而得，才淘汰掉庸碌的老哥、顽劣的老弟，使

---

① 《贞观政要》，卷四，太子诸王定分第九。第153—154页。
② 《资治通鉴》，卷一百九十七，太宗贞观十七年（643）。第6394—6395页。

最有能力者肩负起初唐重担，否则难说大唐不蹈前隋、北齐之覆辙。

时过境迁，如今唐太宗在国家第一急务上要彻底否定的竟是自己当年"经营而得"的成功经验，不禁令人觉得圣意反复。好在这"反复"并不指向让人糊涂的"无常"之境，而是要将权力体系调整至"有常"的正轨中。在君主世袭制的王朝政治正轨中，只要君主并非虚君，对权力获得者的神圣化就是不可或缺之要件，所以当大禹自舜手中接过权柄的刹那，以八伯为首的君臣便歌颂道："明明上天，烂然星陈。日月光华，弘于一人。"① 当禹把权柄传给儿子启时，日月光华又从弘于一人，贯穿进一个高贵世系，最高权柄天经地义须在这个世系内传承，每一任的统治者都是神圣的！

对这个神圣的政治体系来说，"竞争"不仅可恶，而且罪大恶极！恰似相信爱情者眼中"追求"二字格外讨厌，它意味着只要情敌比自己多用一份力，爱人就会被抢走，痴男怨女们于是无不相信任由情敌们费尽心力也奈何不得的冥冥中的那份"缘分"。同样，血统高贵的接班人信仰"天命"，天命所归，旁人无论何德何能都将望尘莫及！王国维总结自周以降的继统制时说："立子以贵不以长，立嫡以长不以贤者，乃传子法之精髓；当时虽未必有此语，固已用此意矣。"② 嫡长继统固然有息争之意，但此种权力体系必然要内设如下信念：天命所归之人自有无上贤德！否

---

① （清）沈德潜选：《古诗源》，北京：中华书局，1963年版。卷一，古逸·八伯歌。第2页。
② 《王国维集》（第四册），第127页。

则，承认嫡长之贤或不及于弟，那么皇位的神圣性既遭玷污，又难免会勾起各路实力派"彼可取而代之"的野心。

可惜，威风八面、前呼后拥的帝王回到后宫，无论如何自命不凡，脱去行头后，镜前也显不出龙形。人们离君王越近，王朝最高政治神话的那层窗户纸就越容易戳破。一片霍布斯式的阴云难免袭上君王心头，这位英国哲人曾说："自然使人在身心两方面的能力都十分相等，以致有时某人的体力虽则显然比另一人强，或是脑力比另一人敏捷；但这一切总加在一起，也不会使人与人之间的差别大到使这人能要求获得人家不能像他一样要求的任何利益，因为就体力而论，最弱的人运用密谋或者与其他处在同一危险下的人联合起来，就能具有足够的力量来杀死最强的人。"[1]

君王但凡不昏聩到痴傻，对人与人之间并非如隔霄壤的差距都不会视而不见，尤其那些具有极强现实感的政坛老手们，登上神坛之后，难免会患上或重或轻的疑心病。极贤明能干的唐太宗亦不例外，且随着内心深处这股焦虑不安的情绪越积越强烈，精力也就越来越多地投入对皇位安全的监防之中。

圣上的双重监防

在王位世袭的序列中，唐太宗算是个异类，其太子之位乃"经营而得"，而其后的太子位之获取却严禁"经营"。贞观十四

---

[1] （英）霍布斯：《利维坦》，黎思复 黎廷弼译，北京：商务印书馆，1985年版，第92页。

年(640),唐太宗视察国子监,"命祭酒孔颖达讲《孝经》"①,当太子李治研读《孝经》时,当爹的称赞道:"行此,足以事父兄,为臣子矣。"②圣上大力提倡儒学,其政治目的如王亚南所云,"不在使全国的人,都变成一家人一样的相互亲爱,而在使全国被支配的人民都变成奴隶一般的驯顺"③。可在步步惊心的险恶宫廷中,父子间尚且时时提防,儒家经典中,尤其《孝经》里,那些温情脉脉的大道理真的够用吗?

对于神圣世系的神话,离得越远的百姓越易被唬住,越在切近的世族贵戚那里就越易穿帮,光靠漂亮的儒家大道理是兜不住的,必须配以严密的监防!尽管中国版的马基雅维利如韩非、荀况之辈,总在大人先生那里被边缘化到绝口不提的地步,可口诵圣人之言的满朝君臣彼此恶斗起来,几乎个个都是厚黑之术的行家里手,难怪鲁迅先生讽刺道:"医术和虐刑,是都要生理学和解剖学知识的。中国却怪得很,固有的医书上的人身五脏图,真是草率错误到见不得人,但虐刑的方法,则往往好像古人早懂得了现代的科学。"④

唐太宗对于监防的谙熟,自是达到了"虐刑"的境界!其监防分为两重,一重监防是为自己,由于"经营而得"的皇位终缺些合法性,对自家亲爹都得用狡计伺候着,所谓"亲信""心腹"实在难逃猜忌。虽说唐太宗以开诚布公闻名,可就在他格外宽宏大量的贞观初年,仍有治书侍御史"权万纪与侍御史李仁发,

---

① 《资治通鉴》,卷一百九十五,太宗贞观十四年(640)。第6349页。
② 《旧唐书》,卷四,高宗本纪上。第65页。
③ 王亚南:《中国官僚政治研究》,北京:商务印书馆,2010年版,第69页。
④ 鲁迅:《且介亭杂文》,北京:人民文学出版社,1993年版,第159页。

俱以告讦有宠于上，由是诸大臣数被谴怒"[1]。玄宗时的史家吴兢对此记得更为愤然，说这二人"任心弹射，肆其欺罔，令在上震怒，臣下无以自安。内外知其不可，而莫能论诤"[2]。有意思的是，当魏徵对此切谏之后，唐太宗的反应却出奇得消极，仅"默然，赐绢五百匹。久之，万纪等奸状自露，皆得罪"[3]。一个"久之"，足见圣上颇不情愿让二人停手。

在魏徵的进谏中，有句话值得注意，即"陛下非不知其无堪，盖取其无所避忌，欲以警策群臣耳"[4]。这种情况往前颇似汉武帝提拔无所顾忌的江充，往后则如武则天重用来俊臣等一波酷吏。此等人物究竟忠奸且不论，其极端的处事风格，很容易在朝野间营造出人人自危的凶险氛围，而帝王越是怕臣民造次，就越需要这种氛围护体。唐太宗上台之初，潜在政敌数不胜数，除了虚心纳谏、勤政爱民这光明一面，也存在着阴暗一面，即在广开言路的招牌下，容忍甚至重用无所避忌的告密者，借之使得群臣服服帖帖、诚惶诚恐。

处于这种氛围中的李靖为其麾下诬告谋反之罪，尽管案验无状，诬告者受到惩罚，但一代战神竟吓得"自是阖门杜绝宾客，虽亲戚不得妄见也"[5]。贞观后期，坐稳皇位的唐太宗依然习惯性地猜忌大臣。魏徵刚死，唐太宗感叹失去一面可知得失的明镜，还"自制碑文，并为书石"[6]。仅六个月后，太子承乾谋反被废，

---

[1] 《资治通鉴》，卷一百九十三，太宗贞观五年（631）。第6280页。
[2] 《贞观政要》，卷二，直言谏争附。第92页。
[3] 《资治通鉴》，卷一百九十三，太宗贞观五年（631）。第6281页。
[4] 《资治通鉴》，卷一百九十三，太宗贞观五年（631）。第6281页。
[5] 《资治通鉴》，卷一百九十四，太宗贞观九年（635）。第6310页。
[6] 《资治通鉴》，卷一百九十六，太宗贞观十七年（643）。第6381页。

魏徵曾举荐之士也有参与其中者，唐太宗立刻怀疑魏徵有结党之嫌，"又有言徵自录前后谏辞以示起居郎褚遂良者，上愈不悦，乃罢叔玉尚主，而踣所撰碑"。① 只凭流言，就认定魏徵与主争辉，不但废掉其子魏叔玉与公主的婚约，还将亲立之碑捣毁，目睹此景，群臣震惧，殊难自安。

唐太宗的第二重监防则是为太子，太子位既然不许经营而得，老子只能替儿子多操点心，因而愈到晚年，为父的疑心就愈重。贞观二十年（646），刑部尚书张亮收养子五百人，又爱与术士交往，唐太宗以为"亮有假子五百人，养此辈何为？正欲反耳！"，便将其斩于西市，籍没其家。② 侍中刘洎更倒霉，贞观十九年（645），圣上生病，刘洎"色甚悲惧，谓同列曰：'疾势如此，圣躬可忧！'或谮于上曰：'洎自言国家事不足忧，但当辅幼主行伊、霍故事，大臣有异志者诛之，自定矣。'上以为然"③。张亮到底说过几句"举大事"之类悖逆的话，刘洎却是忠心耿耿过了头，竟也落了个赐自尽的结局。

最倒霉的应当是左武卫将军武连县公武安人李君羡，当时星相屡示有女主将发迹，民间流传的《秘记》又说"唐三世之后，女主武王代有天下"。素不信命的唐太宗为子孙计时又开始信了，一次宫廷宴会中他问起群臣小名，李君羡自言名"五娘"，唐太宗愕然。"又以君羡官称封皆有'武'字，深恶之，后出为华州刺史"。莫名其妙被发配的李君羡一点没意识到自己的危境，他结

---

① 《资治通鉴》，卷一百九十七，太宗贞观十七年（643）。第6400—6401页。
② 《资治通鉴》，卷一百九十八，太宗贞观二十年（646）。第6435页。
③ 《资治通鉴》，卷一百九十八，太宗贞观十九年（645）。第6432页。

交装神弄鬼的道士,还"数相从,屏人语",御史奏其"与妖人交通,谋不轨",终于被疑心的圣上捉去杀了头。①

其实,这三人若在贞观中期,估计都不致死,一个行伍莽夫,一个书呆子,最后一个则是"打酱油的",能奈气势正盛的唐太宗何?可平庸的李治当家就未必收拾得了,于是管你什么"反形未具,罪不当死"的法条限制,只要惹出君王猜忌之心,无论忠也好、奸也罢,活该还是含冤,威胁到了现在或将来的皇权安稳,都必须要清除掉!

最后的试探

贞观二十二年(648),梁文昭公房玄龄逝世;贞观二十三年(649),卫景武公李靖也撒手人寰而去。贞观一朝功勋卓著的重臣们渐次离世,已无功高震主者能碍着未来的皇帝李治。可在病榻上弥留的唐太宗又生出另样担心,太子平庸,总该留下几个有能力的帮衬下年轻天子才妥,长孙无忌善避嫌疑又是自家人,可以放心用,"亲附于朕,譬如飞鸟依人,人自怜之"②的褚遂良也可以放心用,然而这两位忠则忠矣,能力上却略显不足,心思缜密的唐太宗想到了李世绩。

李世绩乃李密旧臣,以忠贞闻名,表面上看,唐太宗对李世绩既欣赏又信任,史载:"李世绩尝得暴疾,方云:'须灰可疗。'上自剪须,为之和药。世绩顿首出血泣谢。上曰:'为社稷,非

---
① 《资治通鉴》,卷一百九十九,太宗贞观二十二年(648)。第6455页。
② 《资治通鉴》,卷一百九十七,太宗贞观十八年(644)。第6408页。

为卿也，何谢之有！'世绩尝侍宴，上从容谓曰：'朕求群臣可托孤者，无以逾公，公往不负李密，岂负朕哉！'世绩流涕辞谢，啮指出血，因饮沉醉，上解御服以覆之。"① 好一派君臣间两情相契、水乳交融的感人场面。然而，到了托孤之际，对这种既忠诚又有能力，完美到几乎无懈可击之人，唐太宗又犯了疑心病，不试探一番实难放心。

因而，唐太宗临终前突将同中书门下三品（宰相之职）的李世绩调作叠州都督（总部在今甘肃迭部），并对太子李治说："李世绩才智有余，然汝与之无恩，恐不能怀服。我今黜之，若其即行，俟我死，汝于后用为仆射，亲任之；若徘徊顾望，当杀之耳。"唐太宗没看错人，"世绩受诏，不至家而去"。可这终极大考与其说在考李世绩的忠诚度，不如说在考他的狡猾度，无怪史家评道："太宗以机数御李世绩。世绩亦以机心而事君。"②

其实，岂止一个李世绩，唐太宗表面诚信下的猜忌与杀心早被久经宦海的诸多臣僚看破。霍布斯说得不错，在政斗的名利场上，人与人之间差不到哪去！君在欺臣，臣亦能欺君；君王表演大度，臣子扮相忠贞；君王故作严肃，臣子一本正经；君王佯装多情，臣子亦显妩媚……特别是唐太宗与李世绩君臣间这场终极心机斗，使得之前"焚须""啮指"的真情场面瞬间沦为"官场舞台上演出的两曲野台戏"③，剧情老套，表演做作，令人不堪卒观。

---

① 《资治通鉴》，卷一百九十七，太宗贞观十七年（643）。第6395—6396页。
② 《资治通鉴》，卷一百九十九，太宗贞观二十三年（649）。第6466—6467页。
③ 《黄金时代·武曌夺权（柏杨白话版资治通鉴；24）》，第84页。

第三折 加固

柏杨评价唐太宗与李世绩时说："我们并不责备李世民恶毒，也不责备李世绩逆诈，而只责备封建专制的政治制度，使历史上一位名震寰宇的伟大君王和一位名震寰宇的伟大将领，竟爆发出如此丑陋的内幕。那是一种把说谎当成美德，把诚实当作罪恶的制度，互相用动人的言辞欺骗，谁对谁都没有真话，领袖和干部都走在一条钢索之上。"[1] 归根结底，这不是个人的问题，而是封建时代顶着神圣光环的血缘世袭性权力体系内的通病！

阿克顿勋爵曾指出："在所有使人类腐化堕落和道德败坏的因素中，权力是出现频率最多和最活跃的因素。"[2] 他又说："再没有比把成功神圣化这种行为更有害和不道德的内心习惯了。"[3] 如果说获得权力是成功，那么这种成功本质上就伴随着巨大危险！进而，又将这种成功神圣化，无异于在已有危险之上又加上了一重危险。本来"天下非一人之天下，乃天下之天下也"[4]，但君王们偏要将日月光华弘于一人，更要将这光华永久地植入一姓一族之中，如此两重的神圣化无疑将权力的危险系数成倍增大！

结果，即便是贤君典型的唐太宗，坐在皇位上始终都"上畏皇天之临临，下惮君臣之瞻仰"[5]，仍不能对这双重神圣权力带来的危害具有特别的免疫力，且自己受到感染不说，还传染到臣僚们身上，使得盛世中人都患有或轻或重的疑心病。

---

[1] 《黄金时代·武曌夺权（柏杨白话版资治通鉴；24）》，第84页。
[2] （英）阿克顿：《自由与权力——阿克顿勋爵论说文集》，侯健 范亚峰译，北京：商务印书馆，2001年版，第342页。
[3] 《自由与权力——阿克顿勋爵论说文集》，第411页。
[4] 《六韬·文韬·文师第一》。
[5] 《资治通鉴》，卷一百九十二，太宗贞观二年（628）。第6241页。

三面女皇

两千年封建帝制时代的中国社会中，女性一直承受着来自男性世界系统、全面、长久的压迫，因而，若有一个女人破天荒地冲破层层束缚，最终坐到皇帝宝座上，令那些曾经趾高气扬的大人先生们跪倒在她的裙下三拜九叩，此等场景着实会令如今伸张女权者大为解气。然而，对于女皇武曌来说，"女权"必然是个既陌生又十足悖逆之词，她在宫中辛苦恶斗几十年，只在追求和捍卫一己、一姓的权力，与为女性谋解放毫无干系，反倒是因其女性身份，使得她的奋斗变得愈加残忍、虚伪和无奈而已。

"天真"的女皇

神功元年（697），官拜司仆少卿（正四品）的来俊臣仗着女皇威势，猖狂到打起武家人和太平公主主意的份上，结果证明他不过是皇家豢养的一条恶狗，咬到主子们身上时，立刻就有刀斧伺候着。来俊臣被正法后，"仇家争啖俊臣肉，斯须而尽，抉眼剥面，披腹出心，腾蹋成泥"。本想多留这条走狗几天活命的女皇一看形势不对，知道自己放纵出去的酷吏干犯众怒，已过了世人忍耐的极点，便顺水推舟地"下制数其罪恶，且曰：'宜加赤族之诛，以雪苍生之愤，可准法籍没其家。'"①

女皇虽将来氏举族诛灭，以多流些无辜者鲜血的方式平复

---

① 《资治通鉴》，卷二百六，则天后神功元年（697）。第6722页。

第三折 加固

受害者的心绪，这在人人自危到心理扭曲的戾气社会里或有一定用处，但倒台一个酷吏后，由他一手造成的众多冤案仍有平反昭雪的大量后续工作要做。来俊臣以及之前的周兴等一波酷吏手段虽惨无人道，却也只够到罗织罪名的层面，杀伐决断还得女皇点头，如此一来，汹汹民怨最终岂不都要汇到女皇身上？在来氏族灭后的三个月里，女皇一直为这个问题所困扰，她得想法找到新的替罪羊，以把自己撇得干干净净。

一日，女皇故作天真地询问身边侍臣，大意为：之前周兴、来俊臣审案，牵涉众多朝臣，罪名皆为谋反，且都附有这些人亲笔书写的认罪书，朕才会相信，并以国家常法处置，周、来死后，谋反案随之消失，之前伏法的莫非真有冤屈？夏官侍郎姚元崇认真回禀道："自垂拱以来坐谋反死者，率皆兴等罗织，自以为功。陛下使近臣问之，近臣亦不自保，何敢动摇！所问者若有翻覆，惧遭惨毒，不若速死。赖天启圣心，兴等伏诛，臣以百口为陛下保，自今内外之臣无复反者……"女皇听后大悦，继续"天真"地说："向时宰相皆顺成其事，陷朕为淫刑之主；闻卿所言，深合朕心。"①

三年后，女皇因宰相吉顼"声气陵厉"地与武家人争功，大为不满，将他贬为从九品的安固尉，贬前自然要狠骂他一顿，言及自己当年为太宗调驭名马的手段，所谓："一铁鞭，二铁楇，三匕首。铁鞭击之不服，则以楇楇其首，又不服，则以匕首断其喉。"听完此论，吉顼"惶惧流汗，拜伏求生"。②气急败坏的女

---

① 《资治通鉴》，卷二百六，则天后神功元年（697）。第6726页。
② 《资治通鉴》，卷二百六，则天后久视元年（700）。第6747页。

皇这次没装天真，直接本色示人，可话语间泄露出的统御之术倒也简单，不听话就打，不服气就杀！自二圣并立到武周革命，光在位的宰相就杀掉了十九个，随时可能掉脑袋的宰相岂能陷她为"淫刑之主"，女皇的本色之论无疑把自己三年前扮天真时披在身上的羊皮给捅出个大口子。

其实，周、来所作所为武皇岂能不知，自光宅元年（684）徐敬业在扬州举兵失败后，奔着皇位去的太后切实感到篡位之难，尤其一个女人想当皇帝，乃是冒天下之大不韪！既然"天下多图己，……宗室大臣怨望，心不服"，故而，"欲大诛杀以威之。乃盛开告密之门，……所言或称旨，则不次除官，无实者不问。于是四方告密者蜂起，人皆重足屏息"。进而又重用酷吏，重设严刑。时任麟台正字的陈子昂着实看不下去，上疏直言曰："伏见诸方告密，囚累百千辈，及其穷竟，百无一实。……一人被讼，百人满狱，使者推捕，冠盖如市。"疏上之后，"太后不听"，可见太后并非不知，只是置之不理罢了。①

若说太后治下真有天真之士，非这位陈子昂莫属了，两年后太后问他"当今为政之要"，他退而上疏三千言，以为："宜缓刑崇德，息兵革，省赋役，抚慰宗室，各使自安。"② 这是完全信了"阳儒"之论的结果，而几千年帝制政坛中除去这光鲜表面，里面的"阴法"之术才是政斗的精髓。于是乎，在实力不济时，韬光养晦、忍辱蓄势；当实力超出时，斩尽杀绝、不留异己！与政治对手间以政治协商方式建立起为契约所约束的合作关系，这种

---

① 《资治通鉴》，卷二百三，则天后垂拱二年（686）。第6639—6642页。
② 《资治通鉴》，卷二百四，则天后永昌元年（689）。第6659页。

第三折　加固

现代政治理念在武皇眼里，必然如陈子昂的上疏般天真好笑。

而在传统政治丛林中，武曌残酷，她的对手也不见得就手软。且看骆宾王在讨伐檄文中给她加的罪名："杀姊屠兄，弑君鸩母。"挡道的亲人如其兄长武元庆、武元爽确是被她流放而死，传说中的姐姐韩国夫人也仿佛死在她的手中，但无论后人如何查找，仍是"君母未闻"。①因而，一旦徐敬业成功，顶着莫须有的"弑君鸩母"的极恶罪名，莫说武曌本人，就是整个武曌集团怕也会被清算得一个不剩吧！

深谙这片黑暗丛林中游戏规则的武曌，自打十四岁进宫起，天真少女心就被抛得一干二净，那时她人微势薄，后宫恶斗自然得亲自上手，甚至遇到皇后，仍冲锋在前。当她用诡计罢黜王皇后与萧淑妃后，将二人囚于别院，"其室封闭极密，惟窍壁以通食器"。高宗偶尔经过，见此情景，大为伤感，武后一看苗头不对，"大怒，遣人杖王氏及萧氏各一百，断去手足捉酒瓮中，曰：'令二妪骨醉！'数日而死，又斩之"②。此番兽行的每个环节皆由她指挥，所以无论近臣如何噤若寒蝉，酷吏们整人的套路，皇位上的武曌早就心知肚明。

不过当了皇帝的武曌与还是皇后时的她毕竟不同，很多见不得光的事情如今可以假手于人，自己则抱着"阳儒"那套漂亮道理，在朝堂上有模有样地表演明君贤主的公正仁德。如果放纵出去的酷吏们办完了事或办坏了事，面对汹汹人怨，又可以扮出一副少女无辜之状，天真地说：朕真不知道啊！反正那掉了脑袋

---

① （清）吴楚材 吴调侯选《古文观止》，北京：中华书局，1959年版，第300页。
② 《资治通鉴》，卷二百，高宗永徽六年（655）。第6494页。

的十九位宰相也不可能还魂来对证，女皇老谋深算到极致，终于"返璞"到了"天真"之境。

浮华的女皇

李商隐在《宜都内人传》中记述了一位敢于向武皇进谏的"宜都内人"的故事，其中一段写道："宜都内人曰：'大家知古女卑于男邪？'后曰：'知。'内人曰：'古有女娲，亦不正是天子，佐伏羲，理九州耳。后世娘姥有越出房阁断天下事者，皆不得其正，多是辅昏主，不然抱小儿。独大家革夫姓，改去钗钏，袭服冠冕，符瑞日至，大臣不敢动，真天子也。'"虽然胡三省认为"此盖文士寓言"，① 事或不真，其中反映出的彼时观念却非虚构。

在传统男权社会里，女性地位低下并不等于所有女性的待遇也恶劣，尤其皇宫之中，只要熬到皇后、太后的位置上，在家族政治的特殊权力结构体系内，女性有时也能掌握让男性朝臣俯首帖耳的大权。所以女主当政，诚如"宜都内人"所言，古来有之，无论胡汉。西汉时就有大名鼎鼎的太后吕雉专权；东汉永元十七年（105）至永宁二年（121）期间，朝政大权则被攥在太后邓绥手中。南北朝时，"北族妇女无礼教束缚，部落权力结构中对居位的妇女也没有有效的制衡机制，后妃、母后直接操持政治，竞逐权力，比汉族王朝要简便得多"② 正因女性在政坛上影响力非

---

① 《资治通鉴》，卷二百五，则天后天册万岁元年（695）。第6704页。两汉时，后宫近臣、后妃称皇帝为"大家"，唐时后宫亦随其俗。
② 田余庆：《拓跋史探》，北京：生活·读书·新知三联书店，2019年版，第18页。

常，北魏道武帝才制定了"子贵母死"的残忍制度，可之后仍有利用这一制度的文明太后和反抗这一制度的灵胡太后把持大权、左右朝政。

然而太后垂帘听政、大权在握，同样不意味着女性地位得到了实质性提高，因为这种权力终是由男权社会所给予并决定的。之前揽权的太后们，有的把持大权直到寿终正寝，身后依然备受追悼；有的虽遭最终清算，揽政之初却未受到男权社会的封堵，所以如此，关键只在一个"辅"字。

故而，唐高宗时，天子临朝，"后垂帘于后，政无大小，皆与闻之。天下大权，悉归中宫，黜陟、杀生，决于其口，天子拱手而已"，仅因一帘之隔，大权虽归皇后，满朝却也认可，而且"中外谓之二圣"。[①] 睿宗李旦初登大宝，亦不过一件摆设，掌实权的太后"常御紫宸殿，施惨紫帐以视朝"。[②] 看来，只要在内朝，再挂上个若隐若现的帐子，太后作为有实无名的皇帝也未尝不可。可武则天这太后却非彼太后们可比，她偏要捅破这层薄纱，从垂帘辅政变成登基主政！无疑，武皇坏了千百年来男权社会订立的规矩，显规则也好，潜规则也罢，都被她踩在脚下，她所面临的压力之大可想而知。

所幸女皇对于现代群众心理学有着无师自通的先知先觉，她明白"不管处境有多么可怜兮兮，那些对周遭环境又敬又畏的人不会想要去改变现状"[③]。她也清楚"表象总比真相起着更重要的

[①] 《资治通鉴》，卷二百一，高宗麟德元年（664）。第6542页。
[②] 《资治通鉴》，卷二百三，则天后光宅元年（684）。第6620页。
[③] （美）霍弗：《狂热分子：群众运动圣经》，梁永安译，桂林：广西师范大学出版社，2011年版，第27页。

作用，不现实的因素总是比现实的因素更重要"。所以"只有形象能吸引或吓住群众，成为它们的行为动机"。①因此，她大兴告密之风，放纵酷吏残忍迫害，族灭政治对手，以此在社会上制造出足够多的"畏"。可单靠恐怖政治到底撑不太久，放纵出去的大半酷吏用完后也不得不公开诛灭以泄民愤，所以女皇还须以别样方式去为自己在社会上制造出至少同等当量的"敬"，这样才能使她前无古人的野心为世所容。

女皇是否有纯粹信仰不可知，不过她对宗教的力量确是有着清醒认识，强权的震慑之力总赶不上大众信仰和迷信的魔力。因而，作为太后登基的准备之一，武承嗣使人凿白石为文曰："圣母临人，永昌帝业"，以磨碎的紫色石块杂以草药填埋，再找个叫唐同泰的雍州人挖出来，声称得自洛水。女皇很高兴，将此石命名为"宝图"，两个月后又更名为"天授圣图"，并将洛水改称"永昌洛水"，"封其神为显圣侯，加特进，禁渔钓，祭祀比四渎"。②说来好笑，神仙也不过给了个正二品的官位，朝中正一品的大员难免得意，估计心里说：神仙有啥了不起，比我还低两级！

看着道教里的神仙封官加爵，四大皆空的佛门弟子们坐不住了，赶在武曌登基前，"东魏国寺僧法明等撰《大云经》四卷，表上之，言太后乃弥勒佛下生，当代唐为阎浮提主"，武曌大喜，"制颁于天下"。③佛法到底是无边，武皇对自己乃佛陀转世之说更是喜欢，第二年夏四月，专门下诏，"以释教开革命之阶，升

---

① （法）勒庞：《乌合之众：大众心理研究》，冯克利译，北京：中央编译出版社，2004年版，第48—49页。
② 《资治通鉴》，卷二百四，则天后垂拱四年（688）。第6650—6651页。
③ 《资治通鉴》，卷二百四，则天后天授元年（690）。第6668页。

于道教之上"①。老李家自认的神仙祖宗被降了一格，李氏王爷公主们则在活佛的族人面前低了一头。女皇既有神仙凑趣，又有佛门撑腰，儒家顽固派们哪里是对手，底层大批信众更是给唬得魂摇魄荡、心醉神迷。

所谓"名不正则言不顺，言不顺则事不成"②。既然有了神佛护持，名号上便要体现出来。天授元年（690）武曌称帝时，上尊号为"圣神皇帝"。长寿二年（693），又应武承嗣等五千人表请，加尊号为"金轮圣神皇帝"。次年（694），又应武承嗣等二万六千余人之请，加尊号为"越古金轮圣神皇帝"。再次年（695），又加尊号为"慈氏越古金轮圣神皇帝"，三个月后却将"慈氏越古"之号去掉，此举并非谦虚，因为到了秋九月女皇在南郊合祭天地时，又加尊号为"天册金轮大圣皇帝"！华丽的尊号彰显出女皇弥勒转世、受命于天的政治合法性，对于那些崇拜名号的呆子们来说，杀伤力十足。

既有了这些华丽名号，必然要配上神佛才有的排场。称帝之前，太后就动用数万人，"毁乾元殿，于其地作明堂"③，根本不理会诸儒因制度问题对此项工程的非议。仅十个月工期，明堂便建成，"高二百九十四尺，方三百尺，凡三层"，屋顶上铸九龙托捧着一只铁凤，凤"高一丈，饰以黄金"。明堂中央有一根十人方能围抱的巨大木柱，上下通贯，蔚为壮观。武后给明堂起别号为："万象神宫"，并"宴赐群臣，赦天下，纵民入观"。同时，又

---

① 《资治通鉴》，卷二百四，则天后天授二年（691）。第6674页。
② 《论语·子路》
③ 《资治通鉴》，卷二百四，则天后垂拱四年（688）。第6649页。

在明堂之北另建"天堂",用来安置巨大佛像,天堂盖到三层时,"则俯视明堂矣"。①

据载,"天堂"中所供佛像极宏伟,"其小指中犹容数十人"②,可武皇意犹未满,延载元年(694),"武三思帅四夷请铸铁为天枢,立于端门之外,铭纪功德,黜唐颂周"③。这个建议立刻得到批准,不到一年,"天枢"铸成,"高一百五尺,径十二尺,八面,各径五尺。下为铁山,周百七十尺,以铜为蟠龙麒麟绕之;上为腾云承露盘,径三丈,四龙人立捧火珠,高一丈"。武皇又"自书其榜曰:'大周万国颂德天枢。'"④就在"天枢"建筑之时,"明堂""天堂"遭火灾焚毁,武皇立刻下令重建,并同时"铸铜为九州鼎,及十二神,皆高一丈,各置其方"⑤。

除大兴土木外,在女皇受尊号"天册金轮大圣皇帝"的同月,她又颁下敕令曰:"蕃国使入朝,其粮料各分等第给,南天竺、北天竺、波斯、大食等国使,宜给六个月粮;尸利佛誓、真腊、诃陵等国(俱在南海)使,给五个月粮;林邑国使给三个月粮。"此举"显然有引诱万国来仪,以夸耀尊大之意"。⑥到了万岁通天元年(696),"新明堂成,高二百九十四尺,方三百丈,规模率小于旧。上施金涂铁凤,高二丈,后为大风所损;更为铜火珠,群龙捧之,号曰'通天宫'"。⑦

---

① 《资治通鉴》,卷二百四,则天后垂拱四年(688)。第6656—6657页。
② 《资治通鉴》,卷二百五,则天后天册万岁元年(695)。第6700页。
③ 《资治通鉴》,卷二百五,则天后延载元年(694)。第6698页。
④ 《资治通鉴》,卷二百五,则天后天册万岁元年(695)。第6705页。
⑤ 《资治通鉴》,卷二百五,则天后天册万岁元年(695)。第6701—6702页。
⑥ 雷家骥:《武则天传》,北京:人民出版社,2008年版,第447页。
⑦ 《资治通鉴》,卷二百五,则天后万岁通天元年(696)。第6707页。

可以想见，顶着"天册金轮大圣皇帝"尊号的女皇，伫立于"天枢""九鼎""明堂""天堂"之间，周遭簇拥着宫女、太监、朝臣和万方来朝的使者，该是多么华丽盛大的场面！莫说是普通百姓，就是达官显贵，亦会被眼前恢宏的景象所震撼，真心相信女皇乃佛陀转世。于是，顾不得皇帝是男是女，膝盖一软，便都跪下了。

无奈的女皇

庄子云："名者，实之宾也。"[①] 女皇制造出的恐怖与浮华并存的大周奇景，终是有些虚张声势。武曌并非昏君，国家大事也拎得清，所以这般大折腾，只因欲行之事前无古人，不得不然。可一直这么折腾下去，不断升级恐怖威胁和浮华诱惑，唐初以来打下的那点底子终是撑持不住的。当女皇不得不把自己放纵出的酷吏一个个正法时，等于承认了其恐怖政治难于贯彻到底的事实，之后她还得扮天真、装无知地自证清白，对于一个面对政治反对派始终强硬的铁腕人物来说，实在是有些无奈。

至于那些大工程、大场面、大排场，虽然能对人的感官乃至心灵产生不小冲击力，但维系它们的成本也不小。比如"天堂"初建便"为风所摧，更构之，日役万人，采木江岭，数年之间，所费以万亿计，府藏为之耗竭"。天堂竣工后，"每作无遮会，用钱万缗；士女云集，又散钱十车，使之争拾，相蹈践有死者。所

[①]《庄子·逍遥游》

在公私田宅，多为僧有"。① 而武三思为讨好女皇，揎掇四夷酋长铸"天枢"，结果"诸胡聚钱百万亿，买铜铁不能足，赋民间农器以足之"。② 诸如此类大工程耗费无不巨大，既劳民伤财又引得世风奢靡。

至于女皇以优厚待遇招徕各国使节的变相金钱外交，同样是个烧钱的无底洞，如雷家骥所评："试想大食等国，连同五六百个羁縻藩属朝集使团，来朝一次所需的经费和接待人力有多少？因此女皇政府的财政不紧张困窘才怪！"因而，李隆基上台后，"就在先天二年十月下诏，委当蕃都督及管内刺史对此加以管制，限制'每年一蕃令一人入朝，给左右不得过二人'。开元八年十月更敕令'每年分蕃朝集，限一月二十五日到京，十一月一日见'。孙子不满和否定祖母的作为，由此可见一斑。"③

如果买来的万国来朝能维系天朝的威严和太平，也算钱扔到水里听到声响，可女皇一朝在军政外交上实在乏善可陈！尤其在多事的"三边"一带（正北、西北和东北），吐蕃、东突厥、契丹秣马厉兵，时与唐、周武装对抗，甚至杀入华夏腹地。武曌登基前，大唐军队已在咸亨元年（670）、仪凤三年（678）和永昌元年（689）三次大败给吐蕃军队；到了武周之时，万岁通天元年（696）吐蕃又于素罗汉山击败武周大军；直到圣历二年（699）吐蕃内乱，由吐蕃造成的边患才算得以纾解。

---

① 《资治通鉴》，卷二百五，则天后天册万岁元年（695）。第6700—6701页。
② 《资治通鉴》，卷二百五，则天后延载元年（694）。第6698页。
③ 《武则天传》，第448页。

第三折　加固

东突厥可汗骨笃禄成功复国后，唐、周政府皆不予承认，先后两次派大军攻击皆铩羽而归。骨笃禄之弟默啜继任可汗后，圣历元年（698），更以大兵侵入周境，攻掠赵州（今河北赵县）、定州（今河北定州）等地，回撤时还"尽杀所掠赵定州男女万余人"，周将沙吒忠义等"但引兵蹑之，不敢逼"。有"狄仕杰将兵十万追之，无所及。默啜还漠北，拥兵四十万，据地万里，西北诸夷皆附之，其有轻中国之心"。① 对此强敌，女皇无可奈何，只能将骨笃禄改名作"不卒禄"，默啜改名作"斩啜"，以此泄愤而已。

同时，入居营州（今辽宁朝阳）城侧的契丹部落因不堪武周官吏压迫，在部落酋长李尽忠、孙万荣率领下举兵反周。面对不过数万兵力的契丹叛军，女皇先是"改李尽忠之汉名为李尽灭，孙万荣之汉名为孙万斩"，然后于万岁通天元年（696）调兵讨伐，结果大败而归。神功元年（697），她"又动员了十七万大军，进攻契丹，又是全军覆没。契丹乘胜深入河北，幸亏东突厥汗袭击契丹后方，契丹前方军心涣散，河北的威胁才告解除"②。

看来，朝堂上无论排场摆得再大，那些派出大批使节给女皇站人场的藩属，白吃白喝白拿一趟回去后，转脸又依附于强悍的东突厥和吐蕃帐下，甚至跟着捣乱、抢夺，犯边无止。至于"大周军队似乎不是'天册金轮圣神（大圣）皇帝'所想挥舞，能伏魔降妖的金轮；它基本上是一支军纪不严明、统帅无能、将领

---

① 《资治通鉴》，卷二百六，则天后圣历元年（698）。第6738页。
② 王仲荦：《隋唐五代史》，上海：上海人民出版社，2016年版，第133页。

骄妄、士卒怯战的军队"①。终于,女皇在七十六岁时"去天册金轮大圣之号"②,虽然其中有她生病和复信道教长生之术的因素,"但是国防外交的挫折,也不免是影响她放弃自我尊大的因素之一。"③

即便武曌想当一个寻常皇帝,应付完政务就回后宫与情夫们寻欢作乐,她仍有着挥之不去的烦恼,尤其随着生命渐渐走向尽头,指向皇位继承的大烦恼使得女皇倍感无奈。自从武曌十四岁入宫,在男权社会中拼命恶斗,击碎重重阻碍,虽然最终登上了皇位,但也只是为自己在帝制历史上书写了前无古人、后无来者的传奇,至于男权社会本身,并未因一位女皇的出现就发生实质性改变,甚至连女皇内心也先在地为这根深蒂固的男权世界所决定。

当年,武后为太平公主择夫,挑选河东大姓薛绍为驸马,不过武后"一度嫌绍兄薛顗之妻萧氏和薛绪之妻成氏不是出身贵族,想逼令他们出妻,声言'我女岂可与田舍女为妯娌邪'!有人告诉她:'萧氏是开国宰相萧瑀之侄孙,是国家之旧姻。'挑剔的母后才止,由此可以看到武后贵盛后的门第观念"④。仅从生理角度看,凡子女皆有父母各半血统,可冠姓氏、别门第却只看父系那一半血统,唯区分嫡庶时才看母系血统,武曌再强,观念上仍是决定于父系血统的门第观念的奴隶。武周革命后,女皇将儿子李旦、李显都改姓武氏,可世人眼里只因他们身上有一半李家

---

① 《武则天传》,第459页。
② 《资治通鉴》,卷二百六,则天后久视元年(700)。第6749页。
③ 《武则天传》,第449页。
④ 《武则天传》,第201页。

血统，怎么改也是李唐子孙，武氏那一半血统全不作数！

因而，武曌百年之后若将皇位传给亲儿子，必然导致大唐复辟。要让武家人坐定江山，皇嗣一定得有一半武氏男性血统才行，女皇不得不考虑抛开亲儿子，让内侄上位的可能性。但姑侄相继，问题接踵而至，天子立七庙，供的都是直系男性祖先，一旦传位给内侄，七庙格局就得作重大调整。而且，内侄中的首选武承嗣，其父亲武元爽与女皇为异母兄妹，曾在女皇授意下流配岭南而死，不要看武承嗣整天费尽心机讨好姑母一副乖乖的样子，等真当了皇帝，大权在握，躺到棺材里的女皇可就管不着喽。

另一方面，"女皇虽然严惩儿子，甚至支配他们的人身自由和生命，但是她毕竟仍深受男性中心的宗法意识观念影响，认同母子之情是天伦，儿子是继承香火者，是使她死后有血食的人，非姑侄关系所能比"[1]。说到底女皇孤零零冲入男权社会，哪怕她贵为天子，整个社会在制度、文化、风俗、传统甚至生活日常的细节之处，依然为男权所把持，而现实中令男性跪倒在她面前的女皇，在观念上却仍拜倒在无所不有的男权之下！

从朝臣方面看，女皇打压支持李唐的朝中旧势力，大开用人之门，"虽滥以禄位收天下人心，然不称职者，寻亦黜之，或加刑诛。挟刑赏之柄以驾御天下，政由己出，明察善断，故当时英贤亦竞为之用"[2]。可是，这些竞为之用的英贤跪拜的也只是女皇一人，如果要求他们将这种忠诚再移到武家人身上，估计很多人

---

[1] 《武则天传》，第537页。
[2] 《资治通鉴》，卷二百五，则天后长寿元年（692）。第6680页。

无法接受，毕竟服膺女皇多少还可以用母为子辅来自欺，效忠武家人则是赤裸裸的背叛。甚至新人中不乏张柬之之辈，虽为女皇超拔为相，皇恩浩荡，可仍是一肚子"匡复"之志。

经过反复衡量，在去尊号的前两年（圣历元年，698），女皇将庐陵王召回，立为皇太子。在洛阳做了一场皇帝梦的武承嗣自知继位无望，怏怏而死，而他的姑母也同样无奈地承认：武氏男性血统的后裔再无可能坐到龙椅之中了。

尾声

神龙元年（705）正月，宰相张柬之联络禁军将领羽林卫大将军李多祚等，率禁军，拥太子，发动政变，成功逼迫女皇退位。李唐王朝复辟后，在恢复"大唐"国号的制文中，儿子给老妈留足了面子，称当高宗驾崩之时，"天柱将摇，地维方挠，非拨乱之神功，不能定人之安危矣"，所以女皇应期受命，代夫家看守江山，如今女皇"年老倦勤，想休息无为，所以才复了明辟的，甚至绍述大唐遗绪，也是出于逊帝的后命"。十个月后，女皇驾崩，"她的遗制：'祔庙、归陵、去帝号，称则天大圣皇后。……'表示她最终还是自我承认是一个李家媳妇，并接受永远做李家媳妇"。①

至天宝八年（749），唐玄宗追尊祖母为"则天顺圣皇后"，遂为定称，自此大唐"皇家正式确认武曌仅是李家媳妇，不是什

---

① 《武则天传》，第581—583页。

么'大圣''圣帝'的，以至于大周开国与亡国之君"①。男权社会恢复了正常，司马光编著《资治通鉴》时，这一段年号前皆冠之以"则天后"三字；范祖禹撰《唐鉴》言大唐诸帝得失，偏不言女皇一字，仿佛根本不存在这么一位坐在龙椅上实实在在当了十五年皇帝的女皇。之后，女皇因"则天顺圣皇后"的尊号，以"则天"之名传世，尽管她称帝后一直喜欢用自造的"曌"字自称，可被后人怎么称呼终由不得她自己，如果女皇泉下有知，算是又多了一重无奈吧。

盛世崩溃之际的唐玄宗

安史之乱前夕的唐玄宗年老昏聩，久居后宫，过着实质上退休养老的快乐日子。然而，国家最高指挥权依然牢牢地掌握在早已脱离实际的玄宗手中，这直接导致了在安禄山叛乱之前唐廷未能进行有效防范，叛乱之后又应对失措、败招频出，一场原本可以及时扑灭的局部性动乱，最终演变成改变唐王朝命运的全国性浩劫。

如若辅璆琳忠贞

唐玄宗天宝十四年（755）二月，"安禄山使副将何千年入

---

① 《武则天传》，第588页。

奏，请以蕃将三十二人代汉将"，宰相韦见素"极言禄山反已有迹，所请不可许"。玄宗虽对宰相之谏颇为不悦，执意批准此项奏请，但朝廷重臣的反对意见也不好完全置之不理，便派宦官辅璆琳以赐珍果为名，潜察安禄山部情况，岂料这个辅璆琳"受禄山厚赂，还，盛言禄山竭忠奉国，无有二心"。玄宗闻报后对朝臣言道："禄山，朕推心待之，必无异志。东北二虏（奚、契丹），借其镇遏。朕自保之，卿等勿忧也！"① 虽然皇帝亲自担保，朝臣们依然忧心忡忡，因为形势已险恶到莫说是宰相，就连"草野之臣"都能看出苗头不对的份上，可深宫中的玄宗偏偏不见！

有唐以来，还未有哪位镇边将军如安禄山般手握足以震国的大权，依旧制，"边帅皆用忠厚名臣，不久任，不遥领，不兼统，功名著者往往入为宰相"。对于四夷之将，无论如何有才略，"犹不专大将之任，皆以大臣为使以制之"。故而，阿史那社尔讨高昌时，任侯君集为元帅以制之；契苾何力讨高丽时，则任李勣为元帅以制之。开元中期，"天子有吞四夷之志"，这些规矩被接连打破，加之李林甫谋一己专宠固位，"欲杜边帅入相之路，以胡人不知书，乃奏言：'文臣为将，怯当矢石，不若用寒畯胡人；胡人则勇决习战，寒族则孤立无党，陛下诚以恩洽其心，彼必能为朝廷尽死。'上悦其言，始用安禄山"。② 这一用安禄山，便至不可收束的地步。

安禄山初为幽州节度使张守珪帐下捉生将，因其骁勇、狡黠得到张守珪赏识，被收为义子，累迁至平卢兵马使。当御史中丞

---

① 《资治通鉴》，卷二百一十七，玄宗天宝十四载（755）。第7138—7139页。
② 《资治通鉴》，卷二百一十六，玄宗天宝六载（747）。第7096—7097页。

第三折 加固

张利贞为河北采访史巡视平卢时，安禄山抓住机会，极尽曲意逢迎之能事，"乃至左右皆有赂。利贞入奏，盛称禄山之美"。安禄山因而升任为"营州都督，充平卢军使，两蕃、勃海、黑水四府经略使"。[①]按旧理，营州杂胡出身的安禄山官运已至极盛，孰料李林甫当权，胡将大受重用，善于逢迎的安禄山继续高升。天宝元年（742），平卢自幽州战区独立出来，安禄山升为平卢节度使。天宝二年（743），安禄山入朝，颇受宠，次年便兼领范阳节度使。天宝十年（751），"安禄山又兼河东节度使。三镇的兵力合在一起，共十八万三千九百人。同时，安禄山还兼任河北、河东采访处置使；到了天宝十三年（754），又兼领闲厩、陇右群牧等使，兼群牧总管"。[②]

手握大权后，安禄山"常令其将刘骆谷留京师伺朝廷指趣，动静皆报之"[③]。同时，"养同罗、奚、契丹降者八千余人，谓之'曳落河'。曳落河者，胡言壮士也。及家僮百余人，皆骁勇善战，一可当百"。之前，玄宗允许安禄山在上谷（今河北易县）起五炉铸钱，安禄山因此有钱交结中亚胡商，并"分遣商胡诣诸道贩鬻，岁输珍货数百万"。[④]安禄山又施诡计逼迫归附大唐的东突厥阿布思叶护返归漠北，待其为回纥击败后，"诱其部落而降之，由是禄山精兵，天下莫及"[⑤]。安禄山还储备战马数万匹，并利用兼群牧总管之职，"密遣亲信选健马堪战者数千匹，别饲

[①] 《资治通鉴》，卷二百一十四，玄宗开元二十九年（741）。第7052页。
[②] 王仲荦：《隋唐五代史》，第148页。
[③] 《资治通鉴》，卷二百一十五，玄宗天宝六载（747）。第7084—7085页。
[④] 《资治通鉴》，卷二百一十六，玄宗天宝十载（751）。第7113页。
[⑤] 《资治通鉴》，卷二百一十六，玄宗天宝十二载（753）。第7126页。

之"。进而，安禄山以所部将士勋效甚多为由，奏请朝廷"不拘常格，超资加赏"，从而使手下人升"将军者五百余人，中郎将者二千余人"。①

天宝年间大唐在沿边置十节度经略使，如今三大战区指挥权捏在安禄山一人之手，权重如此，谨小慎微都难免招来非议，何况他不断搜集情报、积聚财货、扩充兵马、豢养死士、收买将领……种种迹象令明眼人殊觉不安。然而，玄宗却出奇得淡定，他认准了在皇宫中永远扮出一副憨厚样的安禄山赤心效主、忠贞不贰，甚至在安禄山请蕃将三十二人代汉将之前，"有言禄山反者，上皆缚送之，由是人皆知其将反，无敢言者"②。不过假设宦官辅璆琳忠贞正直，在执行潜察任务中不受拉拢，回来极言安禄山将反，是否可能唤醒玄宗，使他意识到问题的严重性呢？对此，不妨再考察一番玄宗之后的表现。

辅璆琳来过后，躲在范阳老巢的安禄山做贼心虚，"朝廷每遣使至，皆称疾不出迎，盛陈武备，然后见之。裴士淹至范阳，二十余日乃得见，无复人臣礼"。同年（755）六月，安禄山留在京师任太仆卿的儿子安庆宗与荣义郡主婚期在即，玄宗"手诏召禄山观礼，禄山辞疾不至"。七月，安禄山"表请献马三千匹，每匹执控夫二人，遣蕃将二十二人部送"。经河南尹达奚珣提醒，玄宗才觉得二十二员蕃将率领着六千所谓"控夫"进京有些不妥，予以制止。与此同时，"辅璆琳受赂事亦泄，上托以他事，扑杀之"。至此，玄宗似有所悟，派宦官冯神威携手诏召安禄山进京，

---

① 《资治通鉴》，卷二百一十七，玄宗天宝十三载（754）。第7133页。
② 《资治通鉴》，卷二百一十六，玄宗天宝十三载（754）。第7134页。

哪知"神威至范阳宣旨，禄山踞床微起，亦不拜"，态度骄横，冯神威回来，"见上泣曰：'臣几不得见大家。'"①

以上诸事，玄宗皆知晓，但自七月献马事件到十一月安禄山起兵造反期间，朝廷竟未做任何防备工作！当整个河北沦陷，太原不守，报告安禄山反叛的奏书一件件摆到玄宗案头时，玄宗"犹以为恶禄山者诈为之，未之信也"②。看来，似有所悟的玄宗终是执迷不悟，或许他把诸多反迹统统理解为大字不识的安禄山没当上宰相在闹情绪罢了，所以如若当初辅璆琳忠贞，玄宗还会接二连三地再派中使，直到有一个受禄山厚赂，回来盛言禄山竭忠奉国、无有二心才会罢休。

不得固守潼关

老眼昏花的唐玄宗，既看不清敌人，也认不清自己，叛乱发生将近一月，他下诏欲亲征叛军，唐军败守潼关后，他又对宰相们说："朕在位垂五十载，倦于忧勤，去秋已欲传位太子，值水旱相仍，不欲以余灾遗子孙，淹留俟稍丰。不意逆胡横发，朕当亲征，且使之监国。事平之日，朕将高枕无为矣。"这可吓坏了与太子不协的杨国忠，立刻动员韩国、虢国、秦国三夫人一起哭哭啼啼地找到杨贵妃，杨贵妃又"衔土请命于上，事遂寝"。③虽说四十多年前玄宗曾领着左右羽林军在长安城里和韦皇后、太平

---

① 《资治通鉴》，卷二百一十七，玄宗天宝十四载（755）。第7141—7142页。
② 《资治通鉴》，卷二百一十七，玄宗天宝十四载（755）。第7144页。
③ 《资治通鉴》，卷二百一十七，玄宗天宝十四载（755）。第7149—7150页。

公主对过两阵,可与亲临战阵、指挥大兵团作战的唐太宗相比,实在是小儿科!现在他老人家以七十岁高龄之身,嚷嚷着要御驾亲征,幸亏被杨玉环寻死觅活地叫停了这出闹剧,否则后果不堪设想。

亲征未果,可从玄宗语气中听来,以大唐之强盛,剿灭叛军虽非易如反掌,但也绝不是什么大事。持此见解者不只玄宗一人,杨国忠就曾洋洋自得地说:"不过旬日,必传首诣行在。"而首先入朝的安西节度使封常清也在玄宗面前亦夸下海口:"请走马诣东京,开府库,募骁勇,挑马棰渡河,计日取逆胡之首献阙下。"玄宗听了非常高兴,任命封常清为范阳、平卢节度使,封常清打马扬鞭赶到东京,旬日间募兵六万。玄宗又以荣王李琬为元帅,右金吾大将军高仙芝副之,"出内府钱帛,于京师募兵十一万,号曰'天武军',旬日而集",[1]浩浩荡荡向东迎敌,看似一人一口吐沫就能将安禄山的叛军全给淹死。

封常清毕竟是职业军人,当未经训练的六万"白徒"被安禄山的虎狼之师在东京轻松消灭后,封常清带着残兵逃到陕郡,遇到高仙芝开口便道:"常清连日血战,贼锋不可当。……不如引兵先据潼关以拒之。"高仙芝可是久经战阵的名将,明白所谓"天武军"都是些不堪作战的市井子弟,在狼眼里,一只羊是肉,十只羊则是更多的肉。两人一拍即合,率部西趋潼关,走得慢的官军旋即被叛军追上,果然毫无战力,"无复部伍,士马相腾践,死者甚众"。[2]幸亏潼关坚固,叛军暂时受阻。

---

[1] 《资治通鉴》,卷二百一十七,玄宗天宝十四载(755)。第7144—7146页。
[2] 《资治通鉴》,卷二百一十七,玄宗天宝十四载(755)。第7148页。

以当时之形势，尽管大唐在内质里出了严重问题，可盛世气象犹存，所以"禄山既抱野心，其亲信部属热衷利禄，当然乐听驱策，但以异族之故，汉将随附者无多，且承开元之盛，农民经济，尚属优裕，非群众所归"①。同时，海内承平已久，面对安禄山骤然而至的大军，中原州县虽望风瓦解，可经过首轮打击后，却有"颜杲卿首谋于常山，真卿唱义于平原，张介然、崔无诐死其城郭，李憕、卢奕、蒋清死其官守，贾贲以一尉讨贼，张巡以县令起兵，郭子仪鹰扬于朔方，李光弼电击于河北"②。安禄山的背后义旗频举，并不太平。

玄宗若能看清局势，正确部署战略，那么"首先应该集中诸道兵力，积蓄力量，作好决战准备，然后一面以主力确守潼关，坚壁不战；一面抽调朔方、河西、陇右等镇军队，由郭子仪、李光弼等率领，出井陉，取河北，捣叛军巢穴；同时鼓励河北军民，使他们坚持作战，起一种瓦解敌人后方的重要作用。因为敌人阵营内部矛盾迟早要爆发，唐军与安军相持愈长久，唐就愈有可能获得胜利"③。然而，唐王朝最高统治者折腾了一通亲征秀后，便缩入深宫之中，连封常清三次遣使上呈的形势汇报都不愿看上一眼，反倒对自己派出的监军边令诚的话言听计从。

"监军"以及乾元元年（758）出现的"观军容"之职可谓唐军中的奇葩，其职皆由皇帝身边亲信的宦官担任，这种人的本事全在于如何把皇帝服侍得舒服，对军国政务大多外行，可外行马

---

① 岑仲勉：《隋唐史》，北京：商务印书馆，2015年版，第239页。
② 《唐鉴》，第227页。
③ 王仲荦：《隋唐五代史》，第151页。

屁精竟被皇帝授予监督甚至指导内行的大权！边令诚便是这路货色，不懂军事却对高仙芝指手画脚，高仙芝多不顺从，边令诚怀恨在心，跑到玄宗处诬陷二将说："常清以贼摇众，而仙芝弃陕地数百里，又盗减军士粮赐。"玄宗原本只等着捷报，不想东京失陷，大军退守潼关，正一肚子火气无处发泄，边令诚之言无异火上浇油，随即命他赴潼关取二将首级。封常清死前草遗表请边令诚呈给玄宗，其中有言："臣死之后，望陛下不轻此贼，无忘臣言。"① 可惜，这用生命换来的教训，玄宗根本就没记，也就无所谓忘了。

临阵斩杀大将，已触兵家大忌，玄宗却是气定神闲，仿佛手里有出不完的好牌，他马上召见素与安禄山不和、病废在家的哥舒翰，不顾哥舒翰以疾固辞，拜其为兵马副元帅，硬将他推上潼关前线。玄宗给哥舒翰又增兵八万，加上高仙芝的十一万天武军，号称二十万大军。哥舒翰常年领军，明白这二十万乌合之众不堪决战，故而听从其门客梁慎初的建议，"坚壁勿战以屈贼"，这一守又是六个月，直熬得安禄山"始悔反矣，将还幽州以自固"。② 眼看着敌寇到了强弩之末，不想皇都深宫里的老皇帝倒先垮了。

哥舒翰是员名将，但也是个有问题的将军。首先，他因病"不能治事，悉以军政委田良丘。良丘复不敢专决，使王思礼主骑，李承光主步，二人争长，无所统一"。再者，他"用法严而

---

① 《资治通鉴》，卷二百一十七，玄宗天宝十四载（755）。第7151页。
② 《新唐书》，卷一百三十五，《哥舒翰传》。第4572页。

第三折 加固

不恤，士卒皆解弛，无斗志"。① 更糟糕的是，他借着天子所赐大权公报私怨，伪造罪证处死与己有隙的户部尚书安思顺及其弟太仆卿安元贞，并将二人家属远徙岭外，连杨国忠都欲救不能。安禄山造反之初，提出"清君侧、诛国忠"的口号，因而有人向哥舒翰建议："禄山本以诛国忠故称兵，今若留卒三万守关，悉精锐度浐水诛君侧，此汉挫七国计也。"② 对此计，哥舒翰不应，可消息转瞬走漏，目睹哥舒翰滥用职权的杨国忠闻之大骇。

为了自保，杨国忠力主速战，于玄宗面前极言："以贼方无备，而翰逗留，将失机会。"哥舒翰则坚持认为："贼远来，利在速战。官军据险以扼之，利在坚守。况贼残虐失众，兵势日蹙，将有内变，因而乘之，可不战擒也。要在成功，何必务速。"当时郭子仪、李光弼皆上言："潼关大军，惟应固守以弊之，不可轻出。"一边是朝中弄臣但求自保的馊点子，一边是前线将领的真知灼见，玄宗只觉得自家舅子之言听着顺耳，便连续派出中使逼着哥舒翰与敌决战，哥舒翰"抚膺恸哭"，不得已"引兵出关"。③

二十万未经训练又无斗志的士卒，加之诸将争长、无所统一，灵宝会战中唐军别无悬念地迅速溃败，哥舒翰收拾得八千残兵欲退守潼关，部将燕山郡王火拔归仁想到封常清、高仙芝的下场，干脆劫持主帅降了安禄山。深宫中的玄宗瞎指挥一气，终于亲手为安禄山推开了通向长安的大门。

---

① 《资治通鉴》卷二百一十七，玄宗天宝十四载（755）。第7152页。
② 《新唐书》，卷一百三十五，《哥舒翰传》。第4572页。
③ 《资治通鉴》，卷二百一十八，肃宗至德元年（756）。第7175—7176页。

玄宗老矣

日本艺术家宫崎骏执导的动画片《起风了》中有个桥段：飞机设计师堀越二郎在梦中见到其偶像意大利飞机设计师卡普罗尼，卡普罗尼鼓励他说："创造性的人生，为期只有十年，这无论对艺术家还是设计师都一样。你一定要尽自己所能，度过自己的那十年。"所谓十年期限的创造性人生，于其他职业来说似也有效，人们总须经历将近二十年的学习准备，投入工作后还要至少十年的努力向上，扛过这段艰难历程，才有可能迎来属于自己的或大或小的十年黄金创造期。之后，对大部分人而言，好些的不过守成，糟糕的干脆断崖式下跌。

政治向来属于高难职业，其准备期自然较其他工种更长，甚至不惑之年踏入政坛都难免有青涩之感，可无论准备时间多长，真正的创造性时光也只有十年左右！从玄宗的政治生涯来看，登基时已二十七岁，算得上是长君，而且他自小就在极度虚伪又异常险恶的宫廷中经过"武韦之乱"的历练，又在当临淄郡王时周游京畿，深知民间情形，加之天资聪慧，初践帝祚，便已具有丰富的政治经验，且胸怀宏图远志，如此才在励精图治的开元时代成就了一代明君的政治形象。当然，开元盛世亦非一蹴即就，而是经过了君臣携手同心十数年努力，方将大唐盛世推至顶点的。

天宝十三年（754），"户部奏天下郡三百二十一，县千五百三十八，乡万六千八百二十九，户九百六万九千一百五十四，口五千二百八十八万四百八十八"[①]。全面超过前隋大业五年

---

① 《资治通鉴》，卷二百一十七，玄宗天宝十三载（754）。第7138页。

第三折 加固

（609）极盛时的数据，即"郡一百九十，县一千二百五十五，户八百九十万七千五百四十六，口四千六百一万九千九百五十六"[①]。人口分布上也一改"西出阳关无故人"的局面，至"天宝中，承平岁久，自开远门至藩界一万二千里，居人满野，桑麻如织"[②]。据开元二十八年（740）的数据，"西京、东都米斛直钱不满二百，绢匹亦如之。海内富安，行者虽万里不持寸兵"[③]。人丁兴旺，生活水平并没有下降，四邻和睦，社会治安良好，真是一派和谐富足之景象。

就在成绩斐然之际，朝堂中却出现了一丝微妙变化。开元二十二年（734）年，李林甫官拜礼部尚书、同中书门下三品，登上宰相之位。之前玄宗任命的宰相，"姚崇尚通，宋璟尚法，张嘉贞尚吏，张说尚文，李元纮、杜暹尚俭，韩休、张九龄尚直，各其所长也"。可张九龄罢相后，"朝廷之士，皆容身保位，无复直言"。之后，李林甫和牛仙客控制朝堂，"百官迁除，各有常度，虽奇才异行，不免终老常调；其以巧谄邪险自进者，则超腾不次，自有他蹊矣"[④]。李林甫居相位十九年，史家评他："媚事左右，迎合上意，以固其宠；杜绝言路，掩蔽聪明，以成其奸；妒贤疾能，排抑胜己，以保其位；屡起大狱，诛逐贵臣，以张其势。"结果，"养成天下之乱，而上不之寤也"[⑤]。

明代"吴中四才子"之一的文徵明曾添《满江红》一首哀悼岳

[①] 《隋书》，卷二十九，地理志上。第900页。
[②] （唐）郑处诲：《玄宗杂录》，田廷柱点校，北京：中华书局，1994年版，第66页。
[③] 《资治通鉴》，卷二百一十四，玄宗开元二十八年（740）。第7051页。
[④] 《资治通鉴》，卷二百一十四，玄宗开元二十四年（736）。第7033—7034页。
[⑤] 《资治通鉴》，卷二百一十六，玄宗天宝十一载（752）。第7122页。

飞，其中有言："笑区区一桧亦何能，逢其欲。"① 这桩千古冤案若无高宗的授意和默许，区区秦桧能奈岳飞何？同样，把天下之乱的主要责任推到弄臣身上，乃是史家为皇帝开脱的老套路，若没有那位"晚年自恃承平，以为天下无复可忧，遂深居禁中，专以声色自娱，悉委政事于林甫"② 的唐玄宗，区区李林甫哪能做得了如许多恶。天宝之末，古稀之年的玄宗不仅精力不济，而且思路也日趋僵化，他的视野早已收缩进习惯的生活空间内，对身边亲近之人日益轻信，对新人新事则充满猜疑。这时的玄宗，躺在厚厚的功劳簿里，完全松弛了下来。

不过平心而论，玄宗自小在险恶的宫廷中战战兢兢地长大，登基后又兢兢业业地理政二十多年，不仅打倒了所有政治对手，还开出国泰民安的盛世景象，弦一直绷紧着；如今功成名就，停下来松口气实属人之常情。若是现代社会，高强度工作到这把年纪，早该退休回家，安享天伦之乐。只可惜传统权力体系内皇帝只能干到死为止，即便禅位给太子，大部分太上皇也难得完全撒手。于是，到了退休的年龄偏偏还活着的皇帝便不得不另辟蹊径，为自己搞出个隐性退休。

玄宗年过花甲之后，就处于隐性退休状态，他不愿再耗费心神去发现人才，只觉得故旧老臣、身边亲信看着顺眼、用着顺手，于是李林甫得居相位十九年，杨国忠拜相后更兼四十余职，搞得"朝廷无忠贤，左右无正人"③。玄宗自己则在后宫中与梨园

---

① （明）文徵明：《文徵明集》，周道振辑校，上海：上海古籍出版社，2014年版，第1198页。
② 《资治通鉴》，卷二百一十六，玄宗天宝十一载（752）。第7122页。
③ 《唐鉴》，第227页。

弟子们调教法曲,与贵妃娘娘吵闹调情,与近侍的老太监忆旧聊家常……玄宗把帝王本该肩负的督察决断之责推到一边,不再锐意进取地关注外在世界,于是深宫景象便构成了他晚年的主要世界图景。当玄宗沉迷在这样一个世界中时,他怎么可能看到王朝极盛之际新出现的巨大危机?

历代之衰,经济上多因土地大量兼并导致贫富严重两极分化;而新朝所以繁荣,也多因大乱之后,耕者得有其田。大唐初兴,就在于"均田之令,和租庸调的制度,都是定于大乱之后。当时地广人稀,无主的田很多,推行自然不十分困难。但是一两传后,人口增殖,田亩渐感不足,就难于维持了。……租庸调制,则《唐书》明说他,到开元时而其法大坏,'并兼逾汉成哀'"。① 均田一旦不能执行,建于其上的府兵制也就紧跟着败落。

唐之府兵以自耕农、中小地主为主力,均田一坏,兵源相应萎缩。于是,"始而是'宿卫之数不给',继而是'军容每阙',再而是'无兵可交',以至于'戎器、驮马、锅幕、糗粮并废'"。同时,"富户的规避兵役,也使得府兵制日益废弛"。② 到天宝八年(749),朝廷正式停止折冲府上下鱼书,"府兵废,募兵兴,中央十六卫也跟着府兵帛的破坏,形同虚设。猛将精兵皆聚于东北、西北两边,过去内重外轻的局面,一变而为内轻外重的局面了"③。关中之众已非能战之兵,以之对抗东西两边以游牧骑兵为主力的职业边兵,无异以羊投狼。

---

① 《白话本国史》,第330页。
② 谷霁光:《府兵制度考释》,北京:中华书局,2011年版,第212页。
③ 《隋唐五代史》,第143—144页。

玄宗缩到深宫里颐养天年，当然看不到民间小农已现破产之兆，他看到的是深宫里达官显贵们由盛世气象派生出的奢靡之风，便以为天下富足。他同样看不到府兵败坏后关中危急的局势，他看到的是左右羽林、左右龙武这群围在皇宫周遭由宦官统领的花哨禁军。于是，玄宗自然觉国富民强，禄山小儿的那点边兵岂足道哉！此时的玄宗，犹如一个衰老的盲人驾驭着一辆疾驰的马车，驶入了左右尽是深沟险壑的山间狭道！

尾声

潼关失守后，玄宗在勤政楼又下了道亲征的诏书，可第二天清早却偷偷摸摸地先溜了。深宫中的一帮人仓皇逃命，到中午时分水米未进，享惯福的身体哪里吃得消，全都累倒在地。周边质朴的百姓听说天子落难，"争献粝饭，杂以麦豆；皇孙辈争以手掬食之，须臾而尽，犹未能饱"。大难临头的贵族吃相实在难看，倒是玄宗风度犹存，"皆酬其直，慰劳之。众皆哭，上亦掩泣。有老父郭从谨进言曰：'禄山包藏祸心，固非一日；亦有诣阙告其谋者，陛下往往诛之，使得逞其奸逆，至陛下播越。是以先王务访忠良以广聪明，盖为此也。臣犹记宋璟为相，数进直言，天下赖以安平。自顷以来，在廷之臣以言为讳，惟阿谀取容，是以阙门之外，陛下皆不得而知。草野之臣，必知有今日久矣，但九重严邃，区区之心无路上达。事不至此，臣何由得睹陛下之面而诉之乎！'上曰：'此朕之不明，悔无所及。'"[1]

---

[1]《资治通鉴》，卷二百一十八，肃宗至德元载（756）。第7181—7182页。

第三折　加固

　　玄宗终于承认自己不明了，但已是悔无所及，未来等着他的是入蜀后的煎熬岁月，以及还归西京后的凄凉晚境，本来一代明君的形象最终变成一半明君、一半昏君的扭曲合体。如果玄宗早一点悔悟，情况是否会扭转呢？其实，正如卡普罗尼所说："创造性的人生，为期只有十年。"过了这十年，垂垂老矣的玄宗即便不失其明，怕也是心有余而力不足，坐在龙椅之上，至多是使此番断崖式的下跌变为勉强守成而已。莫说是玄宗，就是五十岁就驾崩的唐太宗，若也活到七老八十，能否保证还会如贞观之初那般贤明有为呢？只可惜在君主专制的政治架构中，使手握实权的君主能以体面、安全的方式实质性退出权力游戏的机制非常不完备！因而，如玄宗这般前期有着贤明政治形象的帝王，要想保证这种形象不受损害，只能自己渴望着（基本上不会渴望着）自己在开元二十二年（734）左右就能够龙驭归天而去。

第四折

扭曲

中央皇权的强化意味着地方势力的削弱，而嫡长继承制度的固化也使权力候选者的范围大为缩减，为了"安定"和"息争"而设计的制度，运行成本是高昂的。故而，中唐以降，昏君辈出，到了五代十国时期，崛起于江湖间的各路军阀，不是染有一身部落习气，就是总脱不去土匪做派，根本无法与东汉末年那些志在天下的英豪们同日而语。在这段无法无天的时光中，见识短浅又胆大妄为的军阀们看似把大唐贤主们几世几代加固的"皇权本体"推到一边，依着丛林社会的形势各行方便起来，从而形成不少权力的扭曲变体，有些甚至畸形到令人瞠目的程度。然而，这些变体并未真正冲破"皇权本体"的逻辑，给政治世界带来一些新希望，它们的存在倒是表明向"皇权本体"归复的必要性，从而使中国历史进入"治—乱—治（加固）—乱—治（再加固）……"的循环中。

"徐氏篡吴"中的血统之争

五代时南吴政权在史书中常被记作为徐氏所篡,这确是有些委屈了徐温一门,毕竟真正篡位的是其养子,而人家一当上皇帝,就立刻改回李姓,追认上去的祖先更与贩私盐起家的徐氏一族毫无瓜葛。在所谓"徐氏篡吴"的历史事件中,涉及杨氏、徐氏和李氏三大家族,他们皆在血统观念的左右下相攻相杀,于东南一隅上演了一出出人间闹剧。

杨行密的瞑目之愿

唐天复二年(902),唐昭宗李晔为鼓动诸镇讨伐朱全忠,专门派"金吾将军李俨为江、淮宣谕使,书御札赐杨行密,拜行密东面行营都统、中书令、吴王"①,奄奄一息的唐王朝为续命,终于给割据江淮的杨行密加上了"王"的头衔。三年后,杨行密病危,命节度判官周隐速去宣州(今安徽宣城)召回任宣州观察使的长子杨渥,哪想性格"戆直"的周隐竟对曰:"宣州司徒轻易信

---
① 《资治通鉴》,卷二百六十三,昭宗天复二年(902)。第8803页。

逸，喜击球饮酒，非保家之主；余子皆幼，未能驾驭诸将。庐州刺史刘威，从王起细微，必不负王，不若使之权领军府，俟诸子长以授之。"①

徐温曾指责周隐为"奸人"，司马光对此颇不认同，指出："隐若欲为乱，当密召刘威，岂肯对其父斥渥短，请以军府授威！隐乃戆直之人耳。"可戆直之人以大局为重的这番劝谏，杨行密在听完后却默不作声。守在病榻边的左右牙指挥使徐温和张颢马上悟出吴王心意，他们立刻向吴王进言："王平生出万死，冒矢石，为子孙立基业，安可使他人有之！"听罢此言，杨行密言道："吾死瞑目矣。"②

强盗出身的杨行密对江湖上所谓的兄弟义气清楚得很，无非小利相让，大利死争，即便随自己起于细微的患难兄弟，让他捧着江淮这块肥肉若干年，再原封不动地还给杨氏子孙，仅仅揩了两手油就能满足？乱世里横霸一方的枭雄哪会如此幼稚！但杨行密对周隐斥杨渥短处的话也不是一无认同，不然他岂能在病重时将杨渥从身边赶到宣州去当观察使，杨行密内心的矛盾可见一斑。要么把半世奋斗得来的基业留给个败家子，早晚为强臣所夺，殃及子孙；要么择"贤能"而予之，可"贤能"得权怕是再无还回的可能。

弥留之际的杨行密思来想去，到底冲不破家天下的政治传统，血统观念最终还是占据上风，唯有一姓亲人、一家产业才是最重要的。尤其在乱世的丛林世界里，大家基本上都是不顾朝

---

① 《资治通鉴》，卷二百六十五，昭宣帝天祐二年（905）。第8878页。
② 《资治通鉴》，卷二百六十五，昭宣帝天祐二年（905）。第8878页。

廷，但保宗族，甚至宁肯肉烂在自家锅中，也断不可以拿出来给外姓享用，至于普通百姓的死活就更顾不上了。杨行密辛苦半生、冒死打拼，一直举着忠于唐廷的招牌，可其临终瞑目之愿还是露了自己的底，也不过是为杨氏子孙计罢了。

所谓"痴心父母古来多，孝顺儿孙谁见了？"[1]杨行密将权力交到败家子手里，淮南岂有宁日。杨渥刚握大权，就因区区小事与宣州观察使王茂章翻脸，进而发兵袭击，导致王茂章率众投奔钱镠而去，胡三省评道："杨渥袭位曾几何时，而修怨于一州将，其实褊量如此，固不足以君国子民。"[2]之后，杨渥击败江西的钟匡时，得意非常，"骄侈益甚，谓节度判官周隐曰：'君卖人国家，何面目复相见！'遂杀之。由是将佐皆不自安"[3]。

朝野人心惶惶，侥幸打了小胜仗、又除掉几位旧臣的杨渥却毫不在意，以为大权在握可以为所欲为了，在为老爹居丧期间，便已"昼夜酣饮作乐，然十围之烛以击球，一烛费钱数万。或单骑出游，从者奔走道路，不知所之"。助杨渥上位的张颢、徐温大失所望，接连"泣谏"，可这个都二十一岁"高龄"，按理也该懂事的长君却耍起了无赖腔，对二人怒骂道："汝谓我不才，何不杀我自为之！"[4]二人虽然吓得战战兢兢地退下，可情绪平定后冷静一想，觉得这混蛋说得也不无道理，真还就起了杀心。

纨绔子弟向来飞扬跋扈、尚小聪明、摆花架子，但在高手面前却扛不住狠打，尤其是在你死我活的政坛纠斗中，往往胜败未

---

[1] （清）曹雪芹 高鹗：《红楼梦》，上海：上海古籍出版社，2003年版，第7页。
[2] 《资治通鉴》，卷二百六十五，昭宣帝天祐二年（905）。第8886页。
[3] 《资治通鉴》，卷二百六十六，太祖开平元年（907）。第8897页。
[4] 《资治通鉴》，卷二百六十六，太祖开平元年（907）。第8898页。

判意志就先垮了,杨渥便为此类纨绔的典型。杨渥当政后,专门选了些"壮士",号称"东院马军",又广任亲信为将吏,看来他也想强化自己的统治。可自小围着他转的那些阿谀奉承之徒,除了"恃势骄横,陵蔑勋旧"外,别无真能耐。同时,杨行密当年置于牙城之内的数千营亲军也碍了杨渥的眼,为将其驻地改为射箭场,这些能战的精锐部队被全部迁出。杨渥自去爪牙,张颢、徐温"由是无所惮"[①]。

杨渥当年镇宣州时曾命指挥使朱思勍、范思从、陈璠统领亲兵三千,继位后一直牵挂着这三位陪自己玩过的旧将,意欲将之调回到身边。对此,张颢、徐温先下手为强,先将三人调至洪州(今江西南昌),尔后诬以谋反之罪,命别将陈祐星夜赶到洪州,乘其不备,执而斩之。杨渥闻讯后,"益忌颢、温,欲诛之"。可他已被架空,张颢、徐温以"兵谏"之名,"帅牙兵二百,露刃直入庭中",当着杨渥的面将其提拔的十余位亲信拉出去以铁挝击杀,"于是军政悉归二人,渥不能制"[②]。

按理说,到这个份上,杨渥总该学乖点,莫说忍辱以待变,至少先多活一阵子吧。可杨大少爷何曾受过这种委屈,每每"心不能平,欲去之而未能",搞得张颢、徐温二人内不自安。一年多后,张颢"遣其党纪祥等弑王于寝室,诈云暴薨"[③]。对于这个结局,不知九泉之下本已瞑目的杨行密会不会气得怒目圆睁呢?

---

① 《资治通鉴》,卷二百六十六,太祖开平元年(907)。第8898页。
② 《资治通鉴》,卷二百六十六,太祖开平元年(907)。第8899页。
③ 《资治通鉴》,卷二百六十六,太祖开平二年(908)。第8928页。

徐氏"兄弟"不相容

杨渥被杀后,徐温瞒天过海,将弑主之罪全推到张颢身上,并与严可求等人联手,先杀张颢,再将南吴军政大权慢慢揽入自己怀中,只可怜继位时只有十一岁的杨隆演,被徐氏父子牢牢控制在股掌之间,与囚徒无异。徐温下一步要做的便是劝杨隆演称帝,从而使其下一代篡夺后能够直接当皇帝。在外人看来,徐温一路顺风顺水,不过他也有烦恼。与杨行密一样,令他纠结不安之事同样与血统相关,只是更为复杂。

每当徐温考虑身后事时,自然想把权位交到亲儿子手中,可他的亲儿子们个个无德无能,难堪大任;倒是收养的儿子不仅孝顺,而且格外能干。但将权位传给没有血缘关系的人,徐温自然是不愿意,家里家外、亲族心腹更不会答应。徐温也动过干脆废掉养子的心,其妻陈氏求情说:此子"自我家贫贱时养之,奈何富贵而弃之!"[1],这令徐温有些于心不忍。不过徐温之所以下不了手,主要还是因为他已经离不开这个能力极强的政治助手了。

说到徐温的这位养子,得从唐昭宗乾宁二年(895)说起,当时杨行密攻克濠州(今安徽凤阳东北临淮关),军士掠得徐州人李荣八岁之子。杨行密见了很喜欢,想收养他,不想其长子杨渥(时年九岁)憎之,只好转送给手下将佐徐温,此子从此改姓徐,徐温给他起名为:知诰。徐知诰长大后,"喜书,善射,识度英伟。行密常谓温曰:'知诰俊杰,诸将子皆不及也。'"[2] 徐温

---

[1] 《资治通鉴》,卷二百七十六,明宗天成二年(927)。第9252页。
[2] 《资治通鉴》,卷二百六十,昭宗乾宁二年(895)。第8696页。

掌权后，派长子徐知训在广陵（今扬州）监视吴王杨隆演，又任徐知诰去经营新据点金陵（今南京）。徐知诰任升州刺史期间，"选用廉吏，修明政教，招延四方士大夫，倾家赀无所爱"。虽然徐知诰官阶渐高，依然侍奉徐温"甚谨，安于劳辱，或通夕不解带，温以是特爱之。每谓诸子曰：'汝辈事我能如知诰乎？'"①

真是福祸无常，徐知诰越受夸奖，徐温的亲儿子们就越瞅着他扎眼。尤其徐知训，史家用"骄倨淫暴"四字来形容他，乃是比杨渥更坏的纨绔混蛋，对这个养弟直接动了杀心。据《资治通鉴》记载，徐知训"尝与知诰饮，伏甲欲杀之"，而独与徐知诰友好的徐温第四子徐知谏"蹑知诰足，知诰阳起如厕，遁去"。徐知训还不罢休，又派随从刁彦能持剑追杀，"彦能驰骑及于中途，举剑示知诰而还，以不及告"。②而据《新五代史》记载，这样的鸿门宴竟有两次，第一次徐知训召徐知诰饮酒，毒酒端来时，行酒吏刁彦能"以手爪掐之"，徐知诰"悟起走，乃免"。另一次，徐知诰"自润州入觐，知训与饮于山光寺，又欲害之"，之后情节与《资治通鉴》所载几乎完全相同。③

亲儿与养子不相容，到了你死我活的地步，只怪徐知诰人缘太好、太能干！徐知训活着时，徐温的权杖轮不到徐知诰继承，但徐温的绝大多数亲儿子们一想到老爹挣来的基业将来也有这位没一滴血缘关系的"兄弟"一份时，仍不免愤愤不平；而识度英伟的徐知诰又政绩优异，更让靠啃老上位的几位纨绔兄弟如临大

---

① 《资治通鉴》，卷二百六十八，太祖乾化二年（912）。第8990页。
② 《资治通鉴》，卷二百七十，均王贞明四年（918）。第9062—9063页。
③ （宋）欧阳修撰，（宋）徐无党注：《新五代史》，北京：中华书局，1974年版。卷六十二，南唐世家第二·李昇。第766页。

敌、坐卧不安。幸好,徐知训在广陵随意欺凌吴王及杨氏旧臣,终于逼得杨隆演的舅父朱瑾将其击杀。这混球的意外死亡使徐知诰松了口气,尤其待徐温处理完此事后还镇金陵,将南吴日常政务皆交给徐知诰处理,使其俨然有接替徐知训之势。

与"骄倨淫暴"的纨绔大哥相反,徐知诰"事吴王尽恭,接士大夫以谦,御众以宽,约身以俭"。又用谋主宋齐丘之策,蠲免百姓苛捐杂税,"由是江、淮间旷土尽辟,桑柘满野,国以富强"。[①]然而,徐知诰干得再好,形势仍不见好转,南吴宰相严可求、行军副使徐玠屡次劝徐温以次子徐知询代替徐知诰总理吴政,徐知询也以徐知诰非徐氏血脉数请代之。徐温态度暧昧,一方面他自知剩下的亲儿子们愈加无能,根本替代不了徐知诰;另一方面,他对徐知诰用宋齐丘为谋主一事又极反感,唯恐此子招纳贤才,继续扩张实力。

南吴武义二年(920),杨行密费尽心机将权力留在杨氏血统中的努力又有了结果,他的次子杨隆演在徐氏监控中,顶着国王空名,终日忧郁,"多沈饮,鲜食,遂成寝疾"[②],死时仅二十三岁。之后徐温又越次立其弟杨溥为吴王,并将主要精力全放在劝新主登基称帝的事情上,自家权力如何继承暂时搁置一边。与此同时,徐知诰也清楚地意识到:没有徐氏血统,无论怎么折腾,终究得不到养父及其帐下亲信的接纳与认可,当徐温之权传予徐知询之时,他徐知诰的小命就危在旦夕了!因此,徐知诰草表欲求洪州节度使(总部在今南昌),先离得远一点,以后或割据,

---

[①] 《资治通鉴》,卷二百七十,均王贞明四年(918)。第9067—9068页。
[②] 《资治通鉴》,卷二百七十一,均王贞明六年(920)。第9092页。

或逃跑都方便。

　　真是时运难测，就在徐知诰觉得未来一片暗淡，欲谋自保的表章写好刚要上送时，突然从金陵传来徐温逝世的消息。鉴于徐温暴毙，后事一无安排，权位之争生出新的变数。本来徐温的亲儿子们都是靠拼爹上位的纨绔，爹没了，靠实力硬碰硬地正面对碰，哪一个能是徐知诰的对手？徐知询虽握兵据长江上游，但兄弟争权几个回合下来，连曾经支持他的徐玠也觉得"知询不可辅，反持其短以附知诰"①。最终，徐知询没能将徐知诰召到金陵奔丧，自己反被诓到了江都（今扬州）入朝。徐知诰给自己这位二哥一个"统军"的空衔，将他扣留在身边，并派右雄武都指挥使柯厚征调金陵兵回江都，兵权到手，南吴大权尽归徐知诰所有。

　　风水轮流转，终于轮到徐知诰摆鸿门宴了。当吴主加徐知诰兼中书令，领宁国节度使后，"知诰召知询饮，以金钟酌酒赐之，曰：'愿弟寿千岁。'知询疑有毒，引他器均之，跽献知诰曰：'愿与兄各享五百岁。'知诰变色，顾左右，不肯受，知询捧酒不退。左右莫知所为，伶人申渐高径前为诙谐语，掠二酒合饮之，怀金钟趋出，知诰密遣人以良药解之，已脑溃而卒"②。金钟赐酒事件出于郑文宝的《南唐近事》，或真或假，司马光将之收入《资治通鉴》，大概觉得宫廷政斗历来残酷，徐知诰未必做不出这等事。

　　不过，就算此事从未发生，面对大权在握的徐知诰，徐知询也已吓破了胆。这样一个废物加软蛋，实在没什么威胁，而且徐

---

① 《资治通鉴》，卷二百七十六，明宗天成四年（929）。第9277页。
② 《资治通鉴》，卷二百七十六，明宗天成四年（929）。第9278页。

温毕竟于徐知诰有养育之恩，不看僧面看佛面，事情不能做得太绝，至少不能做得太急，或许任其自生自灭更妥吧。五年后，史书中仅以一句记道："吴镇南节度使、守中书令东海康王徐知询卒。"①

李昪修家谱

古罗马共和国时期，高级官吏的职位虽然也向平民开放，"但执政官的职位却只在贵族等级中间传来传去。没有一位'新人'由于其勋业而出名或显赫到人们认为他够得上担任这一职位的程度，就好像他担任这一职务会把它玷污了似的"②。然而，普通士兵出身的"新人"马略偏不信这个邪，他靠着自己的功勋和实力，终于在公元前107年当选为执政官。在对罗马公民的一次演讲中，马略掷地有声地说道："事情确实是这样的：祖先的光荣就仿佛是照在他们的后代身上的一道光，他们的后人的德行和缺点都逃脱不了它的照耀。我得承认我没有这样的光荣，公民同胞们；但是——这一点要光荣得多——我有权谈论我自己的功业。现在就来看一看那些人是多么不公平吧；由于别人的功业而他们自己取得的东西，他们却不允许我通过我自己的功业而取得；毫无疑问，这就是因为我家里没有祖先的塑像，因为在我家中我是第一个显贵的人。"③

---

① 《资治通鉴》，卷二百七十九，潞王清泰元年（934）。第9365页。
② （古罗马）撒路斯提乌斯：《喀提林阴谋 朱古达战争》，王以铸 崔妙因译，北京：商务印书馆，1995年版，第280页。
③ 《喀提林阴谋 朱古达战争》，第300页。

马略是光风霁月的豪雄,可惜这等人物在古典时代无论东西都属凤毛麟角,在他之前和在他之后,罗马的统治者们,哪怕是恺撒,多少都要靠其华丽的家族谱系才能走向权力的巅峰。至于东方社会,趁着天下大乱成为家族中第一个显贵之人的比比皆是,不过却鲜有人如马略般磊落,反而挖空心思要把明明是破落户的爹妈与毫无关系的皇亲国戚乃至三皇五帝搭上边,仿佛不这样做便成了大家的笑柄。如南梁武帝时作乱的侯景,这位从东魏叛逃过来的羯族悍将打下建康(今南京)后也想当两天皇帝。大臣王伟"请立七庙,景曰:'何谓七庙?'伟曰:'天子祭七世祖考。'并请七世讳,景曰:'前世吾不复记,唯记我父名标。且彼在朔州(今内蒙古固阳),那得来啖此。'众咸笑之"①。侯景不解七庙的深意,只觉得父亲侯标可能来蹭饭,老大不情愿。不过,侯景坏归坏,却不用祖宗来给自己撑台面,如此做派招来的却是已成他阶下囚的南方士族子弟们自骨子里涌出的讥笑。

说到"七庙",《礼记》中专门解释道:"王立七庙、一坛、一墠。曰考庙,曰王考庙,曰皇考庙,曰显考庙,曰祖考庙,皆月祭之。远庙为祧,有二祧,享尝乃止。去祧为坛,去坛为墠。坛、墠有祷焉祭之,无祷乃止。去墠曰鬼。"②这里所谓帝王的七庙乃是由五庙二祧构成,五庙供的是帝王的父(考)、祖(王考)、曾祖(皇考)、高祖(显考),还有家族始祖(祖考),这五庙皆每月一祭。祧是远祖庙,供高祖之父和高祖之祖,古人称春祭为"享",夏祭为"禘",秋祭为"尝",冬祭为"蒸","享尝乃止"就

---

① 《资治通鉴》,卷一百六十四,简文帝大宝二年(551)。第5244页。
② 《礼记·祭法第二十三》

是说这两个庙每三个月一祭。坛是聚土而成的平台,墠是平整的地面,祭高祖的曾祖为坛祭,祭高祖的高祖为墠祭,一般只有对这两位祖先有所祈祷时才祭,无则不祭。再远的祖先统称为"鬼",其神主放于石匣中,要到几年一次的祫祭时,才取出合祭。

因而,统称七庙,实际追溯上去,连续不断的祖先就有八代;加上始祖,共九位,还不算毁庙以后放入石匣中的列位神主。侯景只记得老爹是谁,确是少了些,但在五代十国时期,各路军阀起于流民、乱兵之间,家谱大多遗失,能记个三四代已属不易了。再者,称帝称王的军阀真论起出身,杨行密起于江淮群盗,徐温、钱镠皆贩私盐出身,前蜀的王建"少无赖,以屠牛、盗驴、贩私盐为事,里人谓之'贼王八'"[①],而南汉刘䶮祖上为闽南洋的生意人……虽说唐末时分,世族尽已没落,门第观念却依然强大,这些乱世枭雄多起于社会底层,即便记得祖宗情况,恐怕也不好意思说出来。

在宗族社会中,马略式的洋派难免变成侯景式的洋相,祖宗是断不能忘的;可真记着的那些默默无闻甚至地位卑贱的祖先,又不敢公开承认。当摆平所有政治对手的徐知诰开启篡位程序后,面临的就是这道向前追溯血统的认祖归宗的难题。徐温死后,吴王曾追封其为齐王,之后吴王又册命徐知诰为齐王,徐知诰于是按唐朝留下的规矩,改名为徐诰,以示不群于"知"字辈的徐氏兄弟。等徐诰在金陵登基称帝后,国号定为"唐",追尊徐温为武皇帝,"唐朝"的祖先和皇帝都姓徐,实在是驴唇不对马嘴。

其实徐诰刚一登基,整个南唐就开始了一场去"吴"与"杨"

---

① 《新五代史》,卷六十三,《前蜀世家第三·王建》。第783页。

的运动,"群臣争请改府寺州县名有'吴'及'杨'者,留守判官杨嗣请更姓'羊'"①。至于徐温的后代,乱世里一代狠主生养的几个骄横二代纨绔瘪掉后,其他二代子弟就唯唯诺诺地向新主子献殷勤了。江王徐知证、饶王徐知谔等人带头多次上表请徐诰复姓李,徐温的女儿广德长公主还披着重孝去参加南唐皇帝给自己亲生父母追办的葬礼,"入哭尽哀,如父母之丧"②。既然连徐家人都来抬轿子,看来真是人心思唐,徐诰便堂而皇之地改回李姓,一个月后又更名为"昪"。李昪已非徐氏族人,下面要做的就是给自己的祖宗立七庙了。

如果按实情来认祖,李昪"世本微贱,父荣,遇唐末之乱,不知其所终"③。如此一来,李昪与侯景真是半斤八两,好在李昪深知正统王朝中权力游戏的规则,他找来找去,觉得最有可能与唐太宗之子吴王李恪搭上关系。不过李恪当年参与高阳公主和房遗爱的谋反案,被仇家长孙无忌趁机逼得自杀了断,这段历史听上去颇不光彩。有人建议不如认唐高祖李渊之子郑王李元懿为始祖。可考查二王的后代后发现,李恪之孙李祎在边疆立过功,其子李岘在肃宗李亨朝中当过宰相,比李元懿不争气的子孙要气派得多,于是还是认李恪为始祖更好些。终于,在李昪的监督和有司官员的努力下,一份南唐皇帝的家谱被编了出来,即:李渊—李世民—李恪—李琨—李祎—李岘—李超—李志—李荣—李昪。

由于李昪只记得父亲的名字,而李岘的后代又史无记载,有

---

① 《资治通鉴》,卷二百八十一,高祖天福三年(938)。第9433页。
② 《资治通鉴》,卷二百八十二,高祖天福四年(939)。第9444页。
③ 《新五代史》,卷六十二,《南唐世家第二·李昪》。第765页。

司官员便将徐温的曾祖父徐超、祖父徐志的名字借过来，变成了李昪的曾祖父李超和祖父李志。居然连当朝皇帝的祖宗都敢胡编乱造，真当是吃了熊心豹胆！对此，李昪却不生气，毕竟这样一来七庙各有其主，自己也有了光鲜的世系，至于祖宗到底叫什么，倒不重要。只不过在李昪看来，大唐三百年江山，十九任皇帝，自己的世系只有十世，似乎短了点，有司官员赶紧出来解释说：三十年为一世，算起来到陛下正好十世。李昪听后觉得也很有道理，便不再计较。

南唐升元三年（939）三月，南唐烈祖李昪正式"追尊吴王恪为定宗孝静皇帝，自曾祖以下皆追尊庙号及谥"[①]。南唐上下一片喜气洋洋的景象，群臣争相庆贺，连江王徐知证等徐家人也请改姓李氏，却被徐家曾经的养子冷冷地拒绝了。

国有长君，未必是福

五代十国时南楚的开创者马殷在临终之际，于其诸子间确立了兄终弟及的王位继承原则，马殷希望凭此非常之法能够确保长君当政，从而避免乱世中由传统嫡长继承制带来的巨大不确定性。然而，虽有长君治国，马氏政权却也仅维系了四十五年，马殷之后的五位长君都是些不堪大任的昏庸无能之主，不仅不恤百姓，还内讧不断，甚至不惜引狼入室，惹火烧身，最终将马殷辛苦打拼来的地盘败得一干二净。

---

① 《资治通鉴》，卷二百八十二，高祖天福四年（939）。第9445页。

长君质次

　　五代十国时期的楚国（史称南楚）极盛时统辖着如今湖南全境以及黔东、粤北和广西大部地区，其开创者马殷本为许州鄢陵人（今河南许昌市鄢陵县），在镇压黄巢起义时以材勇受到忠武决胜指挥使孙儒的器重，后来在秦宗权叛乱造成的大混战中，马殷攻城略地、东冲西杀，终于闯进湖南地界并站稳了脚跟。朱全忠篡唐时为拉拢他，于开平元年（907）封其为"楚王"，后唐明宗李嗣又于天成二年（927）册封他为"楚国王"。马殷虽没有效法南汉的刘䶮直接登基称帝，可在他割据的小天地里，他与皇帝实无区别，因而临终之时，也不得不如皇帝般考虑起继承人的问题。

　　作为乱世中从社会底层摸爬滚打上来的国王，马殷在如何处理这份用命换来的家业问题上显得格外现实，他断然将周公以来诸朝沿承的嫡长继统制抛在一边，"遗命诸子兄弟相继。置剑于祠堂曰：'违吾命者，戮之！'"[①] 如此一反常规，只为保证楚国政权稳定，以避免乱世中出现小儿当国之局面，所谓"国有长君，社稷之福"。当然，"社稷""百姓"不过是帝王家高高挂起装点门面的匾额上斗大的金字而已，马殷内心深处真正害怕的只是时局动荡，人心难测，固守继统旧制，一旦世子命短，世孙将处于强臣、外戚、宦官的包围中，无论那小屁孩血统再纯正，也守不住马氏家业。

[①] 《资治通鉴》，卷二百七十七，明宗长兴元年（930）。第9292页。

马殷死时享年七十八岁,膝下十几个儿子都符合"长君"的标准,重点培养的接班人次子马希声已过而立之年,社稷仿佛有福了。不过仅从字面上论,"长君"只是有一把年龄而已,若无德无能,王位上的大混蛋比起小屁孩更是社稷之灾。进而,继承人资格但凡局限于一姓血脉内,选择面终归十分有限,尤其五代时乱世草头王家的儿孙,与他们草莽英雄的父辈相比,就算后继之君是年过而立、不惑的长君,质量上往往出现断崖式下降。之所以出现这种情况,原因大抵有以下几方面。

首先,从大环境上看,自安史之乱起,旧世家贵族便步入高速衰落的轨道,至唐末时分,情况如内藤湖南所云:"由没有知识的'强盗'形成的军队,把贵族政治送进了坟墓。"[1]一时间,割据四方的节度使中竟有不少曾是安史帐前的叛将、黄巢麾下的狠主,他们或出身于部落小酋长,或为投军求生的亡命徒,难怪柏杨感叹道:"东汉王朝末期,军阀林立,猛将如云,谋士如雨,而唐王朝末期,军阀们则只有猛将,而没有谋士,……九世纪中期到十世纪中叶,一百五十年间,所以成为大黑暗时代,主要原因就是人才已尽,并且越到后来越严重。"[2]五代承唐末之弊,草头王们多靠着凶狠狡猾的本能在丛林社会中打杀,谈不上什么文化底蕴。至于马殷,《旧五代史》中说他"少为木工,及蔡贼秦宗权作乱,始应募从军"[3]。可见其出身低微,进而导致在后代教育上存在先天缺陷。

---

[1] (日)内藤湖南:《中国史通论》,夏应元等译,北京:九州出版社,2018年版,第381页。
[2] 《军阀混战·大黑暗(柏杨白话版资治通鉴;32)》,第118—119页。
[3] (宋)薛居正 等撰:《旧五代史》,北京:中华书局,1976年版。卷一百三十三,马殷传。第2045页。

其次，老一辈冲锋陷阵，并不意味着下一代也会跟着一起浴血沙场、经纶世务。在那些既无族规、亦无家风的老家伙之中，不少人觉得自己吃苦无非让下一辈活得滋润，故而对待子女百般呵护、娇生惯养，这样养大的公子哥怎能适应乱世治国这份既辛苦又务实的工作岗位？天策学士拓跋恒曾上书南楚第三任国王马希范，明言道："殿下长深宫之中，借已成之业，身不知稼穑之劳，耳不闻鼓鼙之音，驰骋遨游，雕墙玉食"。其实，马殷膝下诸子没登上王位前过的都是这等快活的日子，远离实务，不察民情，上台后依然纵情欢乐，以至"府库尽矣，而浮费益甚；百姓困矣，而厚敛不息"①。

再次，一代创业者和二代守业者所面对的形势亦存在着巨大差异，如魏徵在《谏太宗十思疏》中所云："夫在殷忧，必竭诚以待下；既得志，则纵情以傲物。"②五代时打天下的草头王们多起于寒微，虽然都不乏心毒手狠的品性，但事业草创之际，也都不缺屈己顺人的柔软身段，他们的"爷爷"真是从"孙子"熬过来的，所以得势后大多还能收束住凌人傲物的冲动。可二代们就不一样了，生于深宫，长于婢女侍从之间，刚出娘胎就是"少爷"，从未受过"真孙子"的委屈，骄横霸道是天生做派。正因如此，当拓跋恒说了几句不受听的真话后，马希范先是"大怒"，尔后"益怒"，"遂终身不复见之"③。这么狂下去，不仅搞得众叛亲离，而且连骨肉亦为行路了。

---

① 《资治通鉴》，卷二百八十三，齐王天福八年（943）。第9506页。
② 《贞观政要》，卷一，论君道第一。第22页。
③ 《资治通鉴》，卷二百八十三，齐王天福八年（943）。第9506页。

最后，长君质次还在于兄终弟及之制会受到一夫多妻的负面影响。历来打天下的主儿哪怕占个小山包，建后宫、娶妻妾、生孩子便是耽误不得的大事。马殷也是正房、侧室一样不缺，嫡出、庶出地造出来十几个儿子。大利当前，一母同胞都难免反目成仇，更不要说后宫中争宠献媚、勾心斗角的成群妻妾携子相争时，在这些骄横小少爷心里会种下多少仇恨怨毒的种子。群臣、内侍又在诸子间各押其宝，结党相抗，使得帝王家中的兄弟之间往往貌合神离、各怀歹心。马殷本想着兄弟同心，其利断金，实际情况却是兄弟如仇雠，长君的大半工夫得用来应付或制造内斗，太平盛世都扛不住这般折腾，更何况乱世中的一隅楚地呢？

马殷撒手人寰后，南楚政局持续动荡直至亡国，祸国殃民者正是接二连三上台的几位无德无能的长君。

荒侈之主

长兴元年（930），马殷"建国承制，自置官属,"并以其"长且贤"的嫡子马希振为武顺军节度使，不过次子马希声的母亲袁德妃"有美色，希声借母宠得立"，马希振之后"弃官为道士，居于家"。[1] 于权力之争中激流勇退，从此闲云野鹤、寄情山水，马希振的"贤"在于其超脱、明智，至于有无治国之才，就不得而知了。而借母宠上台的马希声，则是成事不足、败事有余的草包一个。

---

[1] 《新五代史》，卷六十六，楚世家第六。第826页。

马殷七十七岁时将国政交与马希声处理，马家二少爷刚当家做的第一件大事就是中了敌国挑拨离间之计，自作主张灭掉南楚第一功臣高郁一族。马殷在后宫闻听此讯，"拊膺大恸曰：'吾老耄，政非己出，使我勋旧横罹冤酷！'既而顾左右曰：'吾亦何可久处此乎！'"①不过马殷大哭小叫一番后，马希声毫发未损，照旧监国理政，前朝举足轻重的老臣被如此利索地干掉，估计马殷内心深处未尝不觉得接班人有两下子，外露悲恸，内怀窃喜也说不定。可马希声杀功臣毕竟是因为蠢，所以上台后别无善政，只是闻听梁太祖朱全忠爱吃鸡，甚是羡慕，"既袭位，日杀五十鸡为膳"，甚至马殷出殡时，还"顿食鸡臛数盘"。②

虽然马殷对马希声看走了眼，却也不乏先见之明，因为马希声继位不过两载就死了，终年三十四岁，兄终弟及的规矩正好派上用场，与马希声同年同月同日生的异母弟弟马希范得以接班主政。马希范曾被马殷派到洛阳向后唐庄宗李存勖进贡，"庄宗爱其警敏，曰：'比闻马氏当为高郁所夺，今有子如此，郁安能得之。'"③惺惺相惜，花架子也喜欢花架子，能被华而不实的李存勖看中，这个马希范一定是有些祸国殃民的能耐。果然，马希范一朝权柄在手，立刻对自家兄弟们下刀了。

马希范之母陈氏在后宫争宠中败于袁德妃，导致马希范在一边凉快了好几年，"希范怨希声先立不让，及嗣位，不礼于袁德妃"。之后，他又解除了马希声胞弟马希旺的亲从都指挥使之职，

---

① 《资治通鉴》，卷二百七十六，明宗天成四年（929）。第9274页。
② 《资治通鉴》，卷二百七十七，明宗长兴二年（931）。第9306页。
③ 《资治通鉴》，卷二百七十六，明宗天成四年（929）。第9273页。

"使居竹屋草门,不得预兄弟燕集。德妃卒,希旺忧愤而卒"。[1] 马希范小人得志,为母家出了口恶气,也暴露出一夫多妻制下皇室兄弟间的真实关系,马殷兄弟同心的美妙计划被这个不肖子给破坏了。马希范了却私怨后并未收手,在他看来,敌国远不可见,即便真打过来,一国之主也能躲在后方调兵遣将地从容周旋;倒是那群皆有"长君"资格的弟弟们,近在眼前,藏杀机于无形,最令当哥的放心不下。

马希范的异母弟马希杲官拜静江节度使(总部在今桂林)、同平章事,因政绩颇佳,惹上收买人心的嫌疑,当南汉侵犯蒙、桂二州时,马希范自将精兵五千直奔桂林而来,意图借机除掉马希杲,幸亏希杲之母华夫人拼上老命赶到马希范营前谢罪曰:"希杲为治无状,致寇戎入境,烦殿下亲陟险阻,皆妾之罪也。愿削封邑,洒扫掖廷,以赎希杲罪。"马希范一看不好下手,打圆场道:"吾久不见希杲,闻其治行尤异,故来省之,无他也。"南汉兵退,马希杲旋即被调离静江重镇,迁到朗州(今湖南常德)当代理州长。[2]事情并没有完,九年后,马希范又疑心马希杲在朗州得人心,"遣人伺之。希杲惧,称疾求归,不许;遣医往视疾,因毒杀之"[3]。

马希杲的遭遇足以在马氏兄弟间引起恐慌,既然干得越好越危险,那么兄弟间的竞争就变成谁更疏于理政、谁更不学无术。负向竞争最终遴选出最无用荒唐的和最狡诈阴险的两类人;后一

---

[1] 《资治通鉴》,卷二百七十八,明宗长兴四年(933)。第9341页。
[2] 《资治通鉴》,卷二百八十,高祖天福元年(936)。第9386页。
[3] 《资治通鉴》,卷二百八十四,齐王开运二年(945)。第9540页。

类虽有心机,却全用在如何媚主、如何整人上,于治国理政未必在行。所以无论哪一种人上台,王位候选系列排在前面的大抵是品质最差的家伙。至于马希范何以如此妒贤嫉能,可能和他自己无才无能有关,在他主政期间,马殷辛苦经营多年才得来的楚地繁荣皆遭毁坏。

马希范好奢华铺张、虚名虚饰,上台伊始便造"长枪大槊,饰之以金,可执而不可用。募富民年少肥泽者八千人,为银枪都。宫室、园囿、服用之物,务穷侈靡。作九龙殿,刻沈香为八龙,饰以金宝,长十余丈,抱柱相向。希范居其中,自为一龙,其襆头脚长丈余,以象龙角"。① 马希范临死前一年获知后晋出帝石重贵好奢靡,又"以珍玩为献,求都元帅"。石重贵得了好处也很大方,"以希范为诸道兵马都元帅"。② 然而,马希范将头上便帽(襆头)的佩带拉长到丈余,也无法化成腾云驾雾的龙;买了个花哨的官衔,仍调动不了南楚之外的一兵一卒,瞎折腾的半天不过是烧钱买个开心。

马希范烧的钱可不是天上白掉下来的,那都是马殷当年用高郁之谋,促进湖南茶叶贸易,开采金银,累年积攒而得的。可钱再多终经不起花,尤其用之如泥沙的花法,钱箱子很快见了底。马希范却觉得来钱甚易不难,重赋敛即可。于是,"每遣使者行田,专以增顷亩为功,民不胜租赋而逃。王曰:'但令田在,何忧无谷。'命营田使邓懿文籍逃田,募民耕艺出租。民舍故从新,仅能自存,自西徂东,各失其业"。同时,"令常税之外,大县贡

---

① 《资治通鉴》,卷二百八十三,齐王天福八年(943)。第9505页。
② 《资治通鉴》,卷二百八十五,齐王开运三年(946)。第9556页。

米二千斛，中千斛，小七百斛，无米者输布帛"。若再无可盘剥，"又听人入财拜官，以财多少为官高卑之差，富商大贾，布在列位"。①

先是涸泽而渔，继而饮鸩止渴，楚地朝野怨声一片，马希范则应之以恐怖政策。进谏的诸臣，不是如拓拔恒般终身不复见之，就是如天策副都军使丁思瑾般削其官爵；民间处士戴偃之流敢写诗讽刺，直接被关入牢房。马希范又设立"告密箱"，"使人投匿名书相告讦，至有灭族者"。② 如果马希范命长一些，很可能成为南楚亡国之君，只可惜九龙殿里的第九条龙刚活到四十八岁，就撒手而去，留下个烂摊子给他的胞弟马希广。

仁弱之主

南楚第四位国王马希广有点像十七世纪英国护国公克伦威尔之子：理查德，据伏尔泰记载，这位想当个快乐绅士而不得的倒霉继承人，"具有平民的德行的全部温良柔慈，毫无那种为个人利益不惜牺牲一切的凶狠残忍。如果他愿意杀三四个反对他升据高位的主要军官，他本会保住他父亲经过千辛万苦，多年经营得来的遗产。……据说，大孔代的兄弟孔蒂亲王在蒙彼利埃遇见他，不知道他的身份，对他说：'奥利弗·克伦威尔是个伟人。但是他儿子理查德却是个可怜虫。他不会享受他父亲犯罪得来的果

---

① 《资治通鉴》，卷二百八十三，齐王天福八年（943）。第9505—9506页。
② 《资治通鉴》，卷二百八十三，齐王天福八年（943）。第9505—9506页。

实。'"① 同样，马希广身上因拥有太多普通人正常的情感，从而严重干扰了他享用其父兄用凶恶手段摘来的果实。

马希广乃马希范胞弟，马希范对他格外关爱，留在身边命他主管内外诸司事务，似有培养成接班人之意。摊上这等好运气，如同被立作太子的皇家嫡长子，在险恶的宫殿之中马希广感受到的却是来自亲哥的呵护与关爱，不仅自小生活优越，长大后周围也多是迎合奉承之人，年纪轻轻便主管大政，其实哪有总理国是的能耐，全靠下面人张罗罢了。境遇太顺，头脑就不免简单，意志就不免脆弱，性格上天生温和又不免多愁善感，这使得温室中成长起来的马希广在丛林政治环境中有着"仁弱"的致命缺点。

和马希广这类极少数幸运儿不同，其他马氏兄弟都在马希范制造的恐怖氛围中朝夕忧惧。如马希振这种看破红尘做神仙去的，过得可能还不算太窝心，而像马希萼这类具有极强权力欲又得不到命运青睐的家伙就苦了。在马希范时代，官拜武平节度使、知永州（即朗州）事的马希萼小心翼翼地缩在楚地一隅，马希杲的前车之鉴使他唯恐干出点正经事，周遭之人更是哪个也不敢相信，终日只是妒恨着幸运的马希广，正事不做又怨愤难排，憋久了憋出一肚子坏水，若是时运一直不济，大抵忧郁而终，一旦机会来了，翻身便祸害世间。

马希广与马希萼，都属于宫廷变态环境中培育出来的性质截然相反的两类政治废品，他们都不适合治国理政，却因老爹定下的继统规则，偏偏成为离王位最近的人。"兄终弟及"之制是为

---

① （法）伏尔泰：《路易十四时代》，吴模信　沈怀洁　梁守锵译，北京：商务印书馆，1982年版，第83页。

第四折 扭曲

了保证国家恒有长君,但具体执行上仍有许多歧义在,兄弟间按才德,还是按长幼顺序或亲疏关系继位,并未说清。从长君治国的初衷看,当然希望德才兼备者坐上王位,可才德难以衡量,众兄弟相争不决,必然生乱。为止乱,按顺序依次继位最少是非,可这与嫡长继承几无本质区别,王位轮流转,虽转不到小儿头上,但长君是贤是昏照样得碰运气。再者,诸兄弟亦各有私心,虽不敢传位于子,可同胞兄弟和异母兄弟间到底亲疏有别,居王位者难免偏心。

马希范死时虽未明言立马希广,但已然将胞弟推到了第一候选人的位置上,朗州的马希萼却认为之前皆按大小轮,马希范一死,王位自然归他。朝臣也发生分裂,都指挥使张少敌、都押牙袁友恭认为马希萼在诸兄弟间最长,且性刚难制,宜立为王;长直都指挥使刘彦瑫,天策府学士李弘皋、邓懿文,小门使杨涤则欲立马希广。此时,马希广只要意志坚定地称王,毫不留情地镇压异己,王位也就坐定了,毕竟军政大权在握,正如密尔所云:"只要什么地方坚持迫害,迫害总是成功的。"[①] 然而,这位被人服侍惯了的接班人,面对气势汹汹的争位兄长,想当王又不敢自决,连争王位的事都等着底下人给办妥,这反倒愈加让兄弟们觉得他不配。

以当时兄弟间实力对比,马希广只要不在乎什么骨肉亲情,下手足够狠毒,除掉马希萼并非难事。最初,马希萼带兵前来奔丧,刘彦瑫派都指挥使周廷诲等人将水军轻而易举就解除了他的武装,并将他软禁在碧湘宫中,当时"周廷诲劝希广杀之。希

---

① (英)约翰·密尔:《论自由》,许宝骙译,北京:商务印书馆,1959年版,第33页。

广曰：'吾何忍杀兄，宁分潭、朗而治之。'乃厚赠希萼，遣还朗州"。① 马希萼回到老巢，立刻招兵造舰，两年后直攻长沙。马希广听到老哥打上门来的消息，竟欲以国相让，群臣固争才勉强出兵，结果主将王赟在仆射洲（今长沙西）将心毒手拙的马希萼杀得大败，"赟追希萼，将及之，希广遣使召之曰：'勿伤吾兄。'赟引兵还"②。

如果第一次放跑马希萼还属时机不成熟的话，那么第二次放生则充分显示出马希广确是看重骨肉之情。然而，心里只装着楚国王位的马希萼才不会领这份情，每次夺权失败只会让他愈加狠毒，甚至不惜投靠宿敌南唐。当马希广遣使责备他忘记父兄之仇时，他冷冷地回应道："大义绝矣，非地下不相见也。"③ 如果马希广不是马希范的胞弟，也在马希范的阴影中苟活，他或许会理解马希萼的"大义"究竟是个什么东西，只可惜早年幸福的生活阻碍了他的想象力，使他参不透宫廷权争中人性会败坏到何种地步。

马希广身上那份未泯的亲情致使他处事仁弱，而在丛林政治世界中，弱则众叛，谁又关心那个"仁"字？各类投机分子偷偷倒向马希萼一边。马希广的庶弟天策左司马马希崇很早就在两位老哥间挑拨离间，又为马希萼做内应，马希广浑然不知，直到朝臣告发马希崇流言惑众、反状已明之时，马希广仍说："吾自害其弟，何以见先王于地下！"④ 手下大将许可琼为马希萼收买，

---

① 《资治通鉴》，卷二百八十七，高祖天福十二年（947）。第9622页。
② 《资治通鉴》，卷二百八十八，隐帝乾祐二年（949）。第9662页。
③ 《资治通鉴》，卷二百八十九，隐帝乾祐三年（950）。第9678页。
④ 《资治通鉴》，卷二百八十九，隐帝乾祐三年（950）。第9677页。

夜乘孤舟以巡江之名与马希萼相会，到了国人皆知的地步，可马希广依然轻信不疑。用人不贤，战事屡败，马希广也没了办法，变得越来越迷信，"信巫觋及僧语，塑鬼于江上，举手以却朗兵。又作大像于高楼，手指水西，怒目视之。命众僧日夜诵经，希广自衣僧服膜拜求福"①。

可惜，神鬼也怕恶人，长沙最终陷落，马希广束手就擒。如何处理这个接连放过自己的弟弟，马希萼竟也有点放不开手脚了，他试探性地问手下将吏道："希广儒夫，为左右所制耳，吾欲生之，可乎？"诸将莫对，只有曾被马希广处罚过的朱进忠对曰："大王三年血战，始得长沙，一国不容二主，他日必悔之。"这个回答令马希萼心满意足，于是"赐希广死。希广临刑，犹诵佛书"。②

亡国之主

据说古时的猎人捕猴时，会做许多开口很小的竹篓，里面装入猴子爱吃的食物，放在它们出没之处。猴子发现篓里食物，将爪子伸入小口中，贪心不足地抓一大把，却怎么也抽不出来。猎人这时呼啸而出；猴子想跑又舍不得丢下满把吃食，只好拖个大竹篓踉跄逃命，全无平日矫捷，结果被猎人一捉一个准。这个故事不知真假，似乎猴子不该这么笨，可人里却有这样的笨蛋，至少成功篡位的马希萼与故事中的猴子就没有本质区别。若说竹篓

---

① 《资治通鉴》，卷二百八十九，隐帝乾祐三年（950）。第9694页。
② 《资治通鉴》，卷二百八十九，隐帝乾祐三年（950）。第9696页。

里装的是楚国的王位、肆无忌惮的做派、骄奢淫逸的生活，马希萼绝对是不计后果地一把攥牢，无论内忧外患到何种程度也不松手。

当年，马希萼为夺取王位，不顾朗州实力不济，冒险进攻长沙，被王赟杀得大败，若不是马希广念及弟兄之情，恐怕早就家破人亡了。然而，已将手伸进篓里的马希萼却死活不愿撒手，以小博大只能出奇制胜。败归朗州后，马希萼立刻写信给辰州、溆州和梅山（今湖南沅陵、洪江西北和新化西部雪峰山）的山蛮，诱其共击长沙，"蛮素闻长沙帑藏之富，大喜，争出兵赴之"①。尔后，马希萼又上疏后汉帝刘承祐，要求承认其独立地位，未予诏准便一怒"遣使称藩于唐（南唐），乞师攻楚"。南唐与南楚本为宿敌，南唐元宗李璟立刻抓住机会，"加希萼同平章事，以鄂州（今湖北武汉）今年租税赐之，命楚州（今江苏淮安）刺史何敬洙将兵助希萼"。②

马希萼的朗州兵有了山蛮与南唐相助，又有许可琼、马希崇为内应，很快攻陷长沙，可到了破城之日，奇招就成了损招，"郎兵及蛮兵大掠三日，杀吏民，焚庐舍，自武穆王（马殷）以来所营宫室皆为灰烬，所积宝货皆入蛮洛"③。而他随后派去入贡南唐的掌书记刘光辅，因李璟待之甚厚，又感南楚政乱，便向李璟"密言：'湖南民疲主骄，可取也。'"唐主乃以营屯都虞候边镐为信州（今江西上饶）刺史，将兵屯袁州（今江西宜春），潜图

---

① 《资治通鉴》，卷二百八十九，隐帝乾祐三年（950）。第9674—9675页。
② 《资治通鉴》，卷二百八十九，隐帝乾祐三年（950）。第9676页。
③ 《资治通鉴》，卷二百八十九，隐帝乾祐三年（950）。第9695页。

第四折　扭曲

进取"。① 虽说历来逆取江山的不在少数，就连唐高祖李渊起家时亦称臣于突厥，但能顺守所得，将之前龌龊行径的恶劣影响尽量消解，仍有稳定统治的可能。可惜，南唐的刀已然悬在脑后，崽卖爷田不心痛的马希萼仍不愿松开竹篓中的爪子。

在五代十国时期，开创一方基业的枭雄们无论多么粗鄙、残忍、狡诈，总还是有些大格局在的，如马殷、刘隐、钱镠等人，皆能从家族利益出发，收军心以顾眼前，收民心以虑长远，该忍时会忍，须舍时也能舍，虽无统一四海之志、之才，却守得住自己占着的一亩三分地。到了接班的后辈，仅一代之隔，出了马希广这类仁弱之主已属不易，至少落到寻常人家还算个好人，而如马希声、马希范、马希萼、马希崇之流，权欲熏心，利令智昏，就是放在平常人中也是愚蠢的人渣！尤其马希萼，引狼入室攻陷长沙后，百姓涂炭，民心丧尽，马希萼却志得意满，"多思旧怨，杀戮无度，昼夜纵酒荒淫"②，根本意识不到自己已经坐到了随时可能爆发的火山口上。

既失了民心，为顾眼前至少也得稳住军心，加之马希萼所领朗州旧部一路烧杀劫掠，已成骄兵，攻下长沙后，"府库既尽于乱兵，籍民财以赏严赉士卒，或封其门而取之，士卒犹以不均怨望。虽朗州旧将佐从希萼来者，亦皆不悦，有离心"。形势万分紧张，马希萼却委政于马希崇，只顾自己享乐，其男宠小门使（内宅看门之职）谢彦颙"恃恩专横"，宴会时本该执兵器在门外站岗，却经常"居诸将之上，诸将皆耻之"。马希萼又命朗州静

---

① 《资治通鉴》，卷二百九十，太祖广顺元年（951）。第9709页。
② 《资治通鉴》，卷二百九十，太祖广顺元年（951）。第9709页。

江指挥使王逵、副使周行逢率部修建宫殿,"执役甚劳,又无犒赐,士卒皆怨"。王逵与周行逢一看苗头不对,"相谓曰:'众怨深矣,不早为计,祸及吾曹。'"竟率部逃归朗州,立马希振之子马光惠为知州事,后因马光惠"愚懦嗜酒,不能服诸将",诸将废之,再推举辰州刺史刘言为主,湖南分裂为二。①

朗州兵变后,马希萼先是派湖南指挥使唐师翥率领千余人追杀,却中了朗州兵的埋伏,士卒死伤殆尽。其后,又命马步都指挥使徐威等人在长沙城西北立塞备战,依然"不存抚役者,将卒皆怨怒,谋作乱"。马希萼丝毫不觉,依然宴饮作乐。马希崇预先得知兵变消息,却隐而不报,谎称有病不参加宴会,躲在后面静观其变。不久,在马希萼的一次宴会中,徐威等人先驱十几匹未驯服的烈马闯入王府,然后"自帅其徒执斧斤、白梃,声言縶马,奄至座上,纵横击人,颠踣满地"。马希萼翻墙逃跑,被捉回后囚禁于衡山县(今湖南衡山)。叛将立马希崇为主,并纵兵大掠。②

善搞阴谋的马希崇专门派酋帅彭师暠押送看管马希萼。彭师暠忠于马希广,希广死后曾为其收尸,被马希萼处杖背之刑、黜名为民。马希崇希望借彭师暠之刀,手不沾血地送老哥上路,哪想世受马氏恩惠的彭师暠不仅不公报私仇,反而在衡山立马希萼为衡山王,"招募徒众,数日,至万余人,州县多应之"。此时,湖南一分为三,彼此敌对。马希崇上台后,与马希萼一般顽劣,"亦纵酒荒淫,为政不公,语多矫妄,国人不附"。徐威等人"见希崇所为,知必无成,又畏朗州、衡山之逼,恐一朝丧败俱及

---

① 《资治通鉴》,卷二百九十,太祖广顺元年(951)。第9709-9710页。
② 《资治通鉴》,卷二百九十,太祖广顺元年(951)。第9715页。

祸，欲杀希崇以自解"。马希崇得知消息后，大惧，秘密请兵于南唐，李璟得讯大喜，吞并湖南的机会终于送上门来了，立刻派边镐将兵万人直趋长沙。①

广顺元年（951）十月十五日，边镐大军进入长沙，马希崇"帅弟侄迎镐，望尘而拜"。当时，"湖南饥馑，镐大发马氏粟赈之，楚人大悦"。十月二十五日，南唐武昌节度使刘仁赡率水军攻克岳州（今湖南岳阳），"抚纳降附，人忘其亡"。② 看来，整个湖南的军心、民心早被马殷身后的几位长君败得一干二净，马氏在湖南四十四年的统治，在百姓迎接南唐占领军的欢天喜地的氛围中结束了。

尾声

南楚亡国后，南唐君臣得意忘形，处置失措，导致南唐势力终被马殷帐下的湖南军阀们逐出楚地。之后，"刘言据湖南三年，王逵据湖南三年，周行逢、保权父子据湖南八年，至此地入于宋"③。这十四年间，湖南政坛上已无马氏族人的身影。在此之前，同样求援于南唐的马希萼还曾异想天开地盼着南唐扶植自己为"潭帅"，哪想长沙人对这位昔日旧主极度厌恶，竟共请边镐为帅。李璟于是任命马希萼为江南西道观察使、守中书令，镇洪州（今南昌），还赐他个有名无实的楚王爵位。南唐保大十年

---

① 《资治通鉴》，卷二百九十，太祖广顺元年（951）。第9716页。
② 《资治通鉴》，卷二百九十，太祖广顺元年（951）。第9717—9718页。
③ 王仲荦：《隋唐五代史》，第828页。

（952），马希萼到金陵朝见李璟，"唐主留之，后数年卒于金陵，谥曰恭孝"。①

马希崇在亡国之初被边镐催促着率其族人入金陵朝见，"马氏聚族相泣，欲重赂镐，奏乞留居长沙。镐微哂曰：'国家与公家世为仇敌，殆六十年，然未尝敢有意窥公之国。今公兄弟斗阋，困穷自归，若复二三，恐有不测之忧。'希崇无以应"。出发那天，"与宗族及将佐千余人号恸登舟，送者皆哭，响振川谷"。② 在楚国欢天喜地的亡国气氛中终于听到了旧王族的悲泣之声，令人颇有解气之感。

马希崇入南唐后被李璟封为永泰节度使兼侍中，镇守舒州（今安徽潜山）。到了后周显德三年（956），周世宗柴荣征淮南，克扬州后诏抚安马氏子孙。不久扬州又被南唐收复，举族居扬州的马希崇得了后周好处，便"率兄弟十七人归京师（开封），拜右羽林统军"③。之后，这位曾经的楚王再未见于史料，悄无声息地消失在历史的洪流中。

南汉帝国兴亡掠影

五代十国时期的南汉远在岭南一隅，疆域包括现在的广东、广西、海南和越南北部，立国五十四年（917—971），在"十国"

---

① 《资治通鉴》，卷二百九十一，太祖广顺二年（952）。第9741页。
② 《资治通鉴》，卷二百九十，太祖广顺元年（951）。第9718—9719页。
③ 《新五代史》，卷六十六，楚世家第六。第829页。

之中，这个蕞尔小国俨然奇葩一朵，不仅集齐了乱世中地方枭雄割据一方、自命天子的那些玩弄权术的套路，还充分展现出这类偏安小王朝在自我毁灭的道路上，会变得何等残暴、荒唐和变态。

割据一隅

历代地方割据之形成，大抵须满足三个基本条件，即中央权力衰落，地方豪强崛起，独立各方间实力相当、彼此制衡。南汉所以能够在岭南一隅立国近半个世纪之久，就在于它在较长时间内，其所处形势基本满足了这三个条件。

首先，从中央集权衰落的情况看，有唐一朝早在武周时期就已无法推行均田令，租庸调制随之败坏，以之为基础的府兵制趋于瓦解。皇朝直接调遣的中军兵力越来越少，不得不借助外军（地方兵），可地方兵力分散不便指挥，唐睿宗景云元年（710）"始以皇朝所信任的大臣出任边防军使或节度大使，欲使地方军的指挥权力直属中央，这是中外军重新组合的转折点。以前的情势是'举关中之众，以临四方'，那时地方兵力分散，而府兵力量比较集中，皇朝易于控制兵权"[1]，至此地方和中央间军力对比出现逆转。至唐天宝元年（742），主要以募兵制为基础的九节度、一经略的帝国战区布局已呈现出外重内轻之势，其中的一经略为：岭南五府经略。

---

[1]《府兵制度考释》，第223—224页。

岭南五府经略下辖两个军事基地：经略军（驻广州，今广东广州）和清海军（驻恩州，今广东恩平），其军事管区为：广州都督府（今广东广州）、桂州都督府（今广西桂林）、容州都督府（今广西北流）、邕州都督府（今广西南宁）、安南都护府（即交州都督府，今越南河内），除此还有四面环水的崖州都督府（今海南）。安史之乱后，节度使司（时人习称方镇）开始代替都督府的主导地位。到了至德元年（756），岭南五府经略升格为岭南节度使司。唐懿宗咸通三年（862）又根据左庶子蔡京的建议，将岭南节度司一分为二，蔡京为岭南西道节度使（总部邕州），韦宙为岭南东道节度使（总部广州）。

唐代的都督府始终未被明确废除，但中唐之后传统都督府多变为经略司，进而升为节度使司，岭南也无例外。咸通四年（863），安南都护府为南诏攻陷；咸通七年（866），唐廷收复安南都护府后升其为静海节度司。其后，朝廷按"某某军"的方式重新命名诸方镇，乾宁二年（895），岭南东道节度司更名为清海军节度司；乾宁四年（897），容管经略司升为宁远军节度司；光化三年（900），桂管经略司升为静江军节度司。唐末时分，传统的岭南五府变为五方镇，即清海军、静江军、岭南西道、宁远军、静海军。

节度使司本是军事单位，但安史之乱后随着唐廷权威日益衰落，节度使渐渐兼掌了地方行政大权，加之朝廷搜括来的税收还不够养禁兵和宫廷花销，地方军费及其他开支只能自筹，于是诸方镇军政财税各成体系，名义上虽隶属中央，实质上大多成了独立王国。岭南五府本来就因其兵少，军费开支在天宝年间便从地

第四折 扭曲

方税赋支取，加之五府远离中原，有着得天独厚的割据条件，南汉王朝的创建者们正是在这种形势下登上历史的舞台的。

其次，从地方豪强崛起方面看，南汉王朝的创立者——封州刺史刘谦、刘谦长子南平王刘隐和刘谦第三子南汉第一任皇帝刘䶮——皆为练达老成的铁腕人物。刘谦的父辈从河南上蔡迁居闽中，做着闯南洋的生意，但这始终是小本买卖，于是刘谦后来转而投军求生计。在贱商的时代，刘谦出身低微，在军中"时为牙校，职级甚卑"，所幸岭南东道节度使韦宙觉得他"气貌殊常"，不顾妻子反对，执意将侄女嫁给他。韦宙慧眼识人，刘谦之后"果以军功拜封州刺史兼贺水镇使，甚有称誉"。[①] 且"有兵万人，战舰百余艘"[②]。

刘谦死后，刘隐"居丧于贺江，土民百余人谋乱，隐一夕尽诛之"。时任岭南东道节度使的刘崇龟因此对他格外赏识，加之封州万数兵士本是刘谦招募的，外人未必管得了、镇得住，刘崇龟顺水推舟地召补刘隐"为右都押牙兼贺水镇使，未几，表为封州刺史"[③]。乾宁二年（895），岭南东道改为清海军节度使司，是年刘崇龟逝世，唐廷以薛王李知柔为清海军节度使。唐僖宗后天下皆乱，只有岭南还算听话，可广州牙将卢琚、谭弘玘看着别人独霸一方，不免勾起了反心，将兵拒绝李知柔入境；谭弘玘为拉拢刘隐入伙，还许诺嫁女于他。

是继续服从一个没用的朝廷，还是跟着卢、谭当几日岌岌

---

① 《旧五代史》，卷一百三十五，僭伪列传第二·刘䶮。第2105页。
② 《新五代史》，卷六十五，刘隐。第809页。
③ 《资治通鉴》，卷二百五十九，昭宗乾宁元年（894）。第8689页。

可危的草头王过把瘾？经过一番利弊权衡，刘隐选择了前者。他将计就计，以迎亲为名先后击斩了卢、谭二将，再以盛大军容迎接李知柔上任。李知柔十分感激，上表唐廷任命刘隐为行军司马。经过此乱，刘隐既得忠诚之名，又掌握了清海军的军权。光化三年（900），宰相徐彦若代李知柔为清海军节度使，自然是被刘隐客客气气地架空在一把手的虚位上。第二年徐彦若去世，遗表推荐刘隐代理清海军节度使，等于承认了刘隐对广州的实际控制权。

天祐元年（904），岌岌可危的唐廷不识时务地任命兵部尚书崔远为清海军节度使。此时，没跟着卢琚、谭弘玘作乱的刘隐以输忠唐廷的迂回方式，早已将岭南军政牢牢抓在自己手中，所以崔远行至江陵，"闻岭南多盗，且畏隐不受代，不敢前，朝廷召远还。隐遣使以重赂结朱全忠，乃奏以隐为清海节度使"。[①] 朱全忠篡唐后，为拉拢刘隐，不仅任其为清海、静海节度使（后者为空衔），还于开平三年（909）封刘隐为南平王，曾经作为岭南五府核心的广州此时已成为刘家私产。

经过这父子两代先驱者的辛苦经营，南汉帝国实际缔造者刘䶮才得以立国称帝。刘䶮为刘隐同父异母之弟，其原名历史记载较混乱，《旧唐书》中说他初名陟，南汉乾亨二年（918）改名为岩；《新唐书》则说他初名岩，南汉乾亨八年（924）改名为陟；《十国春秋》又说他初名岩，后改名陟，复改名岩。众说纷纭，莫衷一是，只能确定史书中刘陟、刘岩实指一人。南汉白龙元年（925），史载"有白龙见于汉宫，汉主改元'白龙'，更名曰

[①]《资治通鉴》，卷二百六十五，昭宗天祐元年（904）。第8869页。

'龚'"①。尔后，在南汉大有十四年（941），"汉主寝疾，有胡僧谓汉主名'龚'不利，汉主自造'䶮'字名之，义取'飞龙在天'"②。于是南汉高祖便以这个只用了四个月的名字载入史册。

刘䶮翻来覆去改名着实患上了唐五代时帝王们的通病，以为改个名就能招来好运，结果只是给时人、后人带来一堆麻烦。所幸处理实务时，刘䶮倒还清醒。当刘䶮跟着大哥刘隐攫取清海军控制权时，岭南其他地区早已豪强并起，"是时，交州曲颢、桂州刘士政、邕州叶广略、容州庞巨昭，分据诸管；卢光稠据虔州（今江西赣州）以攻岭上，其弟光睦据潮州（今广东潮州），子延昌据韶州（今广东韶关）；高州（今广东信宜市南）刺史刘昌鲁、新州（今广东新兴）刺史刘潜及江东七十余寨，皆不能制"③。

刘隐曾与卢光稠争韶州，刘䶮分析军情以为不可。刘隐不听，结果大败而归。之后，意识到其弟军事才能的刘隐"尽以兵事付䶮。䶮悉平诸寨，遂杀昌鲁等，更置刺史，卒出兵攻败卢氏，取潮、韶。又西与马殷争容、桂，殷取桂管，虏士政；䶮取容管，逐巨昭，又取邕管"④。正是凭借着刘䶮南征北战，岭南五府之大半才得以重新统一在刘氏家族名下。

最后，从地方雄主间彼此制衡方面看，刘氏父子兄弟两代人虽能审时度势、徐徐扩张势力范围，可岭南兵力本弱，刘氏力量仅限于摆平岭南各路小军阀，其中交州还得而复失，之后数度攻击，都以败归告终。不过，考查当时岭南周边，吴越国的钱镠

---

① 《资治通鉴》，卷二百七十四，庄宗同光三年（925）。第9190页。
② 《资治通鉴》，卷二百八十二，高祖天福六年（941）。第9478页。
③ 《新五代史》，卷六十五，刘隐。第811页。
④ 《新五代史》，卷六十五，刘隐。第811页。

曾被后梁皇帝命令去讨伐南汉，可这个老滑头恭敬受命，坚决不动，只想着如何守住自己地盘。闽国的王璘更是"自以国小地僻，常谨事四邻"①。刘䶮称帝后遣使与前蜀通好，同时与南楚马氏虽时打时和，也仅限于争夺本属岭南五府的地盘，远未达到灭国层级。因而，南方诸国基本上处于各抱地势、护境守边的状态，这种实力均衡的形势使得刘氏父子割据岭南成为现实。

当然，南方诸多小王朝间能否维系实力均衡下各自割据一方的局面，关键还得看自命正朔的北方王朝之强弱。后梁贞明元年（915），刘䶮因吴越王钱镠被封为"国王"，自己从大哥刘隐那里继承的"南平王"衔仅为郡王，上疏请晋封"南越王"，后梁末帝朱瑱不许，刘䶮因而对僚属们讲："今中国纷纷，孰为天子？安能梯航万里，远事伪庭乎！"②遂与后梁断绝贡使联系。刘䶮明面上放出狠话，却没有鲁莽行事，他观察了两年之久，发现后梁果然鞭长莫及，才在番禺（今广东番禺）登基，国号"大越"。

后梁贞明四年（918，南汉乾亨二年），刘䶮改国号为"汉"（史称"南汉"），颇有些继承大汉帝国伟业的雄心壮志。坐稳帝位后，刘䶮亦不免暴发户式的浮夸做派，"岭北商贾至南海者，多召之，使升宫殿，示以珠玉之富。自言家本咸秦，耻王蛮夷，呼唐天子为'洛州刺史'"③。然而，就在之前不久，当后唐庄宗灭后梁的消息传来时，刘䶮异常紧张，忙不迭地"遣宫苑使何词入贡，且觇中国强弱"。直到何词回来报告说：后唐皇帝"骄淫无

---

① 《资治通鉴》，卷二百七十八，明宗长兴四年（933）。第9324页。
② 《资治通鉴》，卷二百六十九，均王贞明元年（915）。第9033页。
③ 《新五代史》，卷六十五，刘隐。第812页。

政，不足畏也"。刘龑才放下心来，"自是不复通中国"。①

传位风波

唐景云元年（710）六月，李隆基与韦皇后的政斗进入白热化状态，在得到太平公主的奥援，又联络了左右羽林所隶辖的"万骑"将领后，李隆基先下手为强，一举灭掉韦氏一党，进而与太平公主合力废黜少帝李重茂，将相王李旦推上皇位，是为睿宗。事毕，睿宗"将立太子，以宋王成器嫡长，而平王隆基有大功，疑不能决。成器曰：'国家安则先嫡长，国家危则先有功；苟违其宜，四海失望。'"李成器"涕泣固请者累日"，朝中重臣刘幽求等也明确表态支持平王，睿宗于是顺应众意，"立平王隆基为太子"。②

对于继统之法，王国维分析道：殷人"以弟及为主而以子继辅之，无弟然后传子"，而"舍弟传子之法实自周始"。周公放弃长君治国，确立"立子以贵不以长，立嫡以长不以贤者"的嫡长子继承制。周公改制，主要是为息争，因为"传弟既尽之后，则嗣立者当为兄之子欤？弟之子欤？理论言之，自当立兄之子；以事实言之，则所立者往往为弟之子。此商人所以有中丁以后九世之乱"。所以，"惧夫名之可借而争之易生，其敝将不可胜穷，而民将无时或息也。故衡利而取重，絜害而取轻，而定为立子立嫡

---

① 《资治通鉴》，卷二百七十三，庄宗同光三年（925）。第9170页。
② 《资治通鉴》，卷二百九，睿宗景云元年（710）。第6854—6855页。

之法"。① 此制虽经秦汉之际社会大变革仍被完整承袭下来,可见统治者对政权传继稳定性之重视。

因而,作为睿宗第三子的平王李隆基虽立有大功,但严格按规矩讲,李成器的"国家安则先嫡长,国家危则先有功"之论仍有不妥!毕竟有周公的榜样放在那里,"周公既相武王克殷胜纣,勋劳最高,以德以长,以历代之制,则继武王而自立,固其所矣。而周公乃立成王而已摄之,后又反政焉。摄政者,所以济变也;立成王者,所以居正也"②。若以此为则,在极端正统派看来,李隆基在国家危时可以摄政以济变,但立为太子还是有失居正。正因如此,李隆基才明知不会被许可,还要假模假样地"复表让成器"③。

至唐末乱世,"中朝士人以岭外最远,可以避地,多游焉。唐世名臣谪死南方者往往有子孙,或当时仕宦遭乱不得还者,皆客岭表"。刘隐对这些人皆以礼待之,甚至扣留后梁使者膳部郎中赵光裔、右补阙李殷衡留为己用。刘龑也尽可能笼络中原人才,当"光胤(即赵光裔)自以唐甲族,耻事伪国,常怏怏思归。龑乃习为光胤手书,遣使间道至洛阳,召其二子损、益并其家属皆至。光胤惊喜,为尽心焉"。通过重用中原士人,刘家兄弟称王、称帝,皆由他们"为陈吉凶礼法。为国制度,略有次序"。④然而,有一利亦有一弊,在继统问题上,中原甲族名士的正统观念便让刘龑乱了方寸。

---

① 《王国维集》(第四册),第125—127页。
② 《王国维集》(第四册),第126页。
③ 《资治通鉴》,卷二百九,睿宗景云元年(710)。第6855页。
④ 《新五代史》,卷六十五,刘隐。第810页。

第四折　扭曲

五代时南方林立小国皆为一方豪强真刀真枪打拼而成，乱世中小国又恒处于危境之中，这些地方强人既要有笼络外姓人心的本事，还得有弹压内部反抗、维系诸国间脆弱平衡的能力，国家成败除了天下大势，就得看国君一人的才干如何。诸国草创之际，国主多为铁腕强人，可强人再强也是血肉凡胎，衰老死亡之际，一姓家业便到了安危存亡的关键时刻。然而，在时势和传统继统法的双重要求下，继承人选择变得困难重重，权力移交过程中一国安危基本上得靠运气！

以时势的角度论，天下大乱，国家恒危，选择继承人自然应当首先考虑能力和德行；但从传统继统法的初衷论，小国之亡多源于内乱，内乱又多生于皇子间帝位之争。为了平息内争，嫡长继承最少是非，但嫡长子是不是那个选择范围本来就极狭小中的佼佼者，就只能信"天命"了。若嫡长子与最有才德者不重合，没有特殊理由（如太子早逝或造反）而选择后者，莫说嫡长子本人，提前下注到天然太子身上的众多朝臣们恐怕都难以接受。可选择了嫡长的饭桶草包乃至人渣坐到皇位上，自命有"才德"的兄弟们又难免生出非分之念。

刘氏起家之时，刘谦膝下有三子：刘隐、刘台、刘䶮。刘隐为嫡长子，刘台未有事迹见于史书，刘䶮庶出。刘䶮幼年颇为不幸，其"母段氏生䶮于外舍，谦妻韦氏素妒，闻之怒，拔剑而出，命持䶮至，将杀之，乃见而悸，剑辄堕地，良久曰：'此非常儿也！'后三日，卒杀段氏，养䶮为己子"[①]。对身世如此复杂的小弟，刘隐倒是很有长兄风度，不仅一路提携，还予其治军大

[①] 《新五代史》，卷六十五，刘隐。第810页。

权，后梁乾化元年（911），刘隐病逝前，表请以刘䶮继任其位。

刘隐选择以兄终弟及的方式将大权交到庶出的弟弟手中。首先从刘家大局考虑，动荡乱世中，刘氏若想在岭南站稳脚跟，后继者必须成熟老练、深孚众望才压得住阵脚。刘隐死时年仅三十七岁，子嗣尚小；刘䶮虽然只有二十二岁，却跟随刘隐多年，久经沙场、官场历练，又官拜节度副使，军功、人望都足以托大事。其次，刘隐名义上仍是后梁任命的清海、静海节度使，南平王位亦是后梁所封，岭南更没有宣布独立，依惯例也该由节度副使代理岭南事务。因而，刘隐让权，既有他顾全大局的一面，也有不得不然的形势，严格继统之法还轮不到他享受。即便如此，刘隐的决断代价也不小，南汉大有五年（932），当了皇帝的刘䶮封王时，封的全是自己的儿子，刘隐一门则从南汉权力世界中消隐。

南汉大有十五年（942）四月，轮到病入膏肓的刘䶮直面交班难题了。刘䶮可没有他大哥的"高风亮节"，就算有，坐到皇位之上，也没有多少选择余地，他必须按继统大法选立嫡长子为太子。然而，嫡长子秦王刘弘度骄恣无用，倒是越王刘弘昌"孝谨有知识"。刘䶮感到时局动荡，立长不如立贤，于是在弥留之际欲作最后努力，改立太子。因而，刘䶮"与右仆射兼西御院使王翱谋出弘度镇邕州，弘熙镇容州，而立弘昌。制命将行，会崇文使萧益入问疾，以其事访之。益曰：'立嫡以长，违之必乱。'乃止"①。

萧益官没有王翱大，讲的话却代表着满朝正统意见。如同半

---

① 《资治通鉴》，卷二百八十三，高祖天福七年（942）。第9482页。

夜之贼撞进灯火辉煌的人家，谋划于暗室的刘龑闻听萧益之论，再不心甘也只能中途作罢。刘龑晓得形势再紧，一旦坏了规矩，敌国还没打来，朝里朝外的人心就先乱了。可严格按继统法交接权力，最终坐到皇位上的毕竟是个混混儿，朝野稳定局面只是暂时营造出的假象，长此以往还是要生乱。这出南汉的传位困局，不按规矩来吧，全看强立的"才德之主"能否压得住场面，压不住当下就会乱；按规矩办吧，偷安一时，早晚还得乱！左右为难的刘龑终是在以萧益为代表的强大正统意见面前选了个眼前安的选项，隐患就此种下！

昏君乱政

　　刘弘度被惯出骄恣的毛病，得怪当爹的失职。与大多数暴发户类似，刘龑也不怎么管教孩子。刘弘度只有十四岁时，刘龑命他"募宿卫兵千人，皆市井无赖子弟，弘度昵之。同平章事杨洞潜谏曰：'秦王，国之冢嫡，宜亲端士。使之治军已过矣，况昵群小乎！'汉主曰：'小儿教以戎事，过烦公忧。'终不戒弘度。洞潜出，见卫士掠商人金帛，商人不敢诉，叹曰：'政乱如此，安用宰相！'因谢病归弟"[①]。刘龑该管时不管，事到临头才后悔，可惜虽为帝王，却捍不动继统大法。刘弘度顺利继位后，更名为"玢"，改元"光天"，然后就在光天化日下行起禽兽事来。

　　与南汉之后的昏君相比，刘玢倒没做出多少祸国殃民的大坏

---

① 《资治通鉴》，卷二百七十九，潞王清泰元年（934）。第9372页。

事，并非刘龑看走了眼，而是这小子还没来得及作恶就被亲兄弟给干掉了。作为一个从小骄纵而成的混混儿，刘玢在为父服丧期间就已"作乐酣饮；夜与倡妇微行，倮男女而观之"。刘玢猜忌心很重，"每宴集，令宦者守门，群臣、宗室，皆露索，然后入"，又好"手搏之术"，骄奢度日，"不亲政务"。总之，除了爱摔跤外，刘玢酗酒、嫖娼、看色情表演，宴会前要对"上等人"脱衣检查，干的都是些不入流的下作事，正统老夫子们会将之看成比死了成千上万百姓还重大的罪行来声讨。虽然"左右忤意辄死，无敢谏者"[①]很可怕，但所幸祸害不出宫廷，伤害面有限。

  骄纵长大者多没有动脑子的习惯，偶尔动下脑子还动歪了，结果既多疑又轻信。刘玢以"露索"的方式得罪完朝臣宗室后，偏偏对意欲篡位的晋王刘弘熙不猜不忌，只因晋王"盛饰声伎，娱悦其意"。刘玢好手搏，刘弘熙就命"指挥史陈道庠引力士刘思潮、谭令裡、林少强、林少良、何昌廷等五人习手搏于晋府"。刘玢听说后非常高兴，南汉光天二年（943）三月八日，刘玢"与诸王宴于长春宫，观手搏，至夕罢宴，汉主大醉。弘熙使道庠、思潮等掖汉主，因拉杀之，尽杀其左右"[②]。刘玢登基还不到一年，就这么稀里糊涂地被手搏高手拉杀而死，之后被篡位的弟弟赠了个谥号，曰"殇"。

  刘玢是个不折不扣的糊涂昏君，篡位上台后改名为"晟"的刘弘熙则是暴君与昏君的混合体。刘氏本是从中原跑到岭南讨生计的外来户，竟能割据一方，横霸南海，靠的不仅是礼待师事中

[①] 《资治通鉴》，卷二百八十三，齐王天福八年（943）。第9494页。
[②] 《资治通鉴》，卷二百八十三，齐王天福八年（943）。第9496页。

原土人，更有杀人不眨眼的残忍手段。当年刘隐对本地反抗者一夕之间便斩尽杀绝。而刘龑当政时，"用刑惨酷，有灌鼻、割舌、肢解、刳剔、炮炙、烹蒸之法；或聚毒蛇水中，以罪人投之，谓之水狱"①。刘晟继承了父辈的残忍品性，"设镬汤、铁床、刳剔等刑，号'生地狱'。尝醉，戏以瓜置乐工之颈试剑，遂断其头"②。

作为暴君，杀伐决断皆出于刘晟一人，朝野上下无不战战兢兢，倒也能镇住局面，并将南汉军政整顿得像模像样起来。刘玢在位时，昏聩不理政务，"由是山海间盗贼竞起。妖人张遇贤，自称'中天八国王'，攻陷循州"。官军屡败，刘玢不以为意，以致"岭东皆乱"。③刘晟篡位后，迅速平定内乱，又趁南楚马希广新立，兄弟争位，湖南大乱之际，"遣兵攻桂林管内诸郡及郴、连、梧、贺等州，皆克之，自此全有南越之地"④。刘晟战功卓著，吓得割据交州的吴昌濬也遣使称臣，尽管吴昌濬终以"海贼为乱，道路不通"⑤的理由不受征召，但刘晟确是重振了南汉在岭南之声威。

可惜，暴君总不免始之于暴，终之于昏。随着在岭南周边对付几个软柿子得手后，刘晟志得意满，"遣巨舰指挥使暨彦赟以兵入海，掠商人金帛作离宫游猎，故时刘氏有南宫、大明、昌化、甘泉、玩华、秀华、玉清、太微诸宫，凡数百，不可悉

---

① 《资治通鉴》，卷二百八十三，高祖天福七年（942）。第9482页。
② 《资治通鉴》，卷二百八十七，高祖天福十二年（947）。第9623页。
③ 《新五代史》，卷六十五，刘隐。第814页。
④ 《旧五代史》，卷一百三十五，刘晟传。第2108页。
⑤ 《新五代史》，卷六十五，刘隐。第816页。

纪"①。刘晟做起了海盗生意,商人只好绕着广州走。他掠来的钱财全花在皇家享乐中,涸泽而渔,不顾将来,头脑若不发昏,何至如此?然而,刘晟的昏里却有着乱世中草头王的清醒,在他晚年闻听南唐屡败于后周的消息后,先是"治战舰,修武备;既而纵酒酣饮,曰:'吾身得免,幸矣,何暇虑后世哉!'"②既然不管自己咽气之后是否洪水滔天,自然活着时要及时行乐,这般独特的清醒成就了彻头彻尾的昏君。

当然,现有的福现享也非易事,谁让先帝刘龑给他留下一大堆封王的弟兄。刘龑在南汉大有五年(932)立自己十九个儿子为王,其中长子雍王刘耀枢和次子康王刘龟图早逝,万王刘弘操六年后(938)战死于交州之役,殇帝刘玢(秦王刘弘度,排行老三)被谋杀,所以刘晟篡位后,还有十四位王爷在。在刘晟看来,他自己能干出杀兄夺权的勾当,其他兄弟一定半斤八两,故而比之外敌,这些骨肉同胞更似时刻在他卧榻周遭转悠着的恶虎,一日不除,一夕就不得安眠。

最先倒霉的是循王刘弘杲。刘晟刚登基,刘弘杲便请斩刘思潮等人以谢中外。打狗总须看主人,刘思潮等人弑君,早晚要当背后主谋的替罪羊,但刘晟可以杀他们,却绝轮不到循王来追究这事。刘晟最忌惮被先帝看好的越王刘弘昌,不想循王跳了出来,只好先收拾了他。次年(944),刘晟打发刘弘昌拜谒刘隐陵墓,越王走到昌华宫,被一帮"盗匪"杀害。同年,又毒杀镇王刘弘泽。再一年后(945),刘晟杀韶王刘弘雅,又将与刘龑谋立

---

① 《新五代史》,卷六十五,刘隐。第816页。
② 《资治通鉴》,卷二百九十三,世宗显德四年(957)。第9832页。

越王的左仆射王翷外放为英州刺史,并赐死在半道上,自是"内外皆惧不自保"①。

到了南汉乾和五年(947),刘晟"恐诸弟与其子争国",更是大开杀戒,先后杀害齐王刘弘弼、思王刘弘暐、同王刘弘简、益王刘弘建、辩王刘弘济、贵王刘弘道、宜王刘弘昭、定王刘弘益,对于各王的后代,则"尽杀其男,纳其女充后宫"②。南汉乾和十二年(954),又诬高王刘弘邈谋反,派宦官赐毒酒杀之。次年(955年),再杀通王刘弘政。至此,刘龑诸子除刘晟外,全都死绝,刘晟似乎能够高枕安眠了。

至于参与弑帝阴谋的那几位走狗,用过之后只剩下麻烦,刘晟才不愿意留着这些无所顾忌的手搏高手,之所以不许旁人动他们一根毫毛,只是怕有人借机顺藤摸瓜牵连到自己。在处死刘弘杲两年后(945),刘晟便杀了刘思潮、林少强、林少良和何昌廷。陈道庠闻讯,惶惶不可终日,朝臣邓伸送他一本荀悦著的《汉纪》,提醒他看看韩信、彭越的下场,可傻乎乎的陈道庠还没明白邓伸的用意,消息已走漏,陈、邓两家立刻被族灭。

走狗烹,诸王灭,战功卓著的刘晟按说能够坐稳龙椅了,可他与朝臣的关系却变得格外别扭。上台之初,"国中议论讻讻"③。所谓"国中",实为朝野中的文官士人。正是借着这股舆情,刘弘杲才敢请诛弑君者。刘晟自知"立不顺,惧众不伏,乃益峻刑法以威众"④。可他始终得不到那些从刘隐时就被搜罗进朝

---

① 《资治通鉴》,卷二百八十五,齐王开运二年(945)。第9544页。
② 《资治通鉴》,卷二百八十七,高祖天福十二年(947)。第9623页。
③ 《资治通鉴》,卷二百八十三,高祖天福八年(943)。第9497页。
④ 《新五代史》,卷六十五,刘隐传。第814页。

堂的中朝士人的承认。其实，莫说刘晟，就是他老爹刘龑，到了晚年也越来越与这些中朝士人不对路。乱世割据的草头王用中朝士人不过是为自己上台统治张目、帮闲，可文官体系一旦建立，自有一套规矩，就如萧益坚持嫡长继承制，那并非他一己之见，而是代表着整个文官集团的主场，刘龑对之也是无如之何。

因而，刘龑晚年"以士人多为子孙计，故专任宦者，由是其国中宦者大盛"①。"为子孙计"大抵是托词，主要原因还是士人们不能总顺着自己为所欲为，由他们搞出来的那些规矩制度最后居然连皇帝老子也得遵守！与之相比，内廷中的宦官、宫女始终低眉下气、百依百顺，用起来格外称意。刘晟上台本就有违礼法，又以杀伐立威，导致与外廷的朝臣关系紧张，便愈加倚重内廷的宦官、宫女，以"宫人卢琼仙、黄琼芝为女侍中，朝服冠带，参决政事。宗室勋旧，诛戮殆尽，惟宦官林延遇等用事"②。

南汉乾和十六年（958），三十八岁的刘晟驾崩，死时倒是严格按继统法将皇位传给自己十六岁的嫡长子卫王刘继兴。新帝登基，更名为"鋹"，改元"大宝"。这位大宝皇帝果然是个宝，正事一无所能，在其治下，南汉朝政光怪陆离，前所未有，令人瞠目。当是时，北方大宋王朝已然崛起，南汉进入了亡国倒计时。

通蠹之木

南汉末年，朝中最引人注目之处便是：宦官、宫女当政。刘

---

① 《资治通鉴》，卷二百八十三，高祖天福七年（942）。第9482页。
② 《资治通鉴》，卷二百八十九，隐帝乾祐三年（950）。第9699页。

鋹继位之初，"国事皆决于宦官玉清宫使龚澄枢及女侍中卢琼仙等，台省官备位而已"①。刘鋹又继承了其父观念，认为"群臣皆自有家室，顾子孙，不能尽忠，惟宦者亲近可任"②。于是，"以龚澄枢为左龙虎观军容使、内太师，军国之事皆取决焉。凡君臣有才能及进士状头，或僧道可与谈者，皆先下蚕室，然后得进，亦有自宫以求进者，亦有免死而宫者，由是宦者近二万人。贵显用事之人，大抵皆宦者也，谓士人为'门外人'，不得预事"③。一个以宦官为主体的朝廷，无论古今中西都是奇葩一朵。

欲求富贵，必先自宫者，谈何做人底线？物以类聚，人以群分，朝堂里挤满了此类货色，朝政自然乌烟瘴气。用事宦官陈延寿又给终日与波斯宫婢厮混的刘鋹推荐了一位自称玉皇附体的女巫樊胡子，唬得刘鋹深信不疑，他"于内殿设帐幄，陈宝贝，胡子冠远游冠，衣紫霞裾，坐帐中宣祸福，呼鋹为太子皇帝，国事皆决于胡子，卢琼仙、龚澄枢等争附之"④。

南汉政乱如此，还能苟延残喘地维持，正应了韩非子所云："木之折也必通蠹，墙之坏也必通隙。然木虽蠹，无疾风不折；墙虽隙，无大雨不坏。"⑤胡三省也说，南汉所以苟存，"以僻处海隅，而中国未有真主耳"⑥。好在天下分久必合，"真主"终于在陈桥黄袍加身，大宋军队以摧枯拉朽之势向割据诸国袭来，南海虽远，急风暴雨早晚会到。当然，一国再朽，仍能找到几位忠贞

---

① 《资治通鉴》，卷二百九十四，世宗显德五年（958）。第9842页。
② 《新五代史》，卷六十五，刘隐传。第817页。
③ 《资治通鉴》，卷二百九十四，世宗显德六年（959）。第9861—9862页。
④ 《新五代史》，卷六十五，刘隐传。第817页。
⑤ 《韩非子·亡徵第十五》
⑥ 《资治通鉴》，卷二百八十九，隐帝乾祐三年（950）。第9699页。

之臣，他们宛若未朽的孤木，强撑住风雨中将倾的破屋。可叹的是，就这么几块像样的材料，未等到被风雨摧折，竟先被昏君、阉臣们给毁了。

刘鋹登基次年（959），擢升没进过蚕室的中书舍人钟允章为尚书右丞，上任后"允章请诛乱法者数人以正纲纪，南汉主不能从，宦官闻而恶之"。适逢刘鋹将祀圜丘，派钟允章布置会场，"允章帅礼官登坛，四顾指挥，设神位"。内侍监许彦真看到后，诬告钟允章谋反。刘鋹最初觉得布置会场难免如此，何至于反；玉清宫使龚澄枢、内侍监李托等宦官便一哄而上，共证钟允章谋反。刘鋹不愧是个蠢货，既然这许多宠幸都说钟允章反，那他就是反了。钟允章自知必死，在狱中托礼部尚书薛用丕待膝下二子长大后告知其父冤情，孰料消息走漏，许彦真"闻之，骂曰：'反贼，欲使其子报仇邪！'复白南汉主：'允章与二子共登坛，潜有所祷。'俱斩之。自是，宦官益横"①。

朝堂中，钟允章整顿政务的尝试大败而终；边境上，大宋军队已攻克郴州，南汉将领暨彦赟与郴州刺史陆光图全都战死，残兵退守韶州。事到如今，刘鋹想起几年前劝自己结好大宋且修兵为备的将军邵廷琄，当时刘鋹"憪然莫以为虑，恶廷琄言直，深恨之"。大敌当前，刘鋹只好将深恨放在一边，派遣邵廷琄出师抗宋，适逢宋军退却，"廷琄训士卒，修战备，岭人倚以为良将。有谮者投无名书言廷琄反，鋹遣使者赐死；士卒排军门见使者，诉廷琄无反状，不能救"②。仅仅一封匿名的告密信，多疑的刘鋹

---

① 《资治通鉴》，卷二百九十四，世宗显德六年（959）。第9861页。
② 《新五代史》，卷六十五，刘隐传。第818页。

便杀国家重臣，对一朝宵小却信之不疑，文也好，武也罢，支撑南汉的最后几株良木算是都毁在自己人手上了。

宋乾德三年(965)，宋太祖赵匡胤通过南唐李煜带话给刘鋹，晓谕他主动称臣。根本搞不清局势的刘鋹反应强硬，一怒之下还囚禁了李煜派来的使者。到宋开宝二年(969，南汉大宝十二年)，宋太祖决定对南汉下手，诏命潭州防御使潘美出师南征。潘美大军连克贺州、昭州、桂州、连州。刘鋹闻讯后非但不悲伤，反而高兴地说："昭、桂、连、贺，本属湖南，令北师取之，足矣，其不复南也。"[①] 可惜，北师的胃口远没有刘鋹想得那么小，宋军继续南下。刘鋹慌了神，开始以耍无赖的方式，为南汉帝国画上最后的句号。

宋开宝四年(971，南汉大宝十四年)正月，潘美打到了泷头。刘鋹一面请和，一面寻求缓军。二月，潘美过了马迳，刘鋹派右仆射萧漼奉表投降。可萧漼前脚刚走，刘鋹立刻反悔，下令整军再战。潘美进军，刘鋹又赶快派其弟祥王刘保兴率文武到潘美军中投降。潘美征战多年，也没见过如此耍赖的，拒绝祥王投降。此时，刘鋹身边的宦官龚澄枢、李托等又跳出来出馊主意道："北师之来，利吾国宝货尔，焚为空城，师不能驻，当自还也。"[②] 刘鋹听后想都不想北师南下到底所欲为何，竟一把火烧光了府库、宫殿，又准备海舟十余艘，载着珍宝、嫔御，打算入海逃命。不想宦官乐范却先下手为强，窃其舟投降了宋军。到了这个份上，刘鋹才算回过神来，赶快素衣白马，向打到白田的宋军投降。

---

① 《新五代史》，卷六十五，刘隐传。第819页。
② 《新五代史》，卷六十五，刘隐传。第819页。

刘鋹投降后，被押送至大宋京城。宋太祖对这个昏君加赖皮倒还挺客气，封他为恩赦侯，又赏了个左千牛卫大将军的虚职，便由着他自生自灭去了。南汉，终于彻底完蛋。

《资治通鉴》里的三句话

齐国雍门司马的硬话

秦灭五国（韩、魏、楚、燕、赵）后，一直在五国和秦之间搞平衡外交、通吃两端的齐国处境立刻变得岌岌可危起来。与此同时，在齐国国内，除了齐王田建，上至宰相后胜，下到普通宾客，几十年间一直收受秦国贿赂，到此关头自然口径一致、夜以继日地劝齐王速速到咸阳朝见秦王，俯首称臣方能保住眼前富贵。面对打到家门口的秦国大军，田建思来想去觉得眼前也只有投降一途可走。

既然君臣皆有投降之意，事情也就好办起来，秦军将至之际，满朝文武排成仪仗，拥着齐王出城迎接征服者的大驾到来。谁承想，君臣的仪仗刚到城门口，竟冲出个"雍门司马"（镇守齐都临淄西门的城防官），挡在齐王马前质问道："所为立王者，为社稷耶？为王耶？"田建答曰："为社稷。"雍门司马接着追问道："为社稷立王，王何以去社稷而入秦？"[①] 田建无言以对，收

---
① 《资治通鉴》，卷七，始皇帝二十五年（前222）。第237页。

了秦国黑钱的官吏更不敢冲到前面与之理论，一群人只得灰溜溜地折还王宫。

事实证明这位大概没收过秦人贿赂的"雍门司马"虽有血性，却不够理性，徒有义愤到底挡不住从燕国南下的王贲大军！实际上，当秦军冲入临淄后，"民莫敢格者"，而躲在王宫里的田建更是吓破了胆，一听到秦使开出五百里封地养老的条件，便不管不顾地跑出来投降了。此时，无敌国外患的秦人哪还会守约，将田建放逐到共邑（今河南辉县市），"处之松柏之间，饿而死"。①

至于那位"雍门司马"，对这类小人物，史家总是惜墨如金，自然不知所终。尽管如此，也要比其他百官在君王面前唯唯诺诺的表演中看多了：猛然站出来一位硬气的门卫，虽是个在历史舞台上连姓名都留不下来的小配角，却掷地有声地抛出几句令人心一震、颇为提气的硬话，也算不枉此生！若依刘向所云，齐之"稷门"在临淄城西，附近"稷下学宫"乃是战国时代的学术中心，"雍门"与之相隔不远，不禁让人想起宣扬"民为贵，社稷次之，君为轻"②的孟子曾在此讲学。其人虽逝，其言犹存，"雍门司马"是否受此影响，也未可知。至于齐王田建，在雍门边上也不得不承认立王以为社稷之说，而按照孟子进一步的说法，民又贵于社稷，那么立王顺理成章就是为民了！

可惜齐国不独尊儒术，未必能如此推演，但到了尊儒之后世，此说就该是当然之理，如在《资治通鉴》中被作为帝王模范的唐太宗李世民就屡屡强调此点。高祖李渊时，"欲强宗室以镇

---

① 《资治通鉴》，卷七，始皇帝二十六年（前221）。第237—238页。
② 《孟子·尽心下》

天下"，隔得老远的亲戚，哪怕垂髫小儿，都能封王。太宗上台立刻整肃，三月之内，"降宗室郡王皆为县公，惟有功者数人不降"。并且明确表态说："朕为天子，所以养百姓也，岂可劳百姓以养己之宗族乎！"① 当房玄龄向他汇报说秦府旧人因为没有得鸡犬升天之惠，颇多嗟怨，太宗又答曰："王者至公无私，故能服天下之心。朕与卿辈日所衣食，皆取诸民者也。故设官分职，以为民也，当择贤才而用之，岂以新旧为先后哉！"② 之后，又有个叫张蕴古的官员进献《大宝箴》，其中有言："圣人受命，拯溺亨屯，故以一人治天下，不以天下奉一人。"太宗不仅嘉之，还"赐以束帛，除大理丞"。③ 唐太宗以自己的行动证明了立君为百姓服务的儒家理念，从而使后来的儒家感激涕零，对"贞观之治"是大书特书。

当然，这些道理不唯唐太宗能言，如梁武帝萧衍放归北魏俘虏董绍前，托他带话给北魏宣武帝元恪，特别寄语："夫立君以为民也，凡在民上，岂可不思此乎？"④ 可叹这些皇帝多用这大道理敲打别人，唐太宗则以之鞭策自己，但不论现实中做到与否，自汉代以来立君为民的道理已从齐"雍门司马"泄愤的硬话变成了君王们的共识，这多少算是有了些进步吧。

---

① 《资治通鉴》，卷一百九十二，高祖武德九年（626）。第6219页。
② 《资治通鉴》，卷一百九十二，高祖武德九年（626）。第6217页。
③ 《资治通鉴》，卷一百九十二，高祖武德九年（626）。第6222—6223页。
④ 《资治通鉴》，卷一百四十七，武帝天监八年（509）。第4741页。

唐广平王李俶的软话

唐安史之乱时，逃往蜀地的唐玄宗李隆基为形势所逼被迫下台，传位于退守灵武的太子李亨（唐肃宗）。李亨以这种方式登基总有那么点乘人之危的意思，且玄宗子嗣众多，李亨想保住到手的皇位，不建点奇功怕是很难压住适逢乱世而想入非非的其他王爷们。

按李亨手下首席谋士李泌在彭原郡（今甘肃宁县）拟定的战略：李光弼出井陉，郭子仪入河东，以两军制衡安禄山老巢范阳（今北京）和长安的叛军，同时对沦陷的东西两京（长安、洛阳）扰而不攻，使敌千里间疲于应付，再择机南北夹击范阳，覆敌巢穴，占据两京的叛军，"退则无所归，留则不获安，然后大军四合而攻之，必成擒矣"①。

可到了至德二年（757），李泌请遣安西和西域的王牌军团攻取范阳时，李亨却改了主意，坚持要先收复东西二京。李泌争论道：安禄山兵势已老，而皇家聚结的西北守塞之兵与借来的诸胡铁骑势头正锐，打下二京不成问题，但敌"逼归巢穴，关东地热，官军必困而思归，不可留也。贼休兵秣马，伺官军之去，必复南来，然则征战未有涯也"②。

如果按照李泌的战略行动，平定叛乱最多两年时间，可李亨此时的心思早已超越了这一层！先覆敌巢穴是长远良策，可光复两京若被哪个居心叵测的王爷夺了先手，进而再风光地接上皇还

---

① 《资治通鉴》，卷二百一十九，肃宗至德元载（756）。第7216—7217页。
② 《资治通鉴》，卷二百一十九，肃宗至德二载（757）。第7226页。

京,虽于战局无助,却是炫目奇功,足以震撼李亨本就不稳的皇位。因而,为了保全到手的权势,宁可拖延战局;至于陷入兵燹中的百姓,李亨仅以急于迎上皇还京这样冠冕堂皇的理由便令李泌不敢再言。

须特别指出的是,李泌所说的"官军",实指借来的"客军"。当时大唐之兵战力极弱,吕思勉曾设问道:取西京时,安禄山已死,"官军的总数,共有十五万;回纥兵不过四千。然而为什么一定要有了回纥兵,才能收复两京?"。而"围相州一役,没有外族兵,就以六十万的大兵,而杀得大败亏输。这时史思明的兵,只有三万"。①

正因如此,李泌才极力想将强悍且好劫掠的客军引到叛军老巢,而东西二京由自己人来解决,可急于建奇功以固皇位的李亨已顾不上这些了!为速得京师,对于回纥可汗派来的四千余兵,李亨不仅在唐军自家粮草不足,甚至有些队伍还出现人相食的情况下,坚决保障"日给其军羊二百口,牛二十头,米四十斛",甚至"与回纥约曰:'克城之日,土地、士庶归唐,金帛、子女皆归回纥。'"②

能成为未来财源、兵源的男人们留下,女人、孩子、民间财富任由回纥劫夺,为百姓服务的君主就这么把百姓如猪狗般卖掉了!回纥军团得了这笔便宜买卖格外兴奋,在回纥可汗的儿子叶护统领下仅一役就攻陷西京长安。叶护进城后,打算按约定办事。就在西京百姓命悬一线之际,唐广平王李俶站了出来——应

---

① 《白话本国史》,第349页。
② 《资治通鉴》,卷二百二十,肃宗至德二载(757)。第7242—7243页。

是跪了出来，不紧不慢地在叶护马前讲了番软话。

这个广平王不是凡人，乾元元年（758）他被册封为太子，改名作"豫"，后来登基称帝，史称唐代宗。此刻，未来的大唐皇帝跪在叶护马前柔声劝道："今始得西京，若遽俘掠，则东京之人皆为贼固守，不可复取矣，原至东京乃如约。"李俶言罢，史家的笔下的叶护居然惊得"下马答拜，跪捧王足，曰：'当为殿下径往东京。'"与此同时，西京中得以保全的百姓、军士、胡虏更是热泪盈眶地欢呼："广平王真华、夷之主！"连闻讯的李亨也"喜曰：'朕不及也！'"①

皇位接班人为保全西京百姓，屈尊于蛮族马前求情，这不是民贵君轻的典型表现吗？李亨为了保住皇位不得已将太宗时"立君为民"的政治表态丢到垃圾桶里，居然被孝顺的儿子几句软话又妥妥地捡了回来！然而，当西京城中一片欢呼时，东京城中的百姓又当如何？据《旧唐书》记载，东京光复后，"回纥遂入府库收财帛，于市井村坊剽掠三日而止，财物不可胜计，广平王又赍之以锦罽宝贝，叶护大喜"。当"客军"抢得盆满钵满地返回西京时，唐肃宗李亨"敕百官于长乐驿迎，上御宣政殿宴劳之"，并下诏表彰回纥之功"固可悬之日月，传之子孙，岂惟裂土之封，誓河之赏而已矣"。②

《新唐书》中对这段历史的记载为："回纥大掠东都三日，奸人导之，府库穷殚，广平王欲止不可，而耆老以缯锦万匹赂回纥，止不剽。"《新唐书》编者批评《旧唐书》中对历史人物未能

---

① 《资治通鉴》，卷二百二十，肃宗至德二载（757）。第7243—7244页。
② 《旧唐书》，卷一百九十五，回纥。第5219—5200页。

旗帜鲜明地暴其忠奸善恶，但写到这段时，却又为尊者讳了起来，省略掉唐肃宗表彰回纥的诏书内容，仅写道：对叶护"诏进司空，爵忠义王，岁给绢二万匹"。①《资治通鉴》同样羞答答不愿多写此事，只说"广平王俶入东京。回纥意犹未厌，俶患之。父老请率罗锦万匹以赂回纥，回纥乃止"②。广平王面对"意犹未厌"回纥匪军，若按《旧唐书》记载，不仅没有制止，"又赉之以锦罽宝贝"！而依《新唐书》与《资治通鉴》记载，也只是"欲止不可"和"患之"而已。

其实，从广平王在西京的那番软话中，我们与其解读出他不惜屈尊降贵以保民的深意，还不如仅从字面上理解他是为自己、为叶护操心，担心西京劫掠会导致东京固守罢了。吕思勉因而一针见血地指出："至于明目张胆，以金帛子女易土地及能任赋役之士庶，则诚视天下为其私产矣。岂不异哉？而或犹以此称广平之仁，曰：能隐其民无罪而为奴虏，然而东京之民奚罪焉？岂不异哉？"③

看来，化作统治者们共识的齐雍门司马的硬话，实际上不过是皇权安稳时挂在宫门口的一块光鲜招牌，危难一来，考验一到，硬话至多变为假惺惺的软话，不经悉心粉饰根本看不出"民为君本"的意思。再等帝王家请来的救兵杀进东京城，广平王连软话也说不出半句，东京父老唯一能做的就是自救了。

---

① 《新唐书》，卷二百一十七上，回纥上。第6116页。
② 《资治通鉴》，卷二百二十，肃宗至德二载（757）。第7250页。
③ 吕思勉：《隋唐五代史》，北京：北京理工大学出版社，2016年版，第228页。

司马先生的心里话

当年,梁武帝萧衍讲出"夫立君以为民也"这句颇顺耳的名言时,却把关键的主语给省略掉,对于这主语,战国时的理论家荀子倒没有藏着掖着,清楚地指出:"天之立君,以为民也。"[①] 所以,自上古以来,立君的从未是什么百姓,而是那高高在上的冥冥昊天!

汤武革命后,虽说给立君之"天"加了点限制,所谓"以德配天",即"天"并非随意立君,失德者黜之,择有德者立之。但现实政治中的"天择",总免不了手握强兵者逐鹿中原的"物竞"程序,最后的赢家搞个祭天仪式,便成为天命所归的"有德者"。

对于"天择",地上的黎民是连插句话的资格都没有的;至于"物竞",百姓能做的,也只是被各路军阀威逼利诱地充当攻杀的棋子。民之地位如此低贱,立君谈何"为"民?实是来"治"民的!春秋时鲁国的太史里革就说:"夫君也者,民之川泽也。行而从之,美恶皆君之由,民何能为焉。"[②]

鉴于百姓愚弩孱弱,既不能禁暴除害,也无力于赏善罚恶,如羊群一般,是好是坏全得看由特殊材料制成的君如何牧养他们。为帝王修史以资政治的司马光先生说了句心里话:"天生烝民,其势不能自治,必相与戴君以治之。"[③] 可势不能自治的百姓若是不幸摊着个失德之君,又该如何是好?

[①] 《荀子·大略》
[②] 《国语·鲁语上》
[③] 《资治通鉴》,卷六十九,文帝黄初二年(221)。第2262页。

司马光先生断是不会鼓励百姓推翻那天上派来的混蛋,能给出的"合理"选项大概只能是:苦忍着等老天再择配德之新君。百姓被动如此,昏君乱臣惹出天大麻烦,无论多么忌惮四方诸侯,对百姓则无半点儿愧惧。如董卓强行迁都时,司徒杨彪小心地反对说:"恐百姓惊动。"董卓轻蔑答道:"百姓何足与议,若有前却,我以大兵驱之,可令诣沧海。"①

当然,若百姓幸生于明君贤臣治下之盛世,君主的"为民"当然不会都是空论,确有些实惠落到百姓手中。但"民本"之国予民之利哪怕数倍于"民主"之国,却总给不了民主社会中公民的那份踏实感。在那样的国土上,"政治权威的源泉必须在人民那儿,为人民所保留,而不是统治者"②。而民本社会中的百姓若真认为"为民、为社稷"是"君"的应该,无疑是傻乎乎地将君王们的那点儿客气当成了福气!

"为民"什么的,只能从君王嘴里说出,小民有何资格要求君主为他们如何? 毕竟帝国之中,无论帝王品质能力如何,"恭顺"才是臣民百姓的第一美德! 卢梭曾指出:"如果人民单纯是诺诺地服从,那么,人民本身就会由于这一行为而解体,就会丧失其人民的品质。"③偏偏一盘散沙的百姓才是君主们乐见之景,所以大唐西京城中的百姓毫不关心东京城中的百姓死活,只因自家保全就对统治者欢呼罗拜,史家竟作美谈去记,实是不足为怪。

做百姓的越顺从,自然就越分散;越自顾自地活着,在大是

---

① 《资治通鉴》,卷五十九,献帝初平元年(190)。第1974页。
② (美)卡尔·贝克尔:《十八世纪哲学家的天城》,何兆武等译,北京:生活·读书·新知三联书店,2001年版,第362页。
③ (法)卢梭:《社会契约论》,何兆武译,北京:商务印书馆,1980年版,第36页。

大非的问题上则越来越自私,越来越愚蠢。于是,又需要天择之君来教化、治理,然后百姓愈加顺从、自私、愚蠢,愈是"势不能自治"……在这个民风、民智不断弱化、败坏的循环中,以救世主形象出现的君主不过是引着百姓走向更加黑暗的深渊!当然,在君王们眼中,这个循环于百姓越不利,君王的统治就越稳固!

然而,世事难料,唐建中四年(783),受朝廷调遣的泾原兵团因补给无着在长安城中作乱,吓得唐德宗李适弃城而逃,一时乱军"大呼曰:'天子已出,宜人自求富!'遂欢噪,争入府库,运金帛,极力而止,小民因之,亦入宫盗库物,通夕不已"[①]。那些身处恶性循环中的在精神上被败坏了的百姓们,到了关键时刻,终于用他们的"忘恩负义"给了高高在上的帝王一记响亮的耳光,真是损人者终自损啊!

[①] 《资治通鉴》,卷二百二十八,德宗建中四年(783)。第7567页。

余 音

余 音

柏杨先生花了十年时间将《资治通鉴》译为白话文，又模仿"臣光曰"，以"柏杨曰"的形式把司马光先生可谓从头至尾数落了个遍。然而在柏杨先生晚年的回忆录中，他又明确表态道："司马光先生编纂的《资治通鉴》，是中国最好的两部史书之一（另一部是司马迁先生的《史记》）。"[①] 这种态度并不自相矛盾，对于如此伟大的学者，批评或许正是后辈表达敬意的方式。试想对于亚里士多德建立起来的知识体系，我们今天如果还像中世纪学者那样只是一味赞叹，科学领域还会出现翻天覆地的进步吗？亚里士多德对于科学发展的伟大贡献，绝不会因为后辈的批判而黯然失色。相反，如果后辈不在批判中前进，黯然失色的只是不争气的后辈。同样，司马光先生主持编撰的《资治通鉴》犹如史学界的巍巍昆仑，但晚辈后生并不因此就该无条件地接受书中那些保守落后的价值观念，我们的批判不会使一千年前的司马光先生灰头土脸，倒是不做批判、一味赞颂的我们才真正是灰头土脸的可怜虫，这样的形象怕是没脸去见祖宗的。

[①] 柏杨口述：《柏杨回忆录》，周碧瑟执笔，柏杨夫人张香华补遗，北京：人民文学出版社，2011年版，第213页。

参考文献

古籍：

《论语》
《孟子》
《荀子》
《礼记》
《庄子》
《韩非子》
《六韬》
《孙子兵法》
《资治通鉴》
《国语》
《汉书》
《晋书》
《宋书》
《南齐书》
《梁书》
《北齐书》

《北史》
《隋书》
《旧唐书》
《新唐书》
《旧五代史》
《新五代史》
《宋史》
《明史》

著作：

（梁）萧统编；（唐）李善注：《文选》，上海：上海古籍出版社，1986年版。

（明）王夫之：《读通鉴论》，长沙：岳麓书社，2010年版。

（明）文徵明：《文徵明集》，周道振辑校，上海：上海古籍出版社，2014年版。

（南朝·宋）刘义庆撰；徐震堮著：《世说新语校笺》，北京：中华书局，1984年版。

（清）曹雪芹 高鹗：《红楼梦》，上海：上海古籍出版社，2003年版。

（清）沈德潜选：《古诗源》，北京：中华书局，1963年版。

（清）吴楚材 吴调侯选《古文观止》，北京：中华书局，1959年版。

（清）严可均辑：《全梁文》，冯瑞生审订，北京：商务印书馆，1999年版。

（清）赵翼：《廿二史劄记校证》，王树民校证，北京：中华书局，2013年版。

（三国）曹操：《曹操集》，中华书局编辑部编，北京：中华书局，1959年版。

（宋）程颢 程颐：《二程集》，王孝鱼点校，北京：中华书局，2004年版。

（宋）范祖禹：《唐鉴》，刘韶军 田军 黄河译注，北京：中华书局，2008年版。

（宋）郭茂倩：《乐府诗集》，北京：中华书局，1979年版。

（宋）司马光：《稽古录》，北京：中华书局，1991年版。

（宋）司马光撰；柏杨译：《柏杨白话版资治通鉴》，沈阳：万卷出版公司，2011年版。

（宋）郑樵编撰：《通志》，北京：中华书局，1987年版。

（宋）朱熹：《四书章句集注》，北京：中华书局，1983年版。

（唐）慧能：《坛经校释》，郭朋校释，北京：中华书局，1983年版。

（唐）吴兢：《贞观政要》，葛景春 张弦生注译，郑州：中州古籍出版社，2008年版。

（唐）郑处诲：《明皇杂录》，田廷柱点校，北京：中华书局，1994年版。

《皇明制书》，杨一凡点校，北京：社会科学文献出版社，2013年版。

岑仲勉：《隋唐史》，北京：商务印书馆，2015年版。

谷霁光:《府兵制度考释》,北京:中华书局,2011年版。

胡绳:《二千年间》,北京:北京出版社,2015年版。

黄新铭选注:《日本历代名家七绝百首注》,北京:书目文献出版社,1984年版。

雷家骥:《武则天传》,北京:人民出版社,2008年版。

鲁迅:《且介亭杂文》,北京:人民文学出版社,1993年版。

鲁迅:《且介亭杂文二集》,北京:人民文学出版社,1993年版。

吕思勉:《白话本国史》,上海:上海古籍出版社,2005年版。

吕思勉:《两晋南北朝史》,上海:上海古籍出版社,2005年版。

吕思勉:《隋唐五代史》,北京:北京理工大学出版社,2016年版。

吕思勉:《中国政治思想史》,北京:北京出版社,2015年版。

缪钺:《读史存稿》,北京:北京大学出版社,2017年版。

苏舆撰:《春秋繁露义证》,钟白点校,北京:中华书局,1992年版。

唐长孺:《魏晋南北朝史论丛》,北京:商务印书馆,2010年版。

田余庆:《东晋门阀政治》,北京:北京大学出版社,2012年版。

田余庆:《拓跋史探》,北京:生活·读书·新知三联书店,2019年版。

万绳楠整理:《陈寅恪魏晋南北朝史讲演录》,贵阳:贵州人民出版社，2007年版。

王亚南：《中国官僚政治研究》，北京：商务印书馆，2010年版。

王仲荦：《隋唐五代史》，上海：上海人民出版社，2016年版。

王仲荦：《魏晋南北朝史》，上海：上海人民出版社，2016年版。

吴光主编：《刘宗周全集（第三册·文编上）》，杭州：浙江古籍出版社，2007年版。

吴晗：《朱元璋传》，北京：人民出版社，2004年版。

杨联陞：《东汉的豪族》，北京：商务印书馆，2011年版。

杨志玖：《隋唐五代史纲要（外三种）》，北京：中华书局，2015年版。

赵以武：《梁武帝及其时代》，南京：凤凰出版社，2006年版。

周锡山编校：《王国维集》，北京：中国社会科学出版社，2008年版。

祝总斌：《两汉魏晋南北朝宰相制度研究》，北京：北京大学出版社，2017年版。

（德）海德格尔：《存在与时间》，陈嘉映 王庆节译，北京：生活·读书·新知三联书店，1999年版。

（德）尼采：《人性的，太人性的》，杨恒达译，北京：中国人民大学出版社，2005年版。

（俄）普列汉诺夫：《论个人在历史上的作用问题》，王荫庭译，北京：商务印书馆，2010年版。

（法）伏尔泰：《路易十四时代》，吴模信 沈怀洁 梁守锵译，北京：商务印书馆，1982年版。

（法）古斯塔夫·勒庞：《乌合之众——大众心理学研究》，冯克利译，北京：中央编译出版社，2004年版。

（法）拉罗什福科：《道德箴言录》，何怀宏译，北京：生活·读书·新知三联书店，1998年版。

（法）卢梭：《社会契约论》，何兆武译，北京：商务印书馆，1980年版。

（法）帕斯卡尔：《思想录》，何兆武译，北京：商务印书馆，1985年版。

（古罗马）撒路斯提乌斯：《喀提林阴谋 朱古达战争》，王以铸 崔妙因译，北京：商务印书馆，1995年版。

（美）霍弗：《狂热分子：群众运动圣经》，梁永安译，桂林：广西师范大学出版社，2011年版。

（美）卡尔·贝克尔：《十八世纪哲学家的天城》，何兆武等译，北京：生活·读书·新知三联书店，2001年版。

（美）刘子健：《中国转向内在——两宋之际的文化内向》，赵冬梅译，南京：江苏人民出版社，2002年版。

（美）马克·吐温：《哈克贝利·费恩历险记》，成时译，北京：人民文学出版社，1989年版。

（日）川胜义雄：《六朝贵族制社会研究》，徐谷梵 李济沧译，上海：上海古籍出版社，2007年版。

（日）谷川道雄：《隋唐帝国形成史论》，李济沧译，上海：上海古籍出版社，2011年版。

（日）吉川忠夫：《六朝精神史研究》，王启发译，南京：江苏人民出版社，2012年版。

（日）内藤湖南：《中国史通论》，夏应元等译，北京：九州出版社，2018年版。

（日）内藤湖南：《中国史学史》，马彪译，上海：上海古籍出版社，2008年版。

（日）丸山真男：《日本的思想》，区建英 刘岳兵译，北京：生活·读书·新知三联书店，2009年版。

（意）贝奈戴托·克罗齐：《历史学的理论和实际》，傅任敢译，北京：商务印书馆，1982年版。

（意）贝奈戴托·克罗齐：《作为思想和行动的历史》，田时纲译，北京：商务印书馆，2012年版。

（英）E.H.卡尔：《历史是什么？》，陈恒译，北京：商务印书馆，2007年版。

（英）阿克顿：《自由与权力——阿克顿勋爵论说文集》，侯健 范亚峰译，北京：商务印书馆，2001年版。

（英）霍布斯：《利维坦》，黎思复 黎廷弼译，北京：商务印书馆，1985年版。

（英）柯林武德：《历史的观念》，何兆武 张文杰译，北京：商务印书馆，1997年版。

（英）欧克肖特：《政治中的理性主义》，张汝伦译，上海：上海译文出版社，2003年版。

（英）莎士比亚：《莎士比亚全集》，朱生豪等译，北京：人民文学出版社，1994年版。

（英）伊姆雷·拉卡托斯：《科学研究纲领方法论》，兰征译，上海：上海译文出版社，2005年版。

（英）约翰·密尔：《论自由》，许宝骙译，北京：商务印书馆，1959年版。

图书在版编目（CIP）数据

伏候圣裁：中国古代的君主与政治 / 曹瑞涛著.
杭州：浙江大学出版社, 2024. 11. -- ISBN 978-7-308
-25300-0

Ⅰ. D691.2

中国国家版本馆CIP数据核字第20241Z134J号

伏候圣裁：中国古代的君主与政治
曹瑞涛　著

责任编辑	谢　焕
责任校对	朱卓娜
封面设计	云水文化
出版发行	浙江大学出版社
	（杭州市天目山路148号　邮政编码310007）
	（网址：http://www.zjupress.com）
排　　版	杭州林智广告有限公司
印　　刷	杭州捷派印务有限公司
开　　本	880mm×1230mm　1/32
印　　张	9.625
字　　数	207千
版 印 次	2024年11月第1版　2024年11月第1次印刷
书　　号	ISBN 978-7-308-25300-0
定　　价	88.00元

版权所有　侵权必究　　印装差错　负责调换

浙江大学出版社市场运营中心联系方式：0571-88925591；http://zjdxcbs.tmall.com